テキストブック
地方自治
［第 3 版］

北山俊哉＋稲継裕昭＝編
Toshiya Kitayama　Hiroaki Inatsugu

東洋経済新報社

はしがき

前著（『テキストブック地方自治（第2版）』）出版から10年が経過し、この間、自治体を取り巻く環境が大きく変化してきた。人口減少、縮減社会における自治体の役割の見直し、地方創生に関する一連の動き、東日本大震災以降の数々の大規模災害や新型コロナウイルス感染症拡大に対する自治体の役割の見直し、その過程における人的資源の自治体間の融通、非正規雇用の増大、マイナンバーカード制度導入による住民把握への新しい展開など枚挙にいとまがない。

こうした状況の変化を受け、関係者のご理解をいただいたうえで執筆陣を前著から一新し、編者2名以外は新しい執筆者、特に、実務経験も豊富なメンバーを迎えて、自治体職員にとっても有益な教科書となることを目指した。これらにより、大学の教科書としても、また、自治体の研修教材としても利用可能なものとした。

本書では、まず、「私たちの暮らしと地方自治」として、身近なところから地方自治を考えるなかで総合行政主体としての自治体の役割、機能、他のアクターとのかかわりについて概観した。その後、首長、自治体の組織、議会、住民といった各アクターについてみた後、自治体における政策形成と決定、組織運営に不可欠な人事、財政についてみる。第9章以降はトピックについて扱う。地方自治の発展、政府間関係、圏域・自治体間連携、公と民の境界線、情報化、そして最後に危機管理と災害対応についてみることとする。本書各章では地方自治の自律性のみを理念的に強調するのではなく、現代の地方自治が中央の政治行政と地方の政治行政との間で、多様な相互作用をなしている点にも配意しつつ書かれている。なお、最終章の後に、本書の締めくくりとして、これまでの日本の地方自治研究を俯瞰する形で前著の編者である村松岐夫京都大学名誉教授に付論をお願いした。

本書の各章は最初のページにサマリーとキーワードを並べ、コラムを1つ盛り込んだ。また、各章の末尾には文献案内を3点挙げたのでさらなる学びのために利用していただければと思う。さらに、研究課題を挙げておいたので、演習などでの活用もしていただけるものと考えている。大学の授業に使いやすいように、各章の記述分量を統一してあり、また14章立てとして大学の授業回数にも合わせた。

本書が地方自治を学ぶ大学生、大学院生、自治体職員の皆様、地方自治に興味を持つ一般の方々のお役に立つことを切に願っている。

2021年7月
北山　俊哉
稲継　裕昭

テキストブック地方自治（第3版）目次

1 私たちの暮らしと地方自治

北山俊哉

summary

　地方自治の学習を始めるにあたって、市町村や都道府県がどのような仕事をしているのかに着目してもらいたい。人が生まれてから、最期を迎える時まで、ライフ・イベントに関する数多くの政策や施策が実行されている。また、起きてから寝るまで、日常生活を快適に過ごすために、公共的な問題を解決するために、政策や施策が存在している。本章では、そのうちのいくつかを紹介する。

　それを読み進めることによって、日本の自治体が地域における事務を総合的に実施する役割を広く担っている存在であることがわかるであろう。この特徴を他国との比較の上で考えたり、地方自治を政治の中に捉えるために、「垂直的行政統制モデル」と「水平的政治競争モデル」などを説明しながら、本書の各章の記述をすることで、全体の見取り図を示すことも本章の課題である。

　その後、地方自治の意味、すなわち集権、分権とは何かについて、さらには、地方自治の意義、すなわちなぜ地方自治が必要なのかについて考えよう。

keyword

児童相談所、警察、消防、医療保険、保健所、地域包括ケアシステム、地方版総合戦略、制限列挙方式、包括授権方式、自治事務、法定受託事務、福祉の磁石、足による投票、垂直的行政統制モデル、水平的政治競争モデル

1　地方自治体とさまざまな政策

市町村や都道府県がさまざまな政策を実施していることには、意外と気がつきにくいものである。しかし、われわれが問題を抱え、自分1人では解決が困難な時、さらには家族や周りの人たちの助けがあってもうまくいかない時、相談に乗り、解決手段を提供してくれるのは市町村や都道府県といった地方自治体であることが多い。すなわち、自助や共助でうまくいかない場合に頼りになるのは公助である。

1.1　困難を抱えた子どもへの政策

困難を抱えた子どもに対するさまざまな政策を例にして考えてみよう[1)]。例えば、非行少年の問題を見聞きした人は少なくないだろう。この問題には、教育や福祉だけでなく、警察などの諸機関も関係してくる。第1に、学校教育の領域として、市町村立の小学校や教育委員会という存在がある。第2に、福祉の側面では都道府県に設けられた児童相談所や市町村の福祉部門がある。児童相談所（児相と省略される）とは、児童福祉法に基づき、都道府県と政令指定都市に設置が義務づけられているものである。

第3に少年警察の領域では、道府県は警察本部を、東京都が警視庁を設置し、管内に警察署を配置している。さらに国の警察機関である警察庁の役割も大きい。警察官も通常は地方公務員であるが、警視正以上の階級になると、地方公務員ではなく、国家公務員に身分が切り替わるという特殊な制度が置かれている。

第4に地域住民やボランティアの力も重要である。「少年補導委員」と総称される人たちである。夜の街の見回りなどでは、地域団体の役割も大きい。国と自治体という政府（ガバメント＝government）だけではなく、NPOや株式会社、業界団体、住民、住民団体、PTAなども関係してくる。これらの多様な主体が問題を解決しようとしている状態を、協治（ガバナンス＝governance）という概念で捉えようとする動きもある。

非行少年のほかに助けを必要としている子どもたちに、発達障害の子どもたちがいる。これらの子どもたちのために、児童福祉法、障害者総合支援法、発

1）　以下では、伊藤編（2019）を参考にしている。

達障害者支援法などという国の法律が存在しているが、実際の取組みは自治体が中心となる。教員や教育委員会を含む教育の関係者、保育所などの児童福祉の関係者、さらには都道府県の専門機関や医療関係者も重要な存在である。なかには児童発達支援センターのような地域拠点が数々の支援機関を連携するために設置されることもある。これらは市区町村立（ここで言う区とは東京都における特別区のことである）であることが多いが、いくつかの自治体が集まって、広域行政の施設を運営することもある。

1.2 消防

都道府県の警察に連絡したい時は110番に電話をかける。119番は消防である。消防には、火事が起こった時に消火をする役割だけではなく、病人やけが人を病院へ搬送する、救急という大事な役割がある。119番に電話をかけると、火事ですか？　救急ですか？　ということを真っ先に聞かれる。消防署には、消防車と救急車が並んで停車している。

この消防は、市町村の仕事となっている。警察も消防も第2次世界大戦前には、ともに内務省の、つまり国の仕事であった。敗戦後の占領改革の中で内務省が解体され、警察も消防も基本的には市町村が行うことになったのである。所掌事務の分権化である。警察は後にさらに変化があって都道府県警察となったが、消防は市町村が行っていて、消防士がそこで働いている。消防士にも階級があるが、市町村の公務員である。彼らの防火指導もあり、耐火建物が増大しており、出火件数は最近、減少してきているのに対して、救急出動件数はずっと上昇傾向にある。消防士と言えば火を消すイメージであるが、救急に携わることが増えてきているのである。なかには、救急救命士の資格を取り、搬送中の救急車内で救急救命処置を施す消防士もいる。

また、河川の氾濫や土砂崩れ、地震などの自然災害が起こった時に、頼りになるのが、消防であり、防災においても重要な役割を果たす。

1.3 医療、介護

救急救命士が搬送するのは、都道府県や市町村立の病院や救急センターであることが多い。われわれが病気の時に行くところは、民間の診療所や病院であることが多いだろう。なかには市立や県立など公立の病院に行くこともある。さらには病院には国立もある。つまり医療サービスは民間と公（市町村、都道府県、国）の両方において、提供されている。

新型コロナウイルス感染症などの伝染病の場合には、保健所が相談やPCR検査などを担当する。保健所は、都道府県が設置するのが基本である。しかし、政令指定都市、中核市（20万以上の市の中から政令で指定された市）、東京都に23ある特別区も設置している。食品衛生や精神保健など専門的な仕事も多い保健所とは別に、市町村が設置する、母子保健や老人保健をもっぱら担当する市町村保健センターもある。今後は、感染症よりも慢性的な病気の方が重要であるとして、保健所を減らしてきた時に襲ったのが、新型コロナウイルスなのである。また、欧州諸国に比べて国公立の病院の割合が少ないことが、医療ひっ迫につながったとの声もある。

さて、病院で受診する際に必要な保険証であるが、市町村は、自営業や農業従事者、高齢者のために、国民健康保険（国保）の運営も行っている（正確には、2018年4月より都道府県も、域内の市町村とともに、国保の運営を担うことになった）。企業の健康保険組合や、公務員や私学教職員の共済組合等に入っていない人に対して、自治体が医療保険を提供している。他の医療保険に入っていない人すべてを対象にした国保があることによって、いわゆる国民皆保険が実現されている。自治体は、保険料を決め、保険料を徴収して、保険給付金を医療機関に支払う。自治体にはそのための特別会計が設けられている。

介護が必要になった時に助かるのが介護保険である。ホームヘルパーを派遣してもらい、食事や掃除のケアを提供してもらう。デイサービスなどでリハビリや歓談などができる。この保険もまた国保と同様に、市町村が運営している。国保も介護保険も、地方自治体の仕事であるが、国民健康保険法、介護保険法という国の法律に基づいて運営が義務づけられている。自分のところはやらないということはできない。

そして、介護が必要な状態となっても、住み慣れた地域で人生の最後まで暮らしていけることを目指して、市町村において、多機関の連携が行われている。住まい・医療・介護・予防・生活支援を一体的に提供することを、地域包括ケアシステムという名前のもとに目指している。

闘病の甲斐なく、亡くなってしまった時はどうなるだろう。残された遺族は、医師から死亡診断書を受け取り、市町村役場にその死亡診断書と死亡届を提出し、火葬許可証を発行してもらう。火葬場を運営しているのもほとんどの場合、市町村である。このような公立の火葬場には公立の斎場もセットになっていることも多い。

1.4　市区町村、都道府県の総合戦略

第2次安倍内閣は地方創生を重要課題の1つとし、「地方人口ビジョン」と「地方版総合戦略」を策定することを地方自治体に要請した。地方創生推進交付金が出るということもあって、結果、すべての自治体でその2つが策定されて、公表されている。義務ではなかったが、全部の自治体が最終的には従ったのである。読者は自分が住む自治体の、将来にわたる人口のビジョンがどうなっているのか、総合戦略において、どのような基本方針に基づいて、どのような目標を掲げているのかをぜひともチェックしてもらいたい。

例えば、大阪府吹田市では2021年に改訂された総合戦略には、以下の4つの目標がある。2010年以降もまだ人口増が続いている市ならではの目標である。

基本目標1	企業が成長し、地域経済に元気をもたらすまち
基本目標2	「住む」「楽しむ」新たな魅力が見つかるまち
基本目標3	就職・子育ての希望がかない、未来を担う人材が育つまち
基本目標4	誰もが安心して暮らせる「幸齢社会」が実現するまち

そしてそれぞれの目標につき、KPI（重要業績評価指標）と呼ばれる、数値目標が具体的に設定されている。

町村部ではどうであろうか。例えば、京都府与謝野町のものは以下のようになっている。

基本目標1	与謝野を愛し、多様性を認め合いながら、新しいモノやコトを創出する地域人財をつくる
基本目標2	たすけあう地域ぐるみの出産・子育てを実現
基本目標3	持続可能な与謝野の産業をつくる
基本目標4	まちへの人の流れをつくる
基本目標5	地域と地域が連携し、持続可能なまちをつくる

人口が200人に満たない、日本一人口の少ない東京都青ヶ島村の基本目標はどうだろうか。

基本目標1	安定した雇用を創出する
基本目標2	青ヶ島村への新しいひとの流れをつくる
基本目標3	結婚・出産・子育てへの支援
基本目標4	時代に合った地域をつくる

与謝野町も青ヶ島村もともに、人の流れを作り出すことを目標としていることがわかる。都道府県も同様に、人口ビジョンと総合戦略を作っている。

2　本書の概要

このような総合戦略は安倍内閣になってから構想されたものであるが、自治体はそれ以前から総合計画を作って行政を実施していた。市町村長や知事といった自治体の長（本書では首長と言うことが多い）は、全体的なかじ取りを任されている重要な存在である。本書はまず、第2章で首長について説明する。首長は住民から選ばれる政治家の側面もあり、同時に行政職員を率いる行政機構のトップ、経営者でもある。

総合計画や総合戦略を作成し、実行するのは、自治体の行政組織であり、第3章でこれを扱う。自治体の行政組織には、首長部局だけではなく、一定の独立性が認められる行政委員会・委員も含まれている。第4章では、条例などを議決するとともに、首長が率いる行政を監視する、地方議会の制度と実態を検討する。

その首長と地方議員を選ぶのは、住民である。住民自治、ローカル・デモクラシーの重要な要素は選挙である。これは間接民主主義である。首長と議員がともに住民によって選挙で選ばれる制度を二元代表制と呼ぶ。戦後日本の地方自治体の場合は、さらにリコールや住民投票などの直接民主主義の要素も存在する。第5章でこれを取り上げる。

首長や組織内のさまざまな公務員、地方議員、住民と、役者（政治学ではアクターと言うことがある）が出揃ったところで、前述したさまざまな政策が決定され、実施されている。第6章の政策形成と決定で深く掘り下げる。同章では、政策を類型化して論じることも行われている。

このような形成、決定、さらには実施の作業において、必要なものはヒトとカネであり、それをどのようにして管理していくかで、政策の成否が左右される。第7章の人事では、まずヒト、すなわち公務員の人事管理を対象とする。首長は、副知事や副市町村長を任命し、行政組織を管理する。一番巨大な自治体である東京都となると、職員数は17万人を超える。

次にカネ、すなわち、金銭や財産の管理を行うのが、第8章で扱う財政である。歳入（地方税や地方交付税など）と歳出の収支の関係を管理するのである。地方自治体全体で見ると、4割程度を地方税で賄っており、これは先進諸国の中でも高い方である。また、国と地方自治体の財政支出全体の中で地方が占める割合は6割を超え、世界の中でも群を抜いて高い。日本では、自治体が総合的に行政を行っている証左となっている。

このような現在の日本の地方自治を理解するためには、そこに至った経緯が重要であるという考えから、第9章で地方自治の発展を取り上げる。現在の姿を静止画で見るだけでなく、発展の経緯を動画として見なければ、今あるものを理解できないという考え方である。江戸の封建制から明治の近代国家樹立への変遷、1930年代の戦時中の行政活動の膨張を経て、第2次世界大戦後の占領改革で日本の地方自治は大きく変化した。その政治行政の変化と、20世紀後半の日本の社会経済上の変化が、互いに影響を与え合ったのである。

第10章第4節においては、さらにその後の、1990年代以降における地方分権改革の動きを探る。この改革は、政治改革、行政改革と同時期に行われ、現在の地方自治のあり方に大きな影響を与えている。第10章ではその前に、「政府間関係」という概念を使用して、戦後の日本の国、都道府県、市町村との関係を、国際比較の上から位置づける。第9章と第10章とで、歴史的に、そして国際比較の上で捉えることで、現代日本の地方自治を浮き彫りにする。

第10章が国、都道府県、市町村の縦の関係を主に扱うものに対して、第11章は同レベルの自治体間の横の関係を扱う。ここでは市町村合併や、広域行政を行うための、特別地方公共団体の設置などについて扱う。ゴミや消防、発達支援センターや斎場といった事務において、複数の自治体が集まって運営を行っているのである。これに対して第12章は、自治体の中で行政と民間との関係が変化してきたことを取り上げる。この変化をさかのぼって見た後、最新の動きについて検討している。

最後の2章については、政策横断的に地方自治体の課題を取り上げる。第13章は情報化についてである。これまでに行政の情報化や、地域の情報化が、進化するテクノロジーを用いて試みられてきたが、最新の試行についても触れられている。第12章とともに、シビックテックがキーワードの1つとなっている。第14章が危機管理と災害対応である。災害大国日本において、防災、復旧・復興などで自治体の役割は非常に大きい。災害対策基本法という法的枠組みがある中でどのようなことを都道府県、市町村は行っているかを論じている。

3　地域における行政を自主的かつ総合的に実施する地方自治体

地方自治法1条の2（以下、自治法）に「地方公共団体は、住民の福祉の増進を図ることを基本として、地域における行政を自主的かつ総合的に実施する役割を広く担うものとする」とある。この言葉からも地方自治体の持つ広範な役割がある程度明らかであろう。

ここで「自主的かつ総合的に」という文字に注意したい。まず、総合的という意味である。日本の地方自治体である、市区町村や都道府県は、福祉、教育、消防、まちづくり、地域活性化など住民の福祉の増進に関わるほとんどの政策を総合的に追求してきている。その活動量は多い。国家公務員数と地方公務員数を比べると、圧倒的に地方公務員数の方が多い。

地方自治体が総合的に行政を行っているという状態はいかにしてもたらされたのであろうか。ここで重要なのが、国と地方の権限の決め方である。これには2つのやり方がある。アングロ・サクソン型とヨーロッパ大陸型である（第10章も参照）。

3.1　アングロ・サクソン型

アングロ・サクソン型の場合、自治体の権限は法律によって、個別に列挙される（制限列挙方式）。この場合は、自治体は法律によって授権された権限しか行使できず、逆に何かを始めようと思うと、国の議会によっていちいち授権をしてもらわないとならない。この列挙された授権を超えた行為を行った場合は、権限《けんげん》踰越《ゆえつ》とみなされる。

またこれらの国では、国や州、地方自治体のそれぞれの権限をきっちりと分けて考えるために、国や州が権限を持つ事務を、自治体に対して委任して行わせるというようなこともしない。国の仕事は、国が地方出先機関を設けて、自らが提供することとなる。天川晃はこれを「分離」方式と名付けた（天川、1986）。

3.2　ヨーロッパ大陸型

他方で、フランスやドイツなどのヨーロッパ大陸の諸国では、自治体の権限は包括授権方式で規定されており、国と自治体の事務権限が整然とは区別されていない。明治政府が地方制度を策定した時にも、この方式を参考とした。アメリカの占領下に作られた自治法においても、地方の権限は単に例示として掲げられていただけで、それに限定されていたのではなかった。2000年施行の現行自治法の2条第2項は、「普通地方公共団体は、地域における事務及びその他の事務で法律又はこれに基づく政令により処理することとされるものを処理する」と規定され、例示としても示されなくなり、「地域における事務」というように、包括的に地方に授権している。

またこれらの国では、国や州の事務であっても、自治体の区域内のことであれば、その自治体またはその長に委任して執行させるという方式がとられている。天川晃はこれを「融合」方式と名付け、「分離」と区別した。したがって、融合方式の国では、自治体自身の事務に加えて、国の事務をも併せて執行するので、当然ながら、幅広い行政事務を自治体が行うことになるのである。しかしながら、それらの委任された国の事務を執行する時には、国の関与を受けて行うことになるであろう。

3.3　自治事務と法定受託事務

委任事務のうち、首長に委任される事務は、機関委任事務と呼ばれていたが、2000年施行の自治法で廃止された。そのうちの4割ほどは、法定受託事務という名前となった（第10章参照）。

国から委任されて自治体が受託する法定受託事務を、自治法2条⑨では、次のように規定している。「法律又はこれに基づく政令により都道府県、市町村又は特別区が処理することとされる事務のうち、国が本来果たすべき役割に係るものであつて、国においてその適正な処理を特に確保する必要があるものとして法律又はこれに基づく政令に特に定めるもの」である。国の法令によって、自治体が処理する事務の中でも、適正な処理を確保することが必要な場合の事務ということであって、旅券（パスポート）の申請受理・交付、戸籍の管理、一般国道や一級河川・二級河川の管理、生活保護事務などが法定受託事務の例である。

また自治法では、法定受託事務以外の事務は、すべて自治事務と呼ばれている。この中には、自治体が法令にはよらず、独自に企画し実施する、義務的ではない文字どおりの自治事務もあるが、法令によって、事務処理が義務づけられている自治事務も多い。いわば法定自治事務と言うべきものである。介護保険や国民健康保険、児童や高齢者、障害者に対するさまざまな福祉サービスは、法定受託事務ではなく、自治事務なのである。

75歳以上の後期高齢者になると、国民健康保険から外れて、後期高齢者医療制度の枠組みに入る。これは47ある都道府県のそれぞれにおいて、域内のすべての市町村が1つの広域連合を作って提供している。自治事務であるが、この広域連合から抜け出て、単独で後期高齢者のための医療制度を作ることは許されていない。

3.4　もう一度、「自主的かつ総合的に」

さて、冒頭に述べた自治法1条の2に戻ろう。「自主的かつ総合的に」のうちの自主（自律性あるいは自由度）の点で、日本は問題があると論じられてきた。日本は集権的な国であるという主張がなされる時には、この自律性・自由度に焦点が当てられるのである。自主性や自由度を限定するものとして、国の監督や関与がある。かつての機関委任事務や現在の法定受託事務など、さらには自治事務であっても、法定されている事務では、国からの関与がある。このような関与を縮減しようとして分権化の改革が行われてきた。

もっとも前述したように、アングロ・サクソンの諸国では、自律性が重視されてきたけれども、自治体は必ずしも多くの活動を総合的に実施しているとは言えない。前述したように、国の事務は国の出先機関によって実施されるため、自治体の所掌事務は限られたものとなる。

さらにアメリカの場合は、教育や水道行政などを、市町村（municipality）とは別に、学区（school district）や水道区（water district）といった、特殊目的のための地方自治体を設立して行うことが多い。こうなるとますます、一般目的のための市町村の所掌事務は限られてしまう。後述するように、自由度が拡充していても、所掌事務は拡張していない。「自主的かつ総合的」は難しいことになる。

逆に、ヨーロッパ大陸型の多くの国では、より多くの所掌事務を自治体が有していると同時に、国からの監督や関与もある程度許すものとなっており、例えば、北欧諸国の地方自治体もまた国の事務の執行を任されているのである。日本はこれらの国に近い。ここでも「自主的かつ総合的」は難しい。

福祉国家では、国家の行う事務が著しく増大する。天川の言う、分離型の国では、これを国の出先機関を活用することによって対応する。しかし、融合型の国では、国は地方に事務の委任を行う結果、地方に依存することになる。ここでは、国と地方の間には相互依存（interdependence）が生じる結果となっている。国には権限や財源が存在するかもしれないが、自治体には地方の情報・知識があり、政策実施に必要な人材がある。関係は相互方向的なのであって、単に国が一方的に地方自治体を統制しているだけではない。

3.5　財政難、コロナ禍の中での地方自治

現在はさらに福祉国家が素直に受け入れられる状況ではなくなった。少子高齢化、経済の不況による財政難の進行により、自治体は、気前よく、政策を展開することが困難となってきた。第2次世界大戦後の高度成長期には、自治体が、独自のサービスを行ったり、国よりもより手厚いサービスを行ったりすることが可能であった。環境行政などでは、国よりも厳しい基準で企業に対応した。しかしながら、現在の自治体は、限られた財政の中でやりくりを迫られてきている。さらには、人口減少社会の中、自治体消滅というショッキングな文字がマスメディアを賑わせた。

そして、そのさなかに新型コロナウイルス感染症の拡大という衝撃が、国そして自治体を襲った。人々は外出の制限を迫られ、多くの人が営業利益や職を失った。この人たちに対する対策が重要となってくるが、経済活動は縮小してしまっており、税収入の落ち込みは明らかである。

このような状況の中で自治体が独自に、福祉政策を行おうとするとどうなるであろうか。この福祉政策は、持てる者からより多くを取り、持たざる者へと所得再分配を行おうとするものである。例えば、ホームレスの人々に対する給食サービスを、お金持ちの住民税率を高くして行った場合、どうなるだろうか。国を越えた人口移動は移民と呼ばれ、それほど容易ではないが、国内での移動は、単に引っ越しであり、われわれには移動の自由が認められている。その結果、持てる者はその自治体から出ていき、その福祉政策を得ようとする者は、

その自治体に流入してくることが考えられる。これを、「福祉の磁石（welfare magnet)」と呼ぶ。こうなった場合には、歳入が減少し、歳出が増大するので、財政赤字となってしまう。

このように地方自治体は、国とは違って、独自に福祉政策を形成・実施できないような条件下に置かれていると考えられる。それどころか、福祉サービスを低下させようとする誘因のもとに置かれている。これを「底辺への競争（race to the bottom)」と呼ぶ。福祉の磁石に着目したポール・ピーターソンによると、福祉政策は国が直接的に行うか、自治体に義務づけて、必ず行わせるようにしなければうまくいかないと主張する（Peterson, 1995)。財政難の時代に、自治体の自主性を発揮させることを重視すると、福祉カット競争になるかもしれないのである。

地方自治イコールより多くの住民サービスとは限らない。このことは、1995年以降の地方分権化を学者の立場から推進してきた西尾勝の以下の言葉に明らかだろう。

「さらにいえば、分権を進めるというのは、いわば自治体を大人扱いするということです。これまで補助金や何かが出されるというのは、親から小遣いが出ているようなものです。こういう小遣いがだんだん出なくなるということは、自分たちで収入の道を考えて、自分の所得の範囲内で一所懸命にどう家を管理するのか、自分で知恵を絞りなさいということなのです。貧しい家は貧しい家なりに自分でしっかりやっていきなさいということであり得るわけです」(西尾、2013、72頁)。

3.6　政治の中の地方自治

最後に、現在の地方自治の動態は、中央と地方の政治過程の中にあることを強調したい。第9章で詳しく見るように、明治の地方制度は、内務省と官選の府県知事が重要な役割を担うものであった。この時代においては、中央と自治体に存在する国家公務員（官吏）を観察すれば、どのような政治行政が導かれるかを説明することが可能であった。これを村松岐夫は「垂直的行政統制モデル」と呼ぶ。

しかし戦後日本は、占領改革によって、地方自治が憲法の中に位置づけられ、知事と市町村長を直接公選とし、首長と地方議会がともに住民を代表するという二元代表制が取り入れられた。それだけではなく、中央政治においては国会が国権の最高機関となったことも重要な変化であり、その中で政治家と官僚の間の政官関係が発達した。村松岐夫はそれを政官スクラム関係（村松、2010）と呼んだ。大蔵省を中心とした官僚の影響力は大きかったが、徐々に選挙で選ばれた政治家が優位に立ってくる。国が統制しているといっても、それは官僚・行政だけによる統制ではなく、政官がスクラムを組み、与野党の攻防を経て、国会を通過させた法律がその背後にある。第2次安倍内閣にいたっては、官僚優位という言葉が死語になり、官邸の意向を忖度する官僚の姿がマスメディアを賑わせている。

この新しいダイナミズムの中で地方自治が動いている。戦前にも地方議員選挙（府県会選挙、市町村会選挙）は存在したが、戦後はその重要性が飛躍的に増大した。国政においても国会の重要性が増した。これを分析する視角が、村松の言う「水平的政治競争モデル」である。戦後の地方自治をこのような文脈のもとでしっかりと位置づけることもまた本書の課題である。

すでに述べたように、首長には政治家としての役割と同時に、行政組織のトップ、管理者、経営者の側面もある。現在の地方自治にとって、首長が最も重要な主体であることは疑いの余地がない。これに対して、地方議会は地方の最高機関ではない。これは国会が国権の最高機関と規定されていることと対照的である。ここに地方における政官関係がどうなっているのか、どうあるべきなのかという重要な問題が生じる。

ここでカギを握るのが選挙制度のあり方である。首長はいわば小選挙区制で選ばれる一方、地方議会の選挙区はさまざまである。市町村の多くでは区域を1つの選挙区とする大選挙区で選ばれるが、政令指定都市の議員は複数の選挙区から選ばれる。そして都道府県議会は、小選挙区と中選挙区の組み合わせで選ばれる。そしてこれらは、国政選挙の選挙区とも重ならないことが多い。これが地方政治・ローカル・デモクラシーの独自の論理が生まれる理由である。そして選挙制度のあり方と密接に絡む、政党の役割、特に地方における政党の役割について、研究者たちの議論が続いている。

4　地方自治の意味
——所掌事務拡張型の分権、自由度拡充型の分権

さて、集権と分権という言葉は地方自治において最も重要な言葉の2つである。ところが実は、論者によって言っていることが違うことが多い。お互いに

違うイメージを持ちながら、議論を行っても話がかみ合わないだろう。

そのイメージには主に2つのものがある。第1に、どれだけの仕事が国あるいは地方で行われているかに着目した集権分権のイメージである。中央政府が多くの権限や事務を持っていて、地方自治体はあまりたくさんの仕事を行っていない、という集権である。できるだけ多くの権限を持った地方自治体が、多くの事務を行っているということが分権である。これは所掌事務に着目した集権分権論である。地方自治体の所掌事務が拡張することが「所掌事務拡張型の分権化」である（北山、2015）。

第2に、地方自治体の自由度に着目した集権分権のイメージがある。ここでは、自治体にとって自由に、自主的にできることの領域が狭ければ集権的であり、広ければ分権的である。国からの統制、監督や関与がある場合には、地方は自由にできない。そもそもやるのかやらないのか、どのようにやるのか、地方自治体の自由になっていることが分権である。このような統制などを減らすことが「自由度拡充型の分権化」となる。

「統制や監督の程度が高く（つまり自由度が少ない）、さらに、地方自治体が所掌する事務も少ない」ということであれば、明らかに集権的である。逆に明らかな分権は、「地方自治体が自らの意思で自分の所掌事務を選び、そしてその所掌事務の範囲が広範である」という状態であろう。

ここで気をつけなければいけないことが出てくる。自治体がある事務を行うかどうかを、地方で自由に決められるなら、所掌事務の範囲も狭くなる可能性があるということである。したくないことをしない自由があれば、活動量も減ってくるのである。「自由度は高いが、所掌事務は少ない」という状態が、分権なのか、集権なのかはどちらの意味で考えているかによる。

逆に、中央政府ではなくて地方自治体の権限、事務として多くの事務が行われているにしても、それをやることが義務となっているのであれば、自由度はないことになる。「所掌事務は多いが、自由度は低い」という状態も分権的なのか、集権的なのか、一概には言えないことになる。

世界各国の地方自治制度を比較したSellersらの研究によると、明らかな集権の国がある一方で、北欧諸国のように、自由度は低いが所掌事務は広範囲な国と、アメリカなどのように、自由度は高いが、所掌事務が少ない国という場合に分かれる。明らかな分権の国は存在していないのである。日本はどちらかというと北欧よりに位置しているが、監督の程度が北欧諸国よりも高い（Sellers and Lindström, 2007; Sellers *et al.*, 2020）。

いずれにせよ、分権、集権といった場合には自由度の観点からなのか、所掌事務の広さの観点からなのかを、よく見分けて考える必要がある。

column　3つの分権化

今までの議論は主に権限や事務、監督や関与といった側面に注意を向けた議論であったが、中央と地方との間にあるのはこのような行政的な側面だけではない。それが政治的側面と財政的側面である。Falleti（Falleti, 2005; 2010）によると、分権化には、行政的分権化、財政的分権化、政治的分権化の3つの過程がある。はじめの2つは国と地方の間に関係するので、団体自治と呼ばれることがある。これに対して政治的分権化は住民と自治体との関係であり、住民自治とも呼ばれる。

「行政的分権化」とは教育や保健、社会福祉や公的住居などのサービスの管理運営や提供を地方自治体に移譲することである。意思決定権限の移譲は必ずしも必要条件とはしない。

「財政的分権化」とは、地方自治体の歳入や財政的自律性を増大させる政策である。中央政府からの移転支出の増大、地方税の創設、国税の税源移譲のように多様な制度形態がありえる。移転支出とは、日本で言うところの補助金や使い道の自由な交付税のようなもので、これにより、上の行政的分権化のコストを地方自治体だけが負担することが避けられるようになる。

最後に、「政治的分権化」とは、政治的権限やリーダーの選出能力を地方のアクターに移譲する制度変化である。それまでは任命されていた市町村長や知事を公選化したり、地方議会を創設したり、地方自治体の政治的自律性を強化するような政策がその例である。

Falletiはさらに、3つの分権化が別々に行われた場合、その順番によって、政治的な効果が異なってくるという仮説のもとに、研究を行っている。彼女によると、政治的分権化→財政的分権化→行政的分権化の順番で行われた国において、最も地方のエリートの力が増大したという。

このように、中央と地方の間にはたくさんの局面、次元が存在するために、集権、分権、集権化、分権化という言葉を使って、何が意味されているかをよく吟味することも重要となってくる。

5　地方自治の意義――なぜ地方自治が必要か

最後に、なぜ地方自治が必要とされるのであろうか。中央に政府が1つだけある、というのではどうして良くないのだろうか。政治学者は、地方自治には主に3つの意義、価値があると論じてきた。第1に、強大な政治権力の防止である。第2に、参加の拡大である。第3に、効率性の拡充である（Kjellberg, 1988; Dahl, 1967）。

5.1 自由

第1の点については、中央政府のみに権力を集中させると国民の自由が危ういという意味である。政治権力を分立させ、政治過程を多元化することによって国民の自由を守る地方自治というのは、自由主義の考え方である。GHQが占領改革を行い、日本を分権化した時に主眼としていたのは、この点であった。自由が抑圧されていた、戦時中の権威主義的な体制を変革するために、内務省の解体、警察・教育の分権化などを行ったのである。

もっとも、この時の分権化が、戦後日本の自由主義の発達に中心的な意味を持ったのかどうかの判断は難しい。マスメディアや野党勢力の果たした役割の方がより大きかったと言えそうである（McDougall, 1989）。しかしながら、権威主義的な政府が世界各地で復活しているように見える現在において、中央政府の強権的なリーダーや政権党とは異なる政治勢力が、地方自治体に支えられている時には、大きな意味を持ち始めてきているのかもしれない。

5.2 参加

第2は、地方自治は、政治参加の機会を増やし、民主政治の裾野を拡大するという、民主主義の立場からのものである。トクヴィルやブライスが述べていたように、地方自治は「民主主義の学校」と言えるのである。民主的な地方自治体があることによって、有権者だけではなく、政治家も政治的訓練を積む機会となるのである。現在の国会議員でも、地方議員や市町村長出身の議員は多い。1993年には知事経験者が首相に選出された。

戦後日本では、地方議員だけではなく、首長を直接公選すること（間接民主主義）となっているばかりか、直接請求制度（解職請求や条例の制定・改廃の請求）や住民投票などの直接民主主義的な制度が法制上に存在する（第5章参照）。住民投票を利用しようとする動きも多く見られるようになってきた。産業廃棄物処理施設など、欧米ではNIMBY[2]と呼ばれ、日本では迷惑施設と呼ばれる施設の設置に関する決定を議会だけで行うのは難しく、住民投票を行い、

2） Not In My Back Yardの略で、どこかには必要だが自分の裏庭には欲しくないという施設のことである。

それを参考にして首長や議会が決定するという事例が多くなった。

もっとも、本当に地方の方がより民主的かというのは別問題である。マスメディアが発達していないなどの理由で、地方の方がボス支配となっている場合もあり得るし、地方選挙の方が低投票率という場合も多い。迷惑施設の建設については、住民投票で意思を問うことの善し悪しも問われるであろう。

5.3　効率性

地方自治が、地域・個人に適合した効率的な行政サービスの供給を可能にするという考え方がある。これには3通りの意味がある。第1に、国の行政サービスは、平均的・標準的となりやすく、さらには画一的かつ硬直的なものになりやすい。「地域」の状況とニーズの判断は、国よりも地方自治体の方が優れているという考え方である。これは、資源配分の効率性の考え方である。「地域」に適合的な政策を地方自治体が取捨選択して総合することによって、公共サービスの配分が効率的になる。

第2に、「地域」の差ではなく、街灯や道路などの公共サービスをどれだけ需要するかの「個人」差に地方自治が対応できるという「足による投票」という理論もある。多少高い負担であっても、高い公共サービスを求める人と、低サービスでもいいから低負担が望ましいという人とが、1つの政府のもとに暮らせば、それぞれの満足度は低くなってしまう。たくさんの地方自治体があり、それぞれのサービスと負担の水準が違っていれば、人々は自分の選好に最も近い公共サービスを提供している地域に移り住む、すなわち「足によって投票」できることになる。

前述した「福祉の磁石」は、所得を再分配する福祉サービスの場合であることに注意が必要である。「足による投票」は、自治体が公共サービスをより効率的に提供するという議論であるのに対して、「福祉の磁石」は所得再分配政策を自治体が自主的に実施することはうまくいかないという議論である[3)]。

第3に、自治体間では住民の移動をめぐる競争が起こる。自治体運営をより効率化することによって、無駄をなくし、税金に対するサービスの割合を高めることで、魅力を高めようとすることになる。これを自治体間の「ヤードスティッ

3)　混乱することだが、福祉政策が手厚い福祉国家も、高福祉高負担という言い方をする。「足による投票」に似ているようだが、ポイントは、福祉政策においては持てる者がより負担をし、持たざる者は福祉政策を負担なく受け取ってもかまわない、ということである。しかしながら、普遍的なサービスを供給する高福祉国家になるためには、累進的な所得税のみならず、高率の付加価値税（消費税）が必要であり、一般に高負担となるというのが、北欧諸国の教える教訓である。

ク競争」と呼ぶ。

もっとも、地方の効率性を追求することは、全国的な最低限の同等なサービス（ナショナル・ミニマム）を提供しようとする国家の方針と衝突することもありえる。どの政策領域でどの程度をナショナル・ミニマムとするかは難しい。格差は、よく言えば尊重すべき個性であるが、悪く言えば是正されるべき課題であるとも言える。

さらに、行政の重複や無駄を極限まで縮小化していた時に、危機が襲った場合、対応能力が著しく低下することが、新型コロナウイルス感染症の危機によって明らかになった。このような重複や無駄は「冗長性（redundancy）」と呼ばれ、過誤の発生を抑制し、システム全体の信頼性を高めると言われている（伊藤、2011）。

5.4　実験室としての地方自治体

この3つ以外にも、地方自治の意義としては、自治体が個性的な創意工夫をこらすことによって、政策の転換、新政策の立案および普及が促進されるということがあげられる。地方自治体が単なる手足ではなく、頭脳になることによって、実験室がたくさんあることになり、問題への対応能力が増すという考え方である。これについては、戦後日本の地方自治体によって、実際に多くの政策革新、すなわちローカル・イニシアチブがとられ、そしてそれが他の自治体や中央政府に拡散していったことを、第9章などで確認しよう。

【文献案内】

伊藤正次編（2019）『多機関連携の行政学――事例研究によるアプローチ』有斐閣

現在日本のさまざまな課題について、多くの行政機関が連携をとりながら解決策を探っている様子を、事例分析によって描いている。行政機関の一元系統化ではなく、行政における冗長性の意義を強調する視点も貴重である。

佐野亘・山谷清志監修、焦従勉・藤井誠一郎編著（2020）『政策と地域（これからの公共政策学 4）』ミネルヴァ書房

防災・消防・医療、清掃などたくさんの政策分野における課題、外国人集住都市や伝統的な町並みを有する地域の課題などを、外国の地域の分析も含めて多面的に分析している。

村松岐夫（2018）『政と官の五十年』第一法規

本書第2部の「中央地方関係と政官関係」で、村松地方自治理論が論じられている。自律性と活動量のジレンマなど、続く世代に与えた影響が大きい論文が収録されている。

【研究課題】

(1) さまざまな政府の仕事の中で、国の事務と地方の事務とはどのように分けられるだろうか。どのように分けるのがいいだろうか。

(2) あなたの住んでいる市町村、そして都道府県の「人口ビジョン」と「総合戦略」はどのようなものだろうか。人口についてどう考えているだろうか。どのようにしてまちづくりを行おうとしているだろうか、調べてみよう。

(3) 足による投票と考えられるものは、実際に起こっているだろうか。住むところをどうやって決めたのか、聞いてみよう。逆に、福祉の磁石というものは実際に起こっているだろうか。

2

首長

曽我謙悟

summary

自治体を代表し、自治体を動かす中心にあるのが、自治体の首長、すなわち市区町村長や知事である。自治体における首長の役割は大きく影響力も強い。とはいえ、首長は関係する人びとや組織から多くの制約を受けるし、自分１人で何もかもできるわけでもない。そこで本章では、首長を周囲との関係の中に位置づけていく中から、その特徴を描き出していく。

第１は、住民との関係である。どのような選挙のしくみで、実際にどの程度、首長の交代が生じるのかを見ていく。第２は、政党との関係である。政党との関係を左右する要因は何かを考えていく。第３に、地方議会、地方議員との関係を考える。これは、政策形成をどのように進めていくかを考えることでもある。最後の第４に取り上げるのは、行政機構である。行政職員たちは首長をどのようにサポートしていくのか、逆に首長の側は、どのように職員たちをコントロールしようとするのかをここでは考える。

有権者に見せる政治家の顔、行政組織の経営者の顔といった様々な顔があることを踏まえることで、首長の発言や行動の理解はぐっと立体的になるだろう。

keyword

二元代表制、相対多数、統一地方選挙、政治的競争、多選首長、無投票当選、マルチレベルの政治、相乗り首長、無党派首長、地域政党、マニフェスト、総合計画、政策評価、機関委任事務、行政委員会

1　住民との関係

1.1　二元代表制と選挙制度

知事や市区町村長は地方自治体の長である。一般的には首長とも呼ばれ、さらに同音異義語との混同を防ぐため、「くびちょう」と呼ばれることも多い。知事や市区町村長を選び出すのは、私たち有権者である。民主制なのだからそれは当たり前だ、というわけではない。たとえば、国（中央政府）の行政府の長である首相を選び出す選挙は存在しない。行政府の長を議会が選出し、信任を失えば解任される議院内閣制をとるからである。行政府の長を議会とは別個の選挙によって選び出すしくみは、大統領制と呼ばれる。議会と首長のそれぞれが有権者を代表することから、二元代表制とも呼ばれる。

首長選挙は、地方自治体の区域全体を1つの選挙区として、相対多数で当選者を決める。市区町村や都道府県全体での票数を競うため、大都市の市長や知事となると、当選には国会議員以上に多くの票を必要とする。衆議院選挙の小選挙区は平均人口40万程度であり、参議院選挙の選挙区も、たとえば東京都から6名が選出される。したがって、東京都知事は日本で一番多くの票を集める政治家ともいえる。なお、当選には有効投票数の4分の1が必要であり、これを満たしていない場合は再投票となる規定はあるが、有効票の25%というハードルは低く、再投票が行われたことはこれまで数件にとどまる。

相対多数であるとは、裏返せば決選投票を行わないということである。このため、有力な候補者が3名以上立った場合には、当選者の票数よりも落選した候補者の票数の合計の方が多いこともある。このように票が割れることで、いわば漁夫の利による当選者が生まれる。あるいは、2人の主たる対立候補者がいるところに、スポイラーと呼ばれる第3の候補者が1人加わるだけで結果が変わってしまう。これらを回避するには、有権者の側が、自分が最も好む候補者よりも、当選可能性がある候補者の中でより高く評価する候補者に投票するといった戦略的な投票を行う必要がある（パウンドストーン、2008）。

自治体全体から1人の当選者を選ぶというのは素直なしくみに見えるが、実は、票数の予測などに応じた投票先の決定を行わなければ望ましくない結果を生むのであり、有権者への負荷は大きい。首長選挙の制度は、戦後改革の中で生まれたものが、現在までほぼ変わらず用いられ続けている。議会選挙も同様だが、自治体の代表制のあり方を検討し、制度改革を行うことはなされてこなかった。アップデートのされない代表制なのである。

1.2 選挙タイミング

首長の任期は4年である。4年ごとに行われる首長選挙は全国の自治体に共通して同じ日に行うことを基本とする。この選挙は統一地方選挙と呼ばれる。1947年4月に開始され、2019年が第19回、2023年は第20回の統一地方選挙となる。4月前半に都道府県と政令指定都市の知事・市長選挙を行い、その2週間後に政令指定都市以外の市区町村の長の選挙を行う。また、それぞれの議会選挙も同日に行われる。

選挙のタイミングは選挙結果に影響を与える。首長選挙を全国で統一して行うことは、有権者の目を地方ごとの争点から全国的な争点に向ける効果がある。このため国政に対する評価が影響しやすくなる。統一地方選挙は参議院選挙などと並び、政権への中間評価を問う第2レベルの選挙として扱われやすい。新聞やテレビの報道によって、この傾向はさらに強まる。

議会選挙を同一時点で行うことも選挙結果を左右する。議会選挙に対して、首長選挙の影響が強まりやすくなるのである。人気が高い首長への支持は、その首長が所属する政党の議員への投票にもつながる。このような現象を政治学ではコートテール効果と呼ぶ。コートテールとは燕尾服の裾を指し、首長の人気にぶら下がって議員が当選する状況を表現している。

しかし、現在では統一地方選挙に首長選挙を行う自治体の方が少ない。理由は第1に、首長が任期の途中で辞職、あるいは死去することである。第2に、住民からの解職の要求、すなわちリコールが生じることである。ただしリコールは住民の3分の1（なお、人口40万以上の場合は緩和措置がある）の署名が必要なので、容易ではない。都道府県知事では例がなく、市区町村長でも通算20件程度である。第3の理由は市町村のみに当てはまるもので、市町村合併が行われた際に、新たに選挙を行うことである。

これらの結果、都道府県知事の方が、統一地方選挙で実施している割合は高いが、それでも2割強である。政令指定都市の市長は3割、東京23区の区長は5割弱となる。これに対して一般の市町村では1割弱となる。他方で、議会と同一日に行う割合は、平成の合併が行われた市では高くなる。

このように様々な理由から、統一地方選挙において首長と議会を同時に選挙するという基本は、実際にはむしろ例外となっている。首長と議会に権力分立の関係を期待するのであれば、両者の選挙日はずらした方がよく、逆もまたしかりである。二元代表制のあり方との関係で選挙タイミングも決めるべきだが、この点への配慮には乏しいことも、自治体の代表制の特徴である。

1.3　多選首長と無投票当選

現職の知事や市区町村長は選挙において極めて有利である。4年間の任期の間、様々な公務を果たしていくこと自体が知名度を上げる。支持者の声に応える政策を実現していく機会もある。もちろん、大きな失策を犯す、あるいはスキャンダルに陥るなどすれば落選することもあるが、それ以外の多くでは、現職の再選は堅い。現職知事が出馬した場合の勝率は約9割に及ぶ。

加えて、法制度上、日本の首長には任期制限が存在しない。大統領制の場合、行政権が長期間にわたり同一人物の手にあることを防ぐため、任期制限を設ける国が多い。韓国の大統領は1期、米国の大統領は2期を上限とするのがその例である。日本の場合も、自治体によっては条例で任期制限をかけている。ただし、地方自治法や公職選挙法に定めがない以上、多選を禁止はできず、努力規定のみの多選自粛条例となっている。

この結果、当選を繰り返す多選首長がしばしば生まれる。知事では、8期にわたり知事を務めた石川県知事や奈良県知事の事例がある。市長では大阪府貝塚市長が10期、村長では高知県芸西村長が13期在任したという記録がある。

現職の再選率が高いことは、2つの帰結をもたらす。1つは投票率の低さである。勝敗の行方が目に見える選挙にわざわざ足を運ぶ有権者は少なくなる。さらにもう1つは無投票当選の増大である。現職に挑戦しても勝ち目が小さい選挙に立候補する者がいなくなる。たとえば2015年の統一地方選挙において、市長では30.3%、町村長では43.4%が無投票当選となっている（総務省自治行政局選挙部「平成27年4月執行　地方選挙結果調」）。

しかし、日本の首長選挙では政治的競争が不在であるというのはいいすぎである。全国の市長を対象とした調査によれば、市長の3分の2は自ら引退をしているが、3分の1は落選して退任に追い込まれている。当選回数3回で退任する市長が最も多いが、1回および2回で退任する市長も4割を超える（北村・青木・平野、2017）。ここからは、相応の政治的競争が近年の市長選では存在していることがうかがえる。

知事選を対象に、時期的な変化もあわせて見てみると、図2-1となる。縦軸には、47（沖縄復帰までは46）知事の当選回数の平均をとった。これを見ると、当選回数の平均は2から3の間を動いている。この値が下がっていくときは、

図2-1　知事の平均当選回数

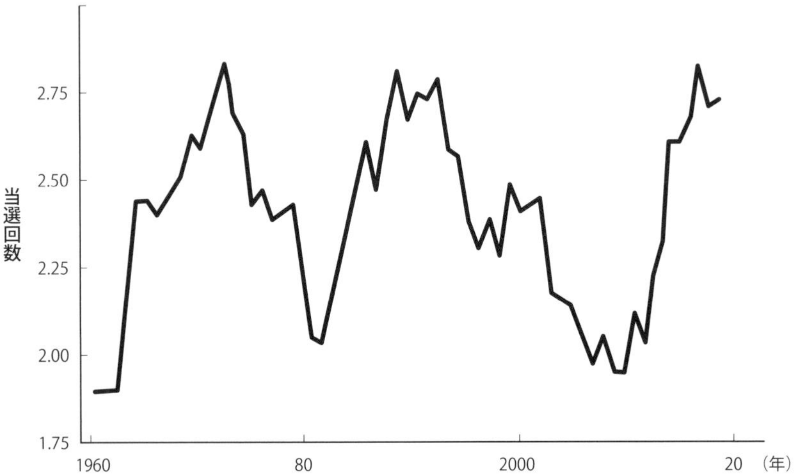

（出所）筆者作成。

政治的競争が激しい時期である。1970年代が1つの典型であり、1980年にピークを迎える。もう1つは1990年代から2000年代の長期にわたり、2009年・10年をピークとした。前者は革新知事から保守回帰の時期であり、後者は国政での自民党長期政権の崩壊から民主党政権誕生までの時期である。時期による違いはあるものの、上述の市長の場合と同様、相応の政治的競争が知事の場合にも存在することを示す。

確かに、町村長を中心に、担い手不足から政治的競争が欠如することは望ましいことではない。しかし、再選を繰り返す首長の存在は有権者の判断の結果である。投票率の低さも、現職を落選させるために投票所に足を運ぶ必要を感じていない有権者の判断の現れともいえる。多選首長という目立つケースや低投票率・無投票当選といった事象が与える印象だけから、政治的競争の不在を嘆く必要はない。

1.4　マルチレベルの選挙

知事の方が再出馬する者が多く、市長の方が少ないのはなぜだろうか。これは、市長の方が国政や県政への転身を図ることが多いからである。知事の場合はそこから転身するケースが少なく、いわゆる「あがり」となる。こうした他のレベルへの流出や流入の総体が、知事、市区町村長それぞれの政治的競争の程度を左右する。

国、都道府県、市区町村といった複数のレベルにまたがって、政治家がどのように移動を行っていくのか、また、これら複数のレベルの政治家の間にどのような関係が見られるのかといったことは、マルチレベルの政治として近年、政治学で注目を集めるようになってきた（建林、2017；砂原、2017）。

日本の知事や市区町村長は、他の公職と兼職することが認められていない。したがって、数多くの政治ポストの中でどれかを選ぶ必要がある。そこでどのポストを目指すかを左右する要因の1つはそのポストの魅力である。多くの権限を有し、ステータスが高いポストは魅力を持つ。もう1つは当選可能性である。いくら魅力があっても当選できねばそれは手に入らない。したがって、それまでに培ってきた集票基盤がいかせるところに転身しやすい。

国政では議院内閣制をとるが、地方自治体は大統領制をとるため、政党政治の中でしか動けない国会議員よりも首長に魅力を感じる政治家は、かつてから一定数存在してきた。これに加えて、地方分権改革が進んだことで、知事や市区町村長が持つ権限も拡大した。自分の判断で政策を実現できる可能性が高まったことで、国会議員にとって首長の魅力はさらに増した。

加えて、1990年代に衆議院の選挙制度改革が行われ、政党の集権化が進むことで議員の自律性が低下するとともに、選挙区の規模は縮小した。小選挙区とは、人口30万から50万程度の市がちょうど相当する。この点でも、小選挙区の政治家が同じ選挙区の市長に転身しやすくなった。

これらの結果、従来であれば地方から国政への「ステップアップ」が中心であった政治家のキャリアパスは、現在では、国政から地方への経路も大きなものとなっている。さらにその場合も知事ではなく、大規模な市の市長への転身が増えている。新型コロナウイルス感染症への対応では知事への注目が続いたが、現代日本の政治において、首長が持つプレゼンスが拡大している傾向がその下地にあったといえる。

column　ジェンダー・バランスに欠ける日本の首長

残念ながら、日本が女性の雇用機会、社会参画に問題を抱えていることは、よく知られているところだろう。なかでも政治はその最たる分野である。その中でも首長は最も女性の比率が低い。知事、市区長、町村長のいずれもが5%を下回る。地方議員と国会議員のいずれも、首長よりは女性比率が高く、また年を追うごとに上昇する傾向にある。首長の政治的競争性は高いといっても、それは男性に偏った中での競争なのである。

図2-2　政治家の女性比率

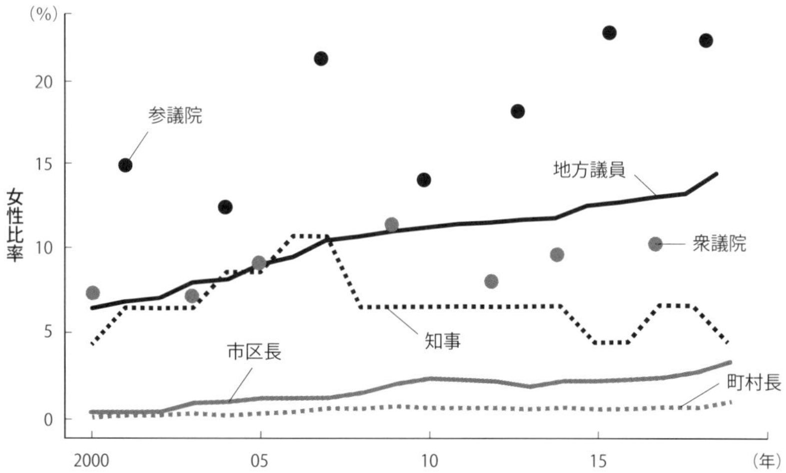

（出所）筆者作成。

2　政治家との関係——政党政治の中の首長

2.1　選挙前連合の形成

政党とは政治家の集団である。政治家にとって政党は手段であり、政治家が追求する目標達成に有効であるならば、政党を利用する。政党に所属すれば、行動の自由を一定程度失うことになり、政党のための貢献も求められるというコストを伴うのだから、得られる便益との比較で、政党に入るか否かを判断する（待鳥、2018）。

首長にとって、政党が与える便益は議員の場合よりも小さい。首長は選挙に当選することで、自分の手で知事や市区町村長の座をつかむ。国会議員が大臣や委員長などのポストを政党に配分されるのとは異なる。独任制ゆえに自らの判断で決定が行えるという点でも、多数決で決定を行う議員たちとは異なる。

したがって、首長（候補者）の側からすると、政党が必要になる主たる理由は、選挙になる。有権者の支持を集めていく上で政党の力が必要ならば、その助けを得ようとするだろう。その際、複数の政党の協力を受けることも多い。逆に、自身の知名度がある場合などは、政党の手を借りないで選挙戦を戦うことを選ぶだろう。同じ首長でも、初戦は政党の協力を仰ぎ、2期目以降は無党派に転じるということもしばしば見られる（中條、2017）。

他方で、政党には政党の思惑がある。そして同じ政党でも、党本部とそれぞれの地域支部では考えも異なる。党本部は、国政での政党間競争を念頭に置き、有権者に対するアピールの場として首長選挙を用いたいと考える。したがって、国政での連立関係・対抗関係に沿った枠組みが首長選挙でも維持されることを求める。しかし、地域支部を支える地方議員の利害は異なる。第3節で見るように、政策形成における首長の権限は大きく、自分たちの目指す政策の実現には首長の協力が必要となる。そこで、選挙戦で集票に協力し、後で政策面での見返りを受けようとする。首長としても、自身が進める政策を議会で通すには、議会多数派の協力が必要である。

以上のことから、首長と政党の関係は、首長選挙時の協力と、当選後の政策形成時の協力を中心とする。集票であれ、多数派形成であれ、政党に頼れば楽だが、首長がやりたいようにやれる範囲は狭まる。他方で政党の側は、他のどの政党と組むかによって、選挙に勝てるか、どれだけの分け前を得られるかが変わってくる。その計算は、党本部と地域支部でも異なる。こうした多元連立方程式の結果が、首長と政党の関係を形づくる。それゆえ、政党と距離を置く無党派の首長から、ほぼすべての政党の支持を受ける相乗り首長まで様々なタイプが存在する。

2.2　首長主導の政党

執政制度と並んで、首長と政党との関係に影響を与えるもう1つの要因が、中央・地方関係である。集権的なしくみの下では、首長が政策を実現するには、国との協力が不可欠である。地方分権改革が進むまで、首長にとって国政政治家との関係は無視できないものだったのである（片岡、1994）。

国政では自民党の長期政権が続いていたので、自民党国会議員との関係構築が、首長にとって重要であった。国会議員側がそれに応えるインセンティブも大きかった。中選挙区制の下で、議員個人として集票基盤を形成する必要があったので、自民党国会議員たちは、地方政治家の多くと系列関係を築いていった。地元に補助金を持っていくことで、地方の政治家や有権者からの支持を調達することに精力を傾けたのである。

こうした姿は2000年代以降、変わっていく。地方分権改革の結果、自治体の政策形成における自律性が高まった。このため、国会議員の協力の下に国から資源を獲得する必要が減った。また、衆議院の選挙制度改革の結果、議員個人による集票より、政党を通じた集票が重要になった。このため系列関係を維持する必要性が薄れていった。

このような変化が、2000年代以降に地域政党が誕生してくる背景となる。首長も地方議員も、地方独自の政党を自分たちで築くことに、より大きな利益を見出すようになった。国政の全国政党とは異なり、自分たちの地域としての利益を有権者にアピールする上で、地域政党は有力な手段となる（善教、2018)。

2000年代以降に誕生した地域政党は、首長が主導する形で形成される。政党を通じて有権者を組織化することが難しくなったことと、マスメディアやインターネットを通じて政治の人格化が進んだことから、議院内閣制であっても大統領化が進む傾向にある。まして大統領制をとる地方自治体において、首長主導による新政党が登場するのは不思議ではない。

さらに、首長主導の地域政党が、基盤とする地域の国政選挙にも進出し、複数レベルにまたがる政党となることもある。こうした現象は2000年代までは見られなかった。地域政党の進出は政党の流動化を促進している面もある。現在日本の政治において、地域政党は見逃せない要素となっている。

その代表例が大阪維新の会である。当時、大阪府知事だった橋下徹が2010年に結成した。大阪市長の座を奪い、府議会、市議会での議席数も伸ばし、2012年には日本維新の会として国政にも進出した。しかし、国政での他党との連携には紆余曲折があり、看板政策の大阪都構想は二度にわたり頓挫した。橋下という圧倒的に思われた存在の引退もあった。それでもなお勢力を維持していることは、個人を超えた組織として政党が確立していることを示している。

2.3　時期的な変化

データを用いて、知事と政党の協力関係を確認しよう。図2-3は、当選した知事が選挙時にどの政党から支援を受けていたかに基づいて分類を行い、該当する知事の実数を縦軸にとった。

時期による変化は大きい。1960年代に最も多かったのは自民党単独の支援を受ける知事であった。公明党や民社党といった中道政党が誕生する60年代半ば以降は減少をはじめ、1970年代には、革新系の知事が増える。しかし長くは続かず、1980年代は、自民党と中道政党の連合に支えられる知事が増大する。さらに社会党もそれに乗ることで、保革相乗り知事が90年代には過半を占める。その後90年代半ばに登場した無党派知事が2000年代には急増し、

図2-3　知事の党派性の変化

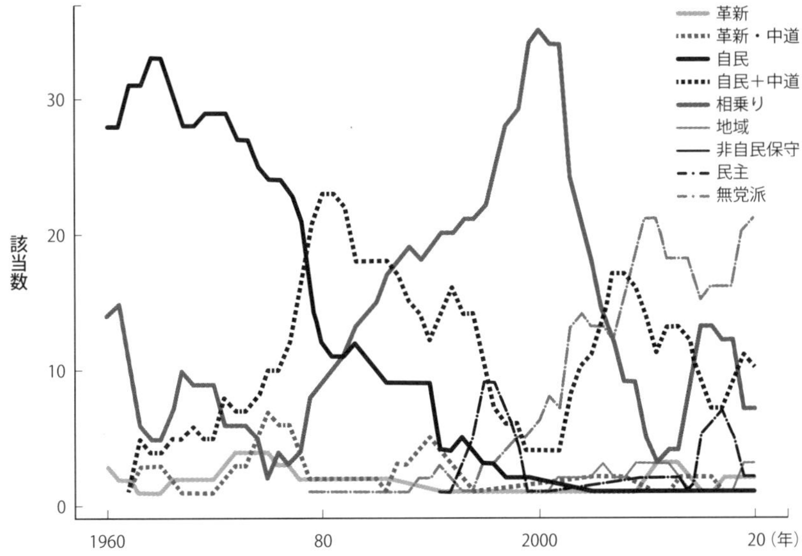

（出所）筆者作成。

最大の類型になるとともに、自公をバックとする知事も増える。加えて、民主党系の知事、さらには地域政党を率いる知事も出てくることで、多様性は増している。

こうした変化の根底には、2つの力が働いていることが見て取れる。1つは、国政の連立の枠組みや国政での政党支持との連動である。70年代の保革伯仲期における革新系知事、2000年代の二大政党化の時期における相乗り知事の減少と自公知事や民主知事の増大などはその典型例である。もう1つは、地方独自の力学、すなわち上述したところの相乗り、無党派、地域政党である。この動きは90年代以降の中心となってきている。地方分権化に伴い、地方政治は独自のダイナミズムを持つようになってきたことがここには表れている。

2.4　他の首長との協力と競合

首長は自治体の中では大きな力を持つとはいえ、その外に働きかけていくには力不足である。そこで横の連携が必要となる。すでに見たように、政党を通じて、マルチレベルにまたがるネットワークを形成するのが1つの方法だが、それでは知事や市区町村長のすべての声を集約することにはならない。

全国の知事、市町村長を代表するのが、全国知事会、全国市長会、全国町村会といった全国代表組織である。議会側の3つの全国組織と合わせて、地方六団体と総称される。地方自治法の規定によって、これらの全国団体は、地方自治に関する法令への意見を内閣に伝えることができる。

全国の自治体はそれぞれに異なる状況に置かれているので、地方の足並みを揃えるのは容易ではない。都道府県、市町村といった各レベルでもそうであり、まして都道府県と市町村全体として、意見を集約することは難しい。それでも、地方分権改革を経て全国団体が果たす役割は大きくなった。第2次分権改革においては、義務づけ・枠づけの見直しや、事務・権限移譲について、全国団体のイニシアティブをいかす提案制度が設けられた。

全国レベルではなく、地域ごとのまとまりや、一定の共通性を有する団体のまとまりもあり、複層的なネットワークが首長間には築かれる。指定都市市長会や中核市市長会、あるいは各都道府県内の市長会といったものがその例である。関西広域連合は自治体の連携組織であるが、首長が果たす役割は大きい。府県に加えて、政令指定都市も参加しているところが特徴的である。

しかし、首長間の関係は、連携を目指し、何らかの組織形態を伴うものばかりではない。互いに競合する面や、対立する面もある。党派的な理由からの対立もあれば、利害や争点をめぐる対立まで様々ある。特に、知事と県庁所在地あるいは最大都市の市長には、構造的に対立が生じやすい。また、政治家としての首長は自らの業績を有権者に示し、非難を回避する強いインセンティブを持つ。他の首長との関係で自らが埋没してしまうことや、非難が集中するような事態を避けようとする。新型コロナウイルス感染症への対応のように首長のリーダーシップへ人びとが期待を寄せるとき、こうした傾向は一層強まる。

3　議会との関係――政策の形成過程

3.1　20世紀型大統領制としての権限配分

政策形成における首長の役割は大きい。それは議会との関係において、提案権を広範囲に与えられているからである。これは、議会の役割が限定されていた戦前の歴史を引きずったためである。意図せざる結果として、20世紀型の大統領制と同様の制度になっているのである。古典的な大統領制では権力分立を重視し、執政の長には執行権のみを与え、立法への関与を許さない。米国の大統領制はその典型である。しかし、政府機能が拡大、複雑化する中で、行政が立法に関与しないのは実際的ではない。20世紀に導入された大統領制の多くは、執政による立法への関与を可能とする形に変化しているのである。

政策形成に関する首長の権限としては、予算と条例の提案権がある。予算の提案権は首長だけに与えられ、条例の提案権は議会と共有する。いずれも、最終的な議決権は議会にある。したがって、議会の同意を取り付けられる範囲で、首長は自らが望む政策を実現していくことができる。また、緊急の事態や議会の委任があれば、議会の議決がなくとも決定ができる専決処分のしくみがある。ただし事後的に議会の承認が必要である。

こうした権限配分から、議院内閣制同様に、議会は首長が自分たちの意向に沿うのであれば、条例案の作成についても委任をするインセンティブを持つ。政策形成に伴う情報収集や利害関係者との調整作業の費用を考えると、自分たちの意向が反映される限り、委任を行うことは理に適う選択である。まして予算の提案権は首長にしかなく、多くの政策は予算措置を伴うものなのだから、首長に政策形成を委ねつつ、自分たちの意向を反映させるのが合理的である。

結果として、議会には首長に対する与党・野党関係が生じる。先述した首長選挙時の選挙協力は、与党関係を築く大きな一歩である。ただし、それで選挙後の政策形成時における首長と議会の関係のすべてが規定されるわけでもない。首長と議会政党は政策運営に関する協力関係を築いていく。なかには、全面的に議会と対立する首長も出てくるが、それでは自分が目指した政策は実現し難いので、多くの首長は実質的な与党を抱えるのである。無党派首長であっても、必ずしも議会との対立を選ぶわけではない（曽我・待鳥、2007）。

首長が提案した予算案や条例案は、ほぼ原案のまま成立する。条例案に対する修正や否決が生じることは1割にも満たない。また、議会で審議される圧倒的に多くは首長が提案する条例案であり、議員側が提出したものの割合は極めて少ない。こうした実態に対して、議会は全体として首長に対する監視、抑制の機能を担うべきだという機関対立主義の立場からの批判は多い。しかしそうした批判は、権限配分の制度上、根拠に乏しいというべきであろう。

3.2　予算・計画・評価

行政の長として、首長は政策の実質的な決定権を多く持つ。様々な事業のタイミングや具体的な箇所など政策の実質的な内容の決定は行政に委ねられているからである。現代の政策の専門性や複雑性からすれば、立法によって活動を規定することは難しく、行政部門の役割が増大する傾向が見られる。こうした行政国家化は普遍的現象であり、日本の自治体も例外ではない。

日常的な意思決定に加えて、重要なのは、金銭や人員といった行政リソースをどの政策領域に割り当てるのかといった資源配分の決定である。リソースには限りがあり、計画的な利用が必要となる。したがって、総合計画を立て、リソース割当ての基本的な方針を定め、それを毎年の予算編成などで確定することが繰り返される。

2000年代には、選挙においてマニフェストを掲げることが増えた。実現しようとする政策や施策を、従来の公約以上に明確化し、実現のための方法や期限についても有権者に伝えようとするものである。このマニフェストの実現には、総合計画との調整が必要となる。しかし、4年に一度行われ、誰が当選するかわからないマニフェストと、5年や10年といった長期的な総合計画との接合は難しい。このため、一方では総合計画を枠組化し、選挙期間ごとに一定程度見直すことを取り入れるなどの対応がとられてきた（礒崎、2017）。

2000年代にもう1つ、首長の政策実現の手段として導入が進んだのが政策評価・行政評価である。行政活動がルーティン化し、硬直化しやすいことへの対応として、事後評価を取り入れることが1990年代に各国で進んだ。行政の活動が社会や経済に与えるインパクトに目を向け、そこからフィードバックを得て、行政の活動を見直すことが、そのねらいであった。

しかし、日本での政策評価・行政評価の中心は、すべての事業を対象として、数値で事業量や事業効果を示し、事業単位の効率化を目指すものとなった。事務や業務の棚卸しという表現がよく用いられたが、無駄や削減する余地がないかを探し出すものとして評価は捉えられた。財政状況が悪化し、行政改革が合意争点となる中で、首長としては、これは使いやすい手段であった。

マニフェストであれ、政策評価・行政評価であれ、2000年代に首長が導入していった変化は、数値を伴うことで客観性を担保しようとする装いをまとった。政治家たちは公約を守ることなく、自分や自分の支持者の利益になる政策ばかりを追求しているという有権者の不信を前にして、政策の透明性を高め、効率化を図る方法が有権者へのアピールとして用いられたのである。しかしマニフェストや評価を実質的な形で用いることは容易ではない。首長の政策展開や行政経営を、選挙を通じたアカウンタビリティの確保と結びつけるには、もう一工夫が必要な段階に来ている。

3.3 政策選択の変遷

2000年代に入り透明化や効率化を追求してきたことを述べたが、首長たちがどのような政策を追求してきたのか、もう少し遡って見ておこう。首長が主導しつつも、議会の同意を必要とするという政策形成の結果、何が生まれてきたのか。その姿は、1980年代までの経済成長期と、90年代以降の低成長の時代とで大きく異なる（砂原、2011）。

1980年代までの首長が追求してきたのは、自分たちの地域の「発展」である。国全体が復興から経済発展を遂げていく中で、自分たちの地域が先に進めるよう、あるいは乗り遅れないよう競い合うことが首長たちの目標となった。このことは住民の多くが合意できる目標でもあった。この目標を実現するため、国からの補助金を獲得しながら、インフラ整備や、増えていく住民のための学校等の施設を整備する。同時に、経済発展がもたらす産業構造の転換などに伴う痛みを和らげるよう、農業や鉱業に従事する人びとへの所得保障を行っていく。

この目標は議員たちとも共有できた。特定の地域や特定の産業の利益を代弁することが議員の役割となる。しかし地域が全体として発展していくことと、インフラ整備や、発展から取り残されがちな人びとの生活を保障していくことは、矛盾せず両立できた。全体のパイが拡大するとき、その拡大をもたらす部分への投資と、拡大の果実の再分配は同時に追求できたのである。

とはいえ、何に重点を置くかで首長の中の違いはある。1970年代に経済成長への懐疑が広がり、公害や過疎過密といった争点が問われたことから革新首長が誕生したことは政策の変化にもつながった。ただしそれは、開発から福祉への転換というよりは、開発に加えて福祉も、という総花的なものであった。それは一方では、財政状況を悪化させ、革新首長の後退の背景となったが、他方では、保守の側にも受け入れられていった（曽我・待鳥、2007）。

こうした様相が一変するのが、1990年代以降の経済的な苦境が続く時代である。90年代に入ってしばらくは、財政出動のために地方の財政は拡大をしていたが、それも2000年代には止まり、さらに三位一体改革で財政面の自律性が向上したことは、多くの自治体の財政運営を厳しいものにした。

地方自治体の財政運営の責任を負う首長としては、財政の均衡を維持することが目標となる。環境変化に対応するための「改革」が多くの首長の目標となる。行財政改革を進めていき、さらには市町村合併のように自治体のあり方そのものを変えていく。

議員はこうした目標を共有できない。改革のために切り捨てられる部分は、首長にとっては一部であっても、特定の議員にとっては自分が代表するすべてということも多い。議員は改革に抵抗することが多く、首長はそれをいかに乗り越えるか、あるいはどのように調整をつけるかが課題となる。両者の対立の帰結により、改革の進展具合には差が生まれる（砂原、2011）。

財政的な制約が緩まない以上、財源を必要とする政策の選択肢は狭くなった。したがって、現在の争点の1つは、改革をどこまで行うのかである。この一方の極が、大阪維新の会のように、大阪都構想といった地方制度の変革や民営化の大幅な導入を主張する立場となる。もう1つは、財源を伴わない政策である。景観のように非物質的な価値が問われる政策領域は増大している。文化や芸術を争点とすることも増えた。種々の集団が利益のみならず承認を求めるアイデンティティ政治は世界的に拡大しているが、日本の地方政治も同様である。

現在の首長は、一方では、効率的な行政経営を求められるマネージャー的要素を強めているが、他方では、自身の価値観などを問われるアイデンティティ政治にも向き合うことを迫られることがある。難しい時代である。

4　行政職員との関係

4.1　組織と人事を通じたコントロール

首長1人では行政は動かせないのであり、職員組織をいかに動かすかが実際の政策の展開においては鍵となる。それには、任せるべきは任せつつ、手綱を放してはならない。首長によるコントロールの方法は、組織編成と人事の2つを中心とする。一般的な行政のコントロール手段としては、権限移譲の程度や、活動手続きを通じたコントロールもあるが、これらが用いられることは少ない。

組織編成については、首長直結の組織をどの程度大きくするかと、政策領域別の局・部をどのように編成するかという2つがポイントとなる。首長直結組織としては、知事公室や市長公室といった秘書的機能を果たすところに、それ以外の機能も併せ持たせるか。総合計画などを担当する政策企画局・部をどの程度重視するかといったところがある。これらに予算や評価機能を集約させれば、首長に近い組織への集権性が強まる。逆に、財務系部局や人事担当部局に管理機能を委ねれば、首長のトップダウンの性格は弱まる。

政策領域別の局や部については、自身が重視する政策領域を所管する目玉組織を設置するか否かが分かれ目となる。滋賀県の琵琶湖環境部のように、全国唯一の組織を作るというのも1つの姿勢の表れである。あるいは千葉県松戸市の「すぐやる課」のように従来の縦割りを超えるといった市長の方向性を反映した組織の設置が行われるのも別の例である（村松・稲継、2003）。

人事においては、昇進・配置に首長がどこまで具体的な判断を下すかがポイントとなる。日本の自治体において政治任用職は限定的であり、副知事・副市長や参与などに限られる。そのため、外から人を連れてくるのではなく、行政職員をどのように動かしていくのかが鍵となる。恣意的に人を動かしたところで、職員の勤労意欲を損なうだけである。職員は機械ではない。技能や知識を蓄積するかどうかも職員の努力次第である。そうした努力が報われない人事を行っていれば、中長期的に職員の質は下がる。

人事の妙は、誰をどこに配置するかの組み合わせにもよる。あるポストをある職員に与えることは、別の職員には、別のポストを当てることでもある。そうした配置の全体が、人事の成否を決める。この複雑な方程式を解くには、職員個々人の資質や適性を知らなければならない。局長や部長クラスに限るとしても、候補者まで含め30人、40人といった職員の情報が必要となる。そこで、職員出身の副知事・副市長の助言を当初は仰ぐことになる。首長本人が知識を蓄え、自分の意向を反映できるのは、2期目に入る頃からだといわれる。

首長によるコントロールが組織と人事を中心とすることと、権限移譲や手続きを通じたコントロールを用いないことは、裏合わせの関係にある。日本の行政機構、さらには民間企業の多くは、部局やさらには個々の構成員についても、それぞれの所管を概括的に決めるにとどめることで、相互に調整を進めながら業務を実施していく（曽我、2013）。こうしたしくみにおいて、トップが権限や手続きを通じてコントロールしようとしても、それは形式上のものにとどまる。ゆえに、組織と人事を通じたコントロールが必要だが、特に人事の掌握は難しい。日本企業が内部昇進の社長を中心とすることと同様、役所も外からやってきた人間が簡単に動かせる組織ではない。しかしコントロールは難しいが、逆に可能になると、統制が過剰になるきらいもある。長期在任している首長に対し、職員が異論を差し挟めないことはしばしば耳にするところである。

4.2　中央・地方関係からくる制約

首長が地域全体を志向する総合性を持つのに対し、異なる方向からの制約をかける1つの要素が、中央省庁である。中央省庁は政策領域ごとに分立しており、それぞれが自らの政策を追求するために自治体に関与してくる。中央政府は公務員数が極めて少なく、自身による政策実施の手段を欠く。政策を実現していくために自治体が必要なのである。ここから、中央省庁の縦割りが地方の行政機構にも浸透し、そのことが首長による政策展開の制約となる。

関与の方法は、権限、人材、金銭、情報と多様な経路に及ぶ。権限の面では、かつての機関委任事務が典型例だった。中央政府と地方自治体の双方が利害や関心を持つ事務について、中央各省の大臣が、知事や市区町村長に対して指揮命令権を持つしくみである。つまり、地方の政策領域全体に責任を持つ存在として首長を捉えるのではなく、それを個別の政策領域ごとに切り刻み、いわば各省大臣の部下として首長を位置づけるのである。この機関委任事務制度は、第1次地方分権改革で廃止され、法定受託事務制度に切り替えられた。これにより首長は大臣の部下扱いされることはなくなったが、中央各省と地方自治体の行政機構が結びつけられることは変わりない。

人材面では、中央省庁の職員が、地方自治体の職員として「天下り」を行ってくる。総務省や財務省の職員は、総括管理部門に置かれ、首長の直属となっていくものも多い。行財政改革などを実施していく際に、国からやってきた職員に、しがらみのないアウトサイダーとして既得権益に切り込むことが期待される。そしてこうした地方勤務の経験を積み重ねる中から、知事や市長への転身を図る国家公務員も多い。他方で、国交省や農水省などの事業官庁も自治体に職員を送り出している。これらの省庁は地方自治体との間で政策共同体を作り出す。中央と地方にまたがる強固な政策共同体は、首長が政策領域横断的な志向性を持つとき、抵抗的な存在となりやすい(稲継、2000)。

金銭面でも同様に、使途に限定のない地方交付税を受け取ることは、首長にとって政策のリソースを増やすことにつながるが、使途に限定のある補助金の場合は、首長の意向を実現する上で役立つとは限らない。これも政策共同体を支える1つの柱であり、補助金がつく事業を予算編成で優先的に裏当てしていくと、それぞれの政策共同体の意向は反映されても、首長の考えは反映されていない予算内容となりやすい。

つまりいずれのリソースについても、政策領域ごとの移転を受け取ることは、首長の政策を実現していく上では障害となりかねない。しかし、常に人手不足、財源不足に陥りがちな地方自治体の状況からして、これらを受けずに自律化する戦略は、自治体の活動量を減らすことにもつながる(村松、1988)。中央もまた、政策実施の多くを地方に依存しているだけに、これは困った事態となる。

中央政府の公務員数の少なさが不変である限り、地方分権を経てもなお、中央の政策実施を担う役割は解消しないのである。

4.3 行政委員会との関係

首長の総合性を制約するもう1つの要素が、行政委員会制度である。行政委員会は合議制の組織であり、首長から独立して行政機能を担う。行政権は首長がすべてを行使するのではなく、行政委員会と分かち持つのであり、執行機関多元主義と称される。

自治体における行政委員会の代表例は、公安委員会と教育委員会である。行政委員会にはこのほか、選挙管理委員会、人事委員会、監査委員などもあるが、警察と教育という2つの重要な政策領域が行政委員会の所管なのである。これら2つは人的にも財政面でも、地方自治体の多くを占める。

警察と教育は、戦後の占領改革において民主化の重点的政策領域とされ、市町村の所管へと移された。教育委員会などもそのとき導入され、教育委員は公選となった。しかしその後、占領政策の方向性が転換したことや市町村の財政難などを受けて、警察は都道府県警察へ、教育では教育委員の公選制廃止などの改革が行われていった。行政委員会制度と国からの統制強化が結びつき、警察と教育は首長の手の及ばない政策領域となりがちであった。

しかし、行政委員会に首長が全く関与できないわけではない。予算は首長が作成し提出するほか、委員会事務局から首長部局への委任や職員の兼職は可能である。このため、教育分野では、行政機構として相当に融合した状態にあり、人事でも一体として運用されている部分がある（村上、2011）。

教育は住民の関心を集める政策領域である。首長からすれば、教育へ関与するインセンティブはある。予算を握っているのだから、それを利用しての関与は特にやりやすい。地方分権化の中で、文部科学省の統制により全国統一の教育という縛りも緩まってきた。地域の判断で上乗せをすることが許容されることで、たとえば40人学級ではなく、35人学級や30人学級を実現していくことができるようになってきた（青木、2013）。

地方分権化は、首長にとって教育も含めたより幅広い政策領域に関与する可能性を開いた。とはいえ、本当の意味での総合、すなわち様々な領域に一貫した方向性を持ち、複数の領域を結びつけることで1＋1が2となる以上の効果を持つことは容易ではない。政策領域全体を体系的に方向づける首長がいて初めて「総合的」になるのである。そして首長を方向づけるのは選挙を通じたアカウンタビリティである。かくして議論は冒頭に戻る。首長のデモクラシーのあり方が、自治体の政策、ひいては地域の方向性を決めるのである。

【文献案内】

曽我謙悟（2019）『日本の地方政府――1700自治体の実態と課題』中央公論新社

首長の特徴や役割を概観することに加えて、より広く首長がどのような環境に置かれているのかを理解する上で有益である。本章と同様の視点に立ちながら、それぞれの論点についてさらに知りたいときの第一歩として。

村松岐夫編（1995）『シリーズ東京を考える2 東京の政治』都市出版

同じシリーズの『都政の五十年』や『都庁のしくみ』にも都知事に関する分析、記述が多く含まれる。1つの自治体についてこれまで最も包括的、網羅的に扱った共同研究なので、図書館で一度手に取ってほしい。

常井健一（2020）『地方選――無風王国の「変人」を追う』角川書店

7つの町村長選を、その背景も含めて描いた優れたルポルタージュである。それまで無投票当選が続いたところに、新たに挑戦者が登場したケースという例外的事例ばかりだが、だからこそ選挙の意味がよく浮かび上がる。

【研究課題】

(1) あなたの住む自治体の市区町村長と知事が選挙時に、どの政党から支援を受けていたか、また、どのような公約を掲げていたかを調べてみよう。

(2) 上の（1）で調べた公約は、どの程度実現しているだろうか。計画や予算にはどのような形で反映されているのか、調べてみよう。

(3) 本章の図2-1と図2-3の間にはどのような関係があるだろうか。それぞれの時期による変化の間にはどのような因果関係があり得るか、考えてみよう。

3

自治体の組織

田村　秀

summary

自治体の組織は多種多様である。都道府県と市町村だけでなく、特別地方公共団体も身近な公共サービスの担い手である。自治体の仕事は多岐にわたることから、首長１人ですべてを行うことは不可能である。首長を補佐する様々な職や組織、すなわち補助機関が置かれ、また、首長への過度な権限集中は弊害も少なくないことから、首長から一定の独立性が認められる行政委員会・委員が置かれている。

組織構成は、自治体の規模や種類によって千差万別である。基本的にはピラミッド型となっていて、いわゆる本庁組織だけでなく、出先機関など様々な組織から構成される地域の総合行政主体として公共サービスを担っている。

首長の意思決定を支えるために、自治体の組織には垂直的、水平的な業務分担のメカニズムが重層的に組み込まれているが、一方で、組織のフラット化など柔軟な組織改革が進められ、さらにはフラット化自体も見直しが進んでいる。

組織改革は、民間企業の取組みなども参考にしつつ、首長の交代によって進められることが少なくない。今後もデジタル化の進展などによって、自治体の組織は不断の見直しを迫られることとなるだろう。

keyword

基礎自治体、広域自治体、特別地方公共団体、政令市、中核市、施行時特例市、補助機関、執行機関多元主義、行政委員会・委員、決裁、事務分掌、審議会、フラット化、グループ制、フリーアドレス

1　自治体の種類と権能

1.1　都道府県と市区町村

日本の自治体は法律上、普通地方公共団体（都道府県、市町村）と特別地方公共団体（特別区、地方公共団体の組合、財産区）[1]に分けられる。このうち、市町村と特別区は、住民に身近な教育、福祉などの公共サービスを提供する基礎自治体に、都道府県は、基礎自治体を包括する広域自治体に位置づけられ、2層制の体系となっている。一方、欧米では、連邦制の州まで含めると3層制となっている国や2層制と3層制が混在している国も少なくない。

大正期までは郡制が施行され、地方では府県―郡―町村という3層制の体系だったが、郡役所は廃止され1923年からは地理的な区分としてだけ郡という名称が使われている。

1.2　自治体の権能

都道府県は、総合開発計画の策定、防災・警察、環境保護など複数の市区町村にまたがる広域事務、市区町村間の調整や市区町村に対する助言・勧告などの連絡調整事務、高等学校や大規模なインフラ整備など一般の市区町村が単独に処理するのが困難とされる補完事務を担っている。

府と県の名称の違いは歴史的な経緯によるもので、権能に違いはない。北海道は、戦前は国の地方行政機関である北海道庁だった。これは他の府県とは法的な位置づけも異なっていたが、北海道として自治体化した後は府県と同じ位置づけである[2]。

1943年に東京都制が施行され、東京市が東京府に吸収されて東京都が誕生した。1947年に施行された地方自治法によって大都市特例制度として都区制度が適用され、消防や上下水道など特別区内などで都が市町村の権能の一部を担っているという点で他の道府県と異なっている。

都道府県が市区町村間の連絡調整や許認可業務、大規模なインフラ整備、警察行政などで大きな役割を果たしているのに対して、市区町村は住民に身近な公共サービスの多くを担っている。

1）このほか、一部事務組合の変形ともいえる地方開発事業団が、制度は廃止されたものの2021年4月現在、1つ（青森県新産業都市建設事業団）残っているが2021年度末に解散予定である。

2）ただし、一般国道の管理はすべて国が行っている。

図3-1　都道府県と市区町村の権能

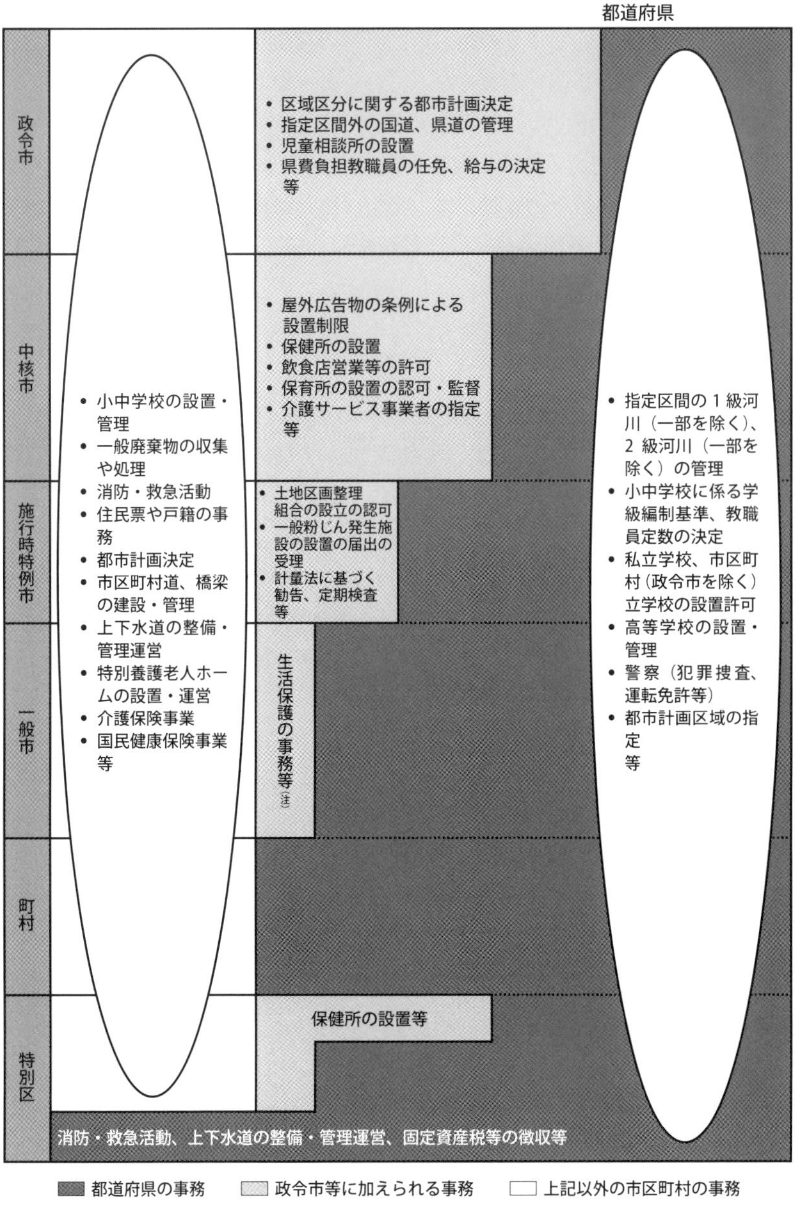

(注) 福祉事務所設置の45町村(2020年現在)では生活保護の事務を行っている。
(出所) 総務省「指定都市・中核市・施行時特例市の主な事務指定」(https://www.soumu.go.jp/main_content/000153148.pdf)及び総務省「地方公共団体が担う主な事務」(https://www.soumu.go.jp/main_content/000451013.pdf)を基に筆者作成。

都道府県と市区町村の権能に関する役割分担は図3-1のとおりである。自治体の権能全体をまんじゅうに例えれば、基礎自治体の人口規模が大きくなるにつれて、あたかもまんじゅうの餡（市区町村の権限）が大きくなり、まんじゅうの皮（都道府県の権限）が薄くなっていくような有り様である。

1956年の地方自治法改正で、特別市制度（第9章参照）に代わって誕生したのが政令市の制度である。人口50万以上で政令によって指定する市は児童福祉、都市計画、義務教育の教員人事、指定区間外の国道管理などの事務が都道府県から移譲され、その内部に区（行政区）が置かれる。2014年の地方自治法改正で、行政区に代えて、総合区を設置することが可能となった。総合区の区長は特別職で行政区の区長よりも権限が大きいが、今まで設置された例はない。

政令市に次ぐような規模能力を持つ市の事務・権限を充実するために、1994年の地方自治法の改正によって創設されたのが中核市の制度である。当初は人口30万以上などの要件があったが、現在では人口20万以上とされている。保健所の設置や環境保全、都市計画などに関する権限が移譲されるが、政令市よりも狭い範囲とされている。

1999年の地方自治法改正によって設けられた特例市の制度は、2015年に中核市制度と統合され、中核市に移行しなかった市は施行時特例市として旧特例市の事務権限を有している。

一般市は戸籍や住民基本台帳などの住民行政、小中学校の設置管理、上下水道や市町村道の整備・管理運営、消防救急活動、介護保険事業など住民に最も身近な行政サービスを担っている[3)]。

一般市と町村の権能に関する違いは生活保護や都市計画の分野などであるが、町村でも福祉事務所を設置し、あるいは都市計画区域を有する場合は一般市と同様である。なお、権能に関しては、町と村の違いはない。

1.3　特別地方公共団体

特別地方公共団体は、都道府県や市町村とは異なり、普遍的に存在するのではなく、その構成、権能、組織などについてそれぞれ特殊なものである。

特別区は、消防や上下水道、清掃事業、そして固定資産税などの徴収も東京都が行う「特別」権限の狭い都の内部団体的な自治体だったが、2000年の都

3）　2021年4月時点で、20政令市、62中核市、23施行時特例市、687一般市となっている。

区制度の改革で清掃事業などは移管され、基礎的な地方公共団体と位置づけされ、地方自治法に明記された。

自治体の事務の一部を共同して処理するために設けられる別法人が組合で、一部事務組合と広域連合の2種類がある（第11章参照）。

このほか、山林やため池、温泉などの財産や公民館などの公の施設の管理や処分を目的とする財産区が2018年現在、3,982ある。

2　執行機関と補助機関

2.1　首長の補助機関

自治体の仕事は多岐にわたる。これを首長1人ですべてを行うことは不可能である。このため、首長を補佐し、支える様々な職や組織、すなわち補助機関が置かれ、分業と協業が日々行われている。

首長を支えるトップマネジメント体制は2006年の地方自治法改正によって見直された。議会の同意が必要な特別職のうち、出納長（都道府県）と収入役（市区町村）については、本来は主に会計事務を担うこととされていたが、実質的には首長、副知事・助役とともにいわゆる三役の一角として自治体のナンバー3ともいうべき役割を担っていた。財務会計制度の見直しとともに、これらの職が廃止され、代わりに会計事務を担う一般職の会計管理者が置かれた。

市区町村の助役については、副市区町村長に改められるとともに、副知事、副市町村長が首長を補佐する権限が明確化され、名実ともに自治体のナンバー2としての職責を果たすことが期待されている。

ナンバー2の登用には様々な形態が見られる。1人だけのところもあれば、複数の副首長を置くところもある。事務系と技術系から1人ずつ登用するところもあれば、1人は庁内の幹部（局長、部長など）を経験した者を、他の1人は国や都道府県の職員を、というところもある。なかには民間出身者や現職の地方議員を選任するケースもある。

行政を取り巻く環境が複雑化する中で、ナンバー2以外に危機管理監や政策監、広報監などの職を首長直轄、あるいは部局長の上に置くところや、特別秘書や非常勤参与など、首長のブレーンを置くところもある。

2.2 執行機関多元主義

首長は自治体の代表的な執行機関であり、首長のリーダーシップを補佐するトップマネジメントの強化が図られている。その一方で、首長への過度な権力集中は弊害も招きかねないことから、首長から一定の独立性が認められている行政委員会・委員が執行機関として存在する。執行機関多元主義は、公平性、専門性、政治的中立性の観点から首長が一元的に執行機関を担うことを避けるために設けられたものである。

このうち、監査委員は財務に関する事務の執行や経営に関する事業の管理を監査するために置かれるもので、監査委員が各々で判断を行う独任制の執行機関であり、合議制の行政委員会ではない。ただし、監査結果の決定などにあたっては、合議が必要である。

議員の中から選任される議選監査委員と自治体の財務管理などに関し優れた識見を持つ識見監査委員から構成され、自治体の執行機関をチェックする役割を担っているが、その専門性や独立性についてはたびたび議論となっている。

行政委員会制度はアメリカの制度を参考に第2次世界大戦後に導入された。国レベルでは、公正取引委員会や中央労働委員会、特定個人情報保護委員会などがある。行政委員会は、首長から独立した執行機関として複数の委員からなる合議制の機関であり、規則制定権という準立法的権限と争訟の判定など準司法的な権限を有するという特徴を持つ。

自治体の行政委員会・委員は法律による必置機関とされている。設置主体と主な設置目的に即して分類したのが表3-1である。行政委員会・委員の多くは首長が議会の同意を得て委員を任命する[4)]。事務局の規模は教育委員会を除けば小規模な場合が多く、小規模自治体では職員が専任ではなく兼務の場合が多い。

行政委員会の中でも、最も住民に身近な存在が教育委員会である。学校教育、社会教育、文化、スポーツなどの事務を担うためにすべての自治体に設置されている。自治体の中で人員や予算規模でも大きな割合を占めている。

教育行政における責任体制の明確化や首長との連携の強化などを図るため、2015年度から新しい教育委員会制度が始まった。教育委員長と教育長のどち

4）　選挙管理委員会委員は議員による選挙で、海区漁業調整委員会委員の一部は漁業者等による選挙で選ばれる。教育委員会(～1956年9月)では、議選の１名を除き住民の直接選挙で委員を選任していた。また、農業委員会(～2016年3月)も農業関係者による選挙によって一部の委員を選任していた。

表3−1　行政委員会・委員の設置主体と主な設置目的

主な設置目的／設置主体	政治的中立性の確保	公正・公平な行政の確保(注1)	利害の調整	慎重な手続きを要する（準司法的処分を行う）もの
都道府県・市区町村	教育委員会、選挙管理委員会	人事（公平）委員会(注2)、監査委員		人事（公平）委員会(注2)
都道府県	公安委員会		地方労働委員会、海区漁業調整委員会、内水面漁場管理委員会	収用委員会、地方労働委員会
市区町村			農業委員会	固定資産評価審査委員会(注3)

（注）1　公正・公平な行政の確保はすべての行政委員会・委員に共通するものであり、ここでは主なものだけを記している。
2　政令指定都市以外の人口15万以上の市で人事委員会を置いているのは和歌山市1市である。
3　特別区に関しては、東京都が設置している。
（出所）村上（2010）を参考に筆者作成。

らが責任者なのかわかりにくいというそれまでの批判などを踏まえ、両者を一本化した新「教育長」を設置し、教育長は議会の同意を経て首長が直接任命することとなった。

教育長は教育委員会の責任者としてリーダーシップを発揮することが期待されているが、その一方で教育委員の職業などについての偏りが生じないよう配慮することは従来どおりとされ、教育の専門家ではない一般の住民の意向を教育行政に反映させるレイマン・コントロール[5]の考え方は維持されている。

このほか、首長や教育長・教育委員と教育政策を議論する総合教育会議の設置が義務づけられ、教育委員会と協議したうえで、首長が教育に関する大綱を策定することとなった。

教育委員会については廃止論も一部の首長などから唱えられたが、教育委員会制度の改革によって首長とは別の執行機関として存置されつつも、首長の権限はこれまでよりも強化されたのである。

5)　一般の住民（layman）が専門的な行政官で構成される事務局を指揮監督する仕組みで、専門家の判断のみによらず、広く地域住民の意向を反映した教育行政を実現するためのものである。

3　組織の構成

3.1　組織の具体例

自治体の組織構成はその規模や種類によって千差万別である。局—部—課といった重層的な構造になっているところもあれば、いくつかの課があるだけ、というところもある。

例として長野県上田市の組織の一部を図3-2に示す。一般市である上田市は人口16万弱、2006年に3町村と合併した。11部と市長直轄組織として秘書課と自治体内シンクタンクである上田市政策研究センターがあり、会計管理者の下に会計課が、公営企業として上下水道局が、行政委員会・委員と議会に事務局が置かれている。部の中には3から9の課が置かれ、課内は担当制となっている。また、課の中に室が置かれることもある。

3.2　組織の多様性

自治体組織は、最高責任者である首長を頂点に、部下が下位の階層にいくに従って多くなるピラミッド型となっている。上田市の例では、組織としては部課制という階層を採用し、職員の階層としては、市長—副市長—部長—課長—課長補佐—係長—係員となっている。

都道府県の場合、課以上の組織については部—課の2層制を採るところが比較的多いが、組織の規模が大きいところでは、部—局—課の3層制を採るところもある。表3-2は知事部局のうち、会計部局や出先機関を除いたうえで階層制の分類を行ったものである。

東京都は原則、局—部—課の3層制であるが、本部[6)]を置いている場合は局—本部—部—課の4層制となっている。比較的人口規模の大きい都道府県のほうが階層は多く、一方、秘書課、危機管理課といった課を知事直轄組織として置き、部分的に1層制としているところもある。

都道府県の多くでは、部局によっては2種類、場合によっては1層制から3層制までの3種類の階層制を併用するといったように、単純なピラミッド型ではなく、ハイブリッドな構造になっている。

国の省庁では一般的に局—部—課となっているのとは異なり、都道府県につ

6）　本部は、東京都組織規程では本庁行政機関と定められている。

図3-2　上田市の組織と関係団体

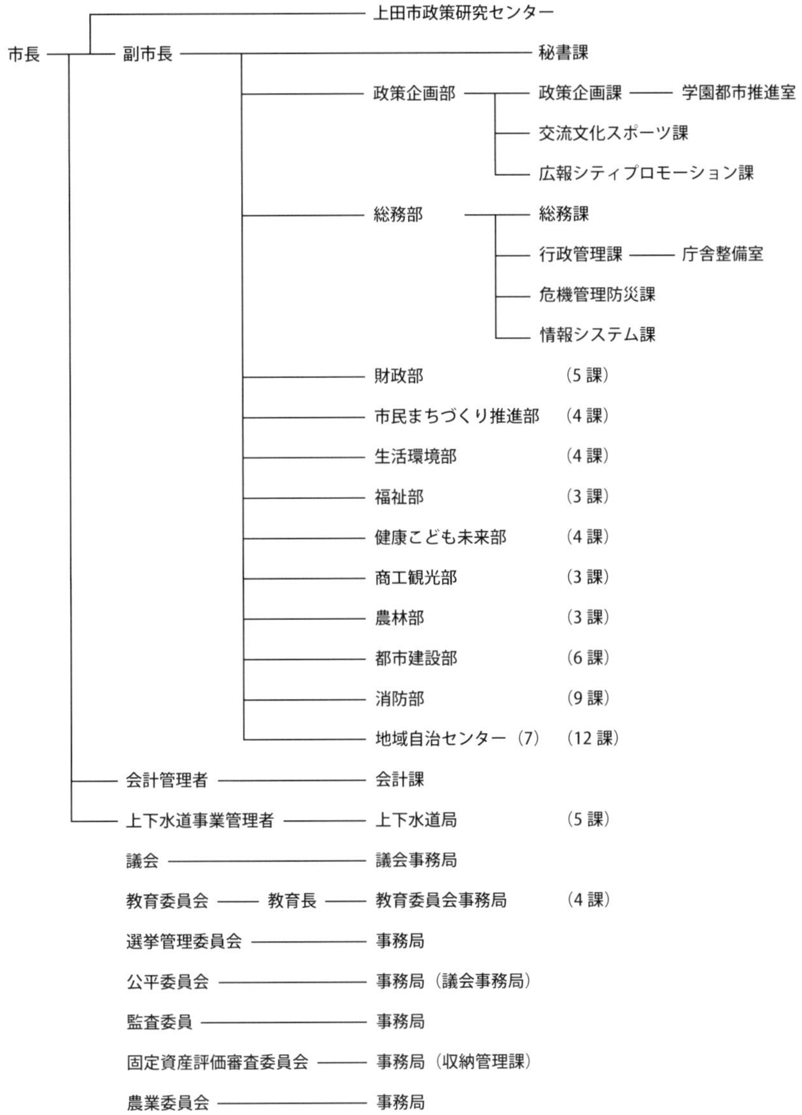

上田市の関係の特別地方公共団体、地方独立行政法人
・広域連合 (3)　　上田地域広域連合、長野県後期高齢者医療広域連合、長野県地方税滞納整理機構
・一部事務組合 (6)　上田市長和町中学校組合、依田窪医療福祉事務組合など
・財産区 (9)　　別所温泉財産区、上室賀財産区など
・公立大学法人長野大学

(注) 上田市の消防救急業務は上田地域広域連合によって実施されているが、消防団等の事務を行うために市長部局に消防部が置かれている (職員は広域連合の消防職員が併任)。
(出所) 上田市の組織図 (2020 年) を基に筆者作成 (一部省略)。

表3-2　都道府県知事部局（本庁）の階層（課以上）

階層	都道府県
3層制（一部4層制）	東京都
3層制	和歌山県(注1)、愛媛県
3層制（一部2層制）	北海道、福島県、神奈川県、静岡県(注1)、愛知県、大阪府(注1)、兵庫県、熊本県
2層制（一部3層制）	青森県、茨城県、群馬県、千葉県、新潟県、富山県、石川県、福井県、岐阜県(注1)、三重県、京都府(注1)、奈良県、鳥取県、岡山県(注1)、山口県(注1)、徳島県、香川県、福岡県(注1)、佐賀県、長崎県(注1)、大分県、宮崎県、鹿児島県
2層制	岩手県、宮城県、秋田県、山形県、栃木県、埼玉県(注1)(注2)、山梨県、長野県、滋賀県、島根県、広島県(注1)、高知県、沖縄県

（注）1　一部の組織（例：秘書課、危機管理課など知事直轄組織の課室）が1層制となっている。
　　2　局長職は置かれているが、局という組織はないため2層制に分類した。
　　3　3層制（一部2層制）と2層制（一部3層制）は、3層制と2層制のどちらが多いかで分類した。
　　4　○○監や担当部長、課内室などについては階層に含めず、出納部局については対象外とした。
（出所）2020年10月現在の各都道府県の機構図等を基に筆者作成。

いては、部が最上位の組織で、局が部に次ぐものと位置づけているところが多く、局を最上位としているのは、東京都、神奈川県、愛知県だけである。

名称が同一の組織でも、その位置づけが自治体間だけでなく、同一自治体内でも異なる場合が多く、部や課などとの上下関係が最もわかりにくいのが室である。部と同格の室（例：知事公室）もあれば、部内に置かれる室として部と課の中間の場合、課と同格の場合、課内に置かれる室として課の内部組織とする場合など様々である。すなわち、室長であっても、部長級の場合もあれば、次長級、課長級、あるいは課長に準じる場合もある。

政令市の場合、20市中18市が国と同じように、原則として局―部―課の3層制とし、その一部を2層制としている。部―課の2層制を原則としているのは新潟市と浜松市だけである。

自治体の組織は都道府県庁舎や市区町村庁舎などに置かれるいわゆる本庁組織だけではない。知事部局に限っても本庁よりも出先機関の職員数が多く、7割を超えている県もあるとされている（水谷・平岡、2018）。これに学校を所管する教育委員会などの行政委員会や公営企業などを加えれば、本庁職員は全体の一部に過ぎず、市区町村についても多くの場合、同様の傾向となっている。

上田市の例でも、図3-2で示したのは組織の一部に過ぎない。7つの地域自治センターが支所やまちづくりの活動拠点として各地域に設置され、交流文化芸術センター、博物館、美術館、図書館（3)、公民館（9)、公立保育園（30)、公立幼稚園（1)、小学校（25)、中学校（11)、子育て支援センター（6)、勤労者福祉センターなど本庁以外の様々な市の施設に職員が勤務し、住民に身近な公共サービスを提供している。多くの場合、住民は本庁組織に行かなくても用が足りるのである。

このほか、上田市が構成自治体となっている特別地方公共団体として、消防救急業務や介護認定の調査、可燃ごみの焼却を担う上田地域広域連合や中学校を共同で管理運営する上田市長和町中学校組合、源泉の管理などを行う別所温泉財産区、私立大学が公立化したことで上田市が設置団体となった公立大学法人長野大学などがある。

自治体に関係する組織はこのほか、地方三公社（土地開発公社・地方住宅供給公社・地方道路公社）や第三セクターなどのいわゆる外郭団体が数多くあって、これらもまた、公共サービスの重要な担い手である。本庁組織が担っている公共サービスは実際にはごく一部に過ぎないのである。むしろ、次節で触れるように、本庁組織の特徴は自治体の意思決定の中核を担っているという点にある。

column　保健所と地方衛生研究所

コロナ禍で注目を集めたのが保健所と地方衛生研究所である。自治体組織は「本庁」だけではないということが改めて示されたともいえる。

保健所は1937年の保健所法によって誕生し、以来、地域住民の健康の保持増進や、公衆衛生の向上のために貢献してきた。母子保健や老人保健、災害医療や感染症、精神保健などの対人保健と、食品衛生や狂犬病予防などの獣医衛生、医事・薬事衛生などの対物保健を担っている。業務が多岐にわたることから、地域保健法で医師、歯科医師、薬剤師、獣医師、保健師、助産師、看護師、臨床検査技師、管理栄養士など様々な専門職員を置くものとされている。

コロナ禍の中で感染者数の報告だけでなく、各種電話相談や検査結果の通知、入院などの調整、病状把握、クラスター対応などに忙殺され、パンク状態に陥ったところも少なくなかった。一方で、保健所の数は1991年に852だったものが、市町村合併などによって2020年現在、469にまで減少している。これは、対人保健業務の多くが市町村（保健センター）に移管されたことも影響している。保健所を設置しているのは、都道府県、政令市、中核市、特別区と5つの市だ。

高齢化の進展やニーズの多様化などで保健所の守備範囲が広がる一方で、行政改革の一環として、業務の関連性が増している福祉や環境部門と統合されるケースも少なくない。

職員数の減少や集中配置により業務に支障が出ているとの声も多く出されている。地方分権改革で、保健所長が医師でなくても一定の要件を満たせば就任できるようになったが、現場からは懐疑的な意見も少なくない。

地方衛生研究所は、公衆衛生の向上のために各種の試験・検査や調査研究、研修指導などを行う機関だ。都道府県や政令市などに83か所設置され、国立感染症研究所などとともにPCR検査で重要な役割を果たしているが、法律ではなく厚生労働省の要綱が設置根拠という中途半端な位置づけとなっていることもあって、名称もまちまちで、保健所同様、行政改革でスリム化を余儀なくされている。

我が国における公衆衛生の水準の高さが諸外国に比べてコロナ感染者数を比較的少なく抑えている要因の1つとする見方もある。他方、公衆衛生の徹底は集権的になりがちで、地方分権とは相克するとの見方もある。

自治体を取り巻く環境が大きく変化し、様々な「改革」が進行する中で、このような「専門知」をどう位置づけ、どう活かすべきなのだろうか。民間との役割分担も含めて、一面的ではない議論が求められる。これは、図書館や児童相談所、公設試験研究機関全般など専門職員を配置する組織すべてにあてはまるものである。

4　組織の意思決定

4.1　自治体組織の業務分担

自治体の組織が複雑で多岐にわたっているのは、日本の自治体が総合行政主体として様々な公共サービスの担い手であるとともに、その多種多様な公共サービスに関して、首長の意思決定を支えるためのメカニズムが重層的に組み込まれている結果でもある。

組織は、構成員が分担しながら協力して業務を行うことを常としている。業務の分担には垂直的な分担と水平的な分担の2つがある。垂直的な分担として、決裁規程や専決・代決権限による決裁制度が、水平的な分担として事務分掌条例・規則・規程による事務分掌制度がある。

決裁制度とは、担当職員が起案書を作成し、直属の上司や関連する部局の職員へ回覧し、それぞれの捺印ないし署名による承認を経て、最終的に首長などが承認するという稟議制といわれる方式で行われる組織としての意思決定手続である。すべての事案を首長が判断するわけではなく、決裁規程では、事案の重要度に応じて最終的な決定権限（専決権限）を持つ者や首長や専決権者が不在の時の臨時の決定権限（代決権限）を持つ者などを定めている。

事務分掌制度とは、それぞれの組織が担当する業務の範囲をあらかじめ仕分けしておくものである。水平方向の業務分担がわかりやすくなる反面、仕分けが強すぎると縦割行政と批判を受ける一因ともなり得る。また、仕分けが判然としなければ、たらい回しや消極的権限争いといったことにもなりかねない。このため、様々なレベルでの調整が必要となる。なお、首長の直近下位の内部組織である、部、局、課などの事務分掌については、条例で定め、部内の課や係などの事務分掌については規則・規程で定められている。

4.2　意思決定の実際

自治体における意思決定は決裁や事務分掌のとおりに行われるとは限らない。むしろ、政策の実質的な意思決定が行われた後に、形式的に決裁手続がとられる場合も少なくない。事務を分掌している部課の意見がすべて原案どおりに通るわけでもない。

首長の意思決定を支えるために様々な会議体が用いられる。その中で、自治体の全庁横断的な会議体である庁議は、首長等理事者、全部局長などから構成される。その名称や目的、役割、メンバーの構成は自治体によって様々である。庁議では、自治体の行政運営の基本方針や重要政策に関する意思決定が行われる場合もあれば、政策調整や報告連絡をメインとする場合もある。自治体全体にわたる事項が扱われる傾向にあるが、特定政策課題について、別途、庁議メンバーとほぼ同一の構成で会議体を設けることもある（例：行政改革推進本部）。庁議の評価は様々である（第6章5.3参照）。

庁議のほか、部課長会議、○○本部会議、プロジェクトチーム、ワーキングチームなど様々な会議体を構成し、組織の意思決定手続が行われている。

自治体の意思決定に際しては、組織内部の会議体だけでなく、組織外部のメンバーが中心となる会議体の力を借りることもある。いわゆる審議会は、法律や条例に基づく附属機関もあれば、私的諮問機関の位置づけのものもある。各種団体の関係者、学識経験者、公募住民などから構成され、第三者の立場から議論がされることが多いが、議員や職員が加わる場合もある。自治体は審議会に政策や意思決定に関する事項などの諮問を行い、審議会で議論を重ね、自治体に答申するのが一般的である。

審議会の事務局は自治体の関係部課が担い、会議の運営を補佐することから、審議会が自治体の「隠れ蓑」に使われているという批判もある。このほか、会議体ではなく、調査研究を行う専門委員や参与・顧問などをアドバイザーの役割として委嘱することもある。

5 組織再編の歴史

5.1 画一的組織から柔軟な組織へ

都道府県の組織は、かつては国の統制下にあった。地方自治法制定当初には、戦前の地方官官制を継承し、知事部局について具体的な局部の名称と数が定められていた（表3-3）。戦後、知事公選制は実現したものの、機関委任事務を通じて国の標準的行政サービスを全国に行き渡らせるために、都道府県の内部組織を法律で定めたのである。

その後、1956年に標準局部例が定められ、局部の名称が例示されたが、実際には全国的にほぼ同一名称の部が置かれ、その数も人口規模に応じて横並びであった。都道府県の画一的な組織は、国の縦割り行政をそのまま都道府県に浸透させることとなり、1980年代までこの傾向は続いた。

1991年の地方自治法改正によって標準局部例は廃止され、先進的な県では、新たな政策課題に対応するために、環境や健康などを部局名につけるなど地域の実情に応じた組織編成が徐々に進められた。地方分権改革が進行する中で、

表3-3 知事の内部組織に対する国の統制の変遷

改正年	内容
1947	具体的な局部の名称と数（例：道府県、総務・民生・教育・経済・土木・衛生・農地の7部）が指定される
1952	人口段階に応じた法定の局部数が指定される（例：都・10局、人口100万未満の府県・4部）
1956	局部の名称と分掌事務が例示（標準局部例）されるとともに、局部の増設には内閣総理大臣（1960年以降は自治大臣）の事前協議が必要とされる
1991	標準局部例が廃止される
1997	局部の増設が事前協議制から事前届出制に変更される
2003	局部数の法定制が廃止され、長の直近下位の内部組織（局部等）の名称・分掌事務を規定した条例の改廃に際しては総務大臣へ届出が義務づけられる
2011	上記届出制が廃止される

（出所）総務省「地方自治制度の概要（関係部分）」（https://www.soumu.go.jp/main_content/000054461.pdf）を基に筆者作成。

1997年には局部の増設が事前協議制から事前届出制に改められ、2003年の改正では、局部数の法定制が廃止された。

一方、市町村の組織については、地方自治法制定時から、都道府県のような制約はなく、それぞれの判断で自由な組織編成が行えるようになっている。

5.2　組織のフラット化

1990年代以降、組織のフラット化が一部の先進的な自治体で進められている。組織のフラット化が導入された理由は大きく3つに分けられる。

第1に、自治体の規模の膨張が停止した1970年代末以降、職員の処遇上のポスト確保の要請から、課長と同格の参事や係長と同格の主査などの中間ポストやスタッフポストが作られた結果、縦の階層が増加したため、迅速な意思決定を可能とするために階層数を減らすことが求められたことが挙げられる。

第2に、前述のように都道府県組織に対する国の統制が弱まり、組織編成の自由度が高まったことがある。第3に、1990年代以降、景気が低迷する中で、組織の意思決定を速めて状況の変化に柔軟に対応するために、中間管理職の多くを廃し、部門の長が直接社員を管理するように多くの日本企業が取り組んだことに、いわゆる改革派首長などが注目したことが挙げられる。

フラット化とは、ピラミッド型組織の縦の階層数を減らすことであり、これによって、意思決定のプロセスを簡素化し、迅速な事務処理を可能とするものである。一方、どの階層を減らすかは自治体によって異なることもあって、確定したパターンがあるわけでもない。

静岡県では、1998年から開始し、1999年度には知事部局すべての本庁組織にフラット組織を導入した。このほか、三重県、広島県、滋賀県、大分県などでもグループ制などによるフラット化が進められた。

フラット化の特徴の第1に挙げられることとして、次長、参事、課長代理、課長補佐などの中間管理職の廃止がある。例えば静岡県の場合、部局長―次長―課長―参事・技監―課長補佐―主幹・係長―係員の7階層から部局長―総室長―室長―主幹・係長―係員の5階層に減らし、権限を下位の階層に移譲した。

第2に、組織の階層を減らすことによって、多くの自治体では課制を廃止し、より小規模な室を最も基本的な施策ごとの組織単位としたことが挙げられる。例えば広島県の場合、1つの課は平均30～40人構成だったのが、フラット化によって1室当たり10～20人の小規模組織となった。

第3に、フラット化と併せて、多くの自治体では係制を廃止し、グループ（班あるいは担当とするところもある）制を導入したことが挙げられる。係制では組織が縦割りとなり、係間の連絡調整や業務の繁閑の調整がとりづらいといった欠点があるため、これを解消し、職員間の事務配分の調整や協働体制を取りやすいという点がグループ制導入の理由とされている。

フラット化の導入によって、起案文書の決裁日数が短縮され、意思決定の迅速化が図られたことや緊急的な事態に対しては、弾力的な組織運営で対応されている事例が見られること、課から所掌事務の範囲が狭い室に移行することで専門性が高まったこと、管理職に若手職員が登用されるようになったことなどがメリットとして挙げられる。

5.3 フラット化のその後

フラット化によって、自治体組織の多様化が進んだが、一方で課題も顕在化した。課から小規模な室に移行したことで、これまで課内の調整で済んでいたものが室間の調整が必要となったことや、組織が細分化されたことで新規事業への対応がしにくくなるなど、縦割り意識が課制よりも強まってしまった、あるいは、フラット化の導入がこれまでいわゆる中間管理職が果たしてきたチェック機能の低下をもたらした側面もある。

また、人材育成の面でもフラット化には課題も少なくない。フラット化以前であれば、段階的な昇任によって、自治体職員は仕事や組織運営に関するスキルを徐々に身につけることができたが、フラット化によって昇任が早まり、十分なマネジメント能力がないまま管理職に就くケースも見られる。グループ制で係長や主任もただの室員となり、室長が受け持つ職員や業務範囲が広がるなど責任と権限が増大し、職員の指導に十分な時間が割けなくなることが多くなり、そのような上司の姿を見れば、部下の昇進意欲は低下しかねない。

1998年から組織のフラット化を全国にさきがけて実施した静岡県では、室間調整の問題に対処するために、2007年度から施策の企画と調整などの業務を行う局を総室に代わって設置し、2010年度には室を廃止し、課制に戻している。

静岡県の場合、2006年度には10部の下に、32総室・3局・1公室、173室から構成されていたが、2008年度には7部の下に、35局・1公室、135室と21の監職（例：企画監、総務監）に再編された。2020年度には1知事直轄・7部の下に、38局、140課・室から知事部局（出納局を除く）が構成されている。

静岡県の組織改革は、様々なところで取り上げられているが、知事の交代

(2009年）によって突然もたらされたものではなく、フラット化のデメリットが顕在化したことを踏まえ、内部で改善すべき点の検討を進めた上で取り組まれたものである。基本的な施策ごとの組織単位についても、小規模な室制から段階的に規模を大きくして課制に戻している。

一方、組織改革は首長の交代に伴い、大規模に行われることも少なくない。三重県では北川正恭知事の下で、1998年度にはグループ制が導入され、2002年度にはすべての課が廃止され、チーム制となった。部局長の下に総括マネージャーが置かれ、従来の課長がチームマネージャーとなり、チームは複数のグループから構成された。グループリーダーとグループ員からなる組織のフラット化が図られた。仕事に合わせて組織を作る改革理念の下、チームは部局長の判断で、年度途中でも編成を変えることが可能とされた。

しかしながら、矢継ぎ早の改革に対する現場の不満やカタカナ言葉の組織がわかりにくいという批判などから、2003年に就任した野呂昭彦知事は翌年にチーム制を廃止し、室制に変更した。チーム制はわずか2年で廃止されたのだ。

さらに、2011年に就任した鈴木英敬知事は、2012年度に室制から課制に戻すとともに、2013年度からはグループ制に代えて班制とし、2020年度からは県庁で相次いだ事務処理ミスの再発防止策として係長のポストを設置した。係長が部下の業務を管理することで職員が1人で仕事を抱え込まない職場を目指すことがその目的とされ、班の中に1人ないし複数の係長職が置かれた。

佐賀県では古川康知事のもと、2004年度から県庁組織を、生活者、消費者の視点から政策横断的組織とする本部制が導入され、予算編成や定数配分、人員配置の権限を各本部に移譲する庁内分権も併せて進められたが、2015年に就任した山口祥義知事は、翌年度には本部制を廃止し、部局制へ移行させている。このほか、2006年に長野県で現職の田中康夫知事を破って当選した村井仁知事は経営戦略局を就任後わずか2か月で廃止している。

もちろん、首長が交代することで常に組織の見直しが行われるわけではない。岐阜県多治見市のように、1998年に係制からグループ制に移行し、2021年時点でもグループ制を堅持している自治体もある。

5.4　百花繚乱の自治体組織

自治体はフラット化以外にも様々な組織改革に取り組んできた。首長直轄組織については知事公室、市長公室という形が従来から一部の自治体で採用されているが、近年では、重要政策課題に関する部局や危機管理部門などを直轄組

図3-3　西予市におけるフリーアドレス

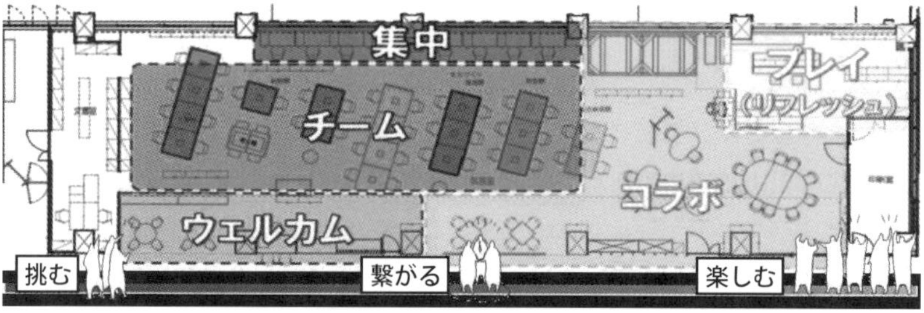

（出所）総務省「ICTを活用したペーパーパーレス化から働き方改革への取組み」（https://www.soumu.go.jp/main_sosiki/joho_tsusin/top/local_support/ict/jirei/2017_091.html、最終閲覧日：2021年3月15日）。

織と位置づける自治体が増えている。

インバウンドなど観光振興が地域の重要政策課題と認識される中で、観光を担当する部局も同様に増えている。このほか、文化・スポーツ部門の首長部局への移管やこども課などを新設して子育て行政の一元化を図る動きもある。

これまでも個性的な組織は様々な自治体で見られた。千葉県松戸市は1969年に「すぐやる課」を作り、市政についての要望等の緊急処理及び連絡に関することを担当業務としている。高知県には「おもてなし課」や「まんが王国土佐推進課」が、山梨県には「世界遺産富士山課」がある。取り組んでいる政策やその対象の名称を組織につける自治体が増えている。

組織改革に限ったことではないが、先進的と称される自治体の多くは、民間企業の取組みを参考にしている。愛媛県西予市では、フリーアドレスをアレンジしたオフィス改革に2015年から取り組んでいる。フリーアドレスとはオフィスに職員の固定席を決めずに、その日の仕事内容に合わせて効率的に進められる場所を選んで働くスタイルとされている。

西予市の場合、課長などの管理職は固定席としつつ、各課の拠点であるチームモードには職員数の7割程度の席数に止め、業務により集中するための集中モードを置くとともに、残りはコミュニケーションスペースとして、他の部署などとの打ち合わせに使うコラボモード、住民などと接するウエルカムモード、仕事の合間に休憩をするプレイモードに分けられている（図3-3）。

西予市のオフィス改革は、無線LANを整備するとともに、袖机やロッカーなど書類を保存するスペースを大幅に減らし、大胆なペーパーパーレス化を進め、デスクトップ型パソコンからノートパソコンへ、固定電話からPHSへと移行することで、職員の働き方のスタイルそのものを変えることを志向している。

ここでは、組織のフラット化は行わず、むしろデジタル時代の大部屋主義[7]ともいうべき執務空間の改編によって、職員間のコミュニケーションが活発化し、業務の効率化がもたらされたとしている。西予市のほか、東京都渋谷区、千葉県市川市などでもフリーアドレスが一部の組織で導入されている。

自治体組織はまさに百花繚乱の様相を呈しているのである。これは国による制約がなくなったことだけが理由ではない。組織再編という改革は首長にとってその成果を内外に最も迅速に打ち出しやすいものである。具体的な政策を実現するためには予算や条例など議会の議決を得るだけでなく、自治体組織内外における様々な調整が必要となる。

部局などの首長の直近下位の内部組織の変更については条例改正が必要であるが、それ以外は首長自らが規則を変更することで可能となること、組織再編については庁舎の改修などを伴わない限りほとんどコストがかからないこと、住民の日常生活に直接大きな影響を与えることは少ないこと、組織を変えることで対外的に改革の成果が見える形で示しやすいことなどから、特に首長が交代後の早い段階で取り組まれることが少なくない。

自治体組織は、時代の変化とともに首長主導の下に見直されることが今後も予想される。行政のデジタル化が大きく進行すれば（第13章参照）、自治体の仕事の進め方も劇的に変わることとなり、先進的な民間企業の動きなども参考にしつつ、さらなる組織改革が起こることが見込まれる。

【文献案内】

石原俊彦・山之内稔（2011）『地方自治体組織論』関西学院大学出版会

自治体の組織編成について、歴史的な変遷も踏まえ、首長部局に焦点を当てて実証的に分析を行っている。特に、1990年代から2000年代にかけての組織改革について様々な類型を示し、初学者にもわかりやすい内容となっている。

水谷利亮・平岡和久（2018）『都道府県出先機関の実証研究――自治体間連携と都道府県機能の分析』法律文化社

これまであまり注視されていなかった都道府県出先機関に焦点を当てて、都道府県と市町村の間の重層的な自治体間連携に果たす機能・役割の可能性に関して実証的に示している。

7）　一般に大部屋で集団に属して仕事を行う執務体制で、欧米の個室主義と対比される。

日本都市センター編（2020）『人口減少時代の都市行政機構（第6次市役所事務機構研究会報告書）』日本都市センター

都市自治体の行政機構における近年の変化について、全国814市区を対象に行ったアンケート調査とヒアリング調査の結果を踏まえ取りまとめられたものであり、今後の行政機構の方向性を展望したものである。

【研究課題】

(1) あなたが住んでいる自治体が加わっている一部事務組合や広域連合をホームページなどから探し、具体的な業務内容を調べてみよう。

(2) あなたが住んでいる自治体の組織図をホームページなどから入手して、どのような組織構成となっているのか調べてみよう。

(3) (2) に関して、人口が比較的近い近隣の自治体と比較してみて、類似点と相違点を整理してみよう。

4 議会

辻　陽

summary

皆さんは、地方議会（以下、断りがないかぎり「議会」）が首長の方針を追認するだけの機関であり、政務活動費は地方議員（以下、同じく「議員」）の「第2の財布」だと理解しているのではないだろうか。他方で、議員のなり手不足を報じたニュースを耳にしたことがあるかもしれない。だが、議会や議員についての明確なイメージをもつ人はどれほどいるだろうか。実は、議員に日常生活について聞くと「とても忙しい」と返事をされることが多い。本章は、議員や議員の制度と実態について紹介する。

まず、議会・議員の存在する法的根拠について説明したうえで、議員がどのようにして選ばれるのか、その選挙制度について概観し、選ばれた議員が偏りなく住民を代表できているのかどうかを検討する。続いて、議員活動に視線を移し、各議員が議会でどのような活動を行っているのか、首長との制度上の関係や実際のやりとりを明らかにするとともに、議員の待遇についても説明する。さらに、議会外での活動内容にも着目し、議員がどのようにして住民の声を行政に、また自治体の要望を国政に、それぞれ伝えていくのか、各自治体議会のホームページからは伝わりにくい実態についても紹介を行う。

keyword

二元代表制、マルチレベルの政党政治、議員のなり手不足、議決権、百条調査権、再議権、専決処分、オール与党、分割政府、議員報酬、政務活動費、市民相談、議会基本条例、機関対立主義

1　二元代表制

自治体における議会の設置根拠は日本国憲法93条（以下、憲法）にある。その第1項は「地方公共団体には、法律の定めるところにより、その議事機関として議会を設置する」と定め、第2項は「地方公共団体の長、その議会の議員及び法律の定めるその他の吏員は、その地方公共団体の住民が、直接これを選挙する」としている。ここから読み取れるのは、第1に、憲法によって議会が必置とされていることであり、第2に、首長と議員の双方が住民の直接選挙によって選出されなければならないことである。首長と議会の議員が住民によって選挙されるということは、第2章で見た首長も、本章で紹介する議会も、いずれもが住民を代表する機関であることを意味している。この制度を二元代表制と呼ぶ[1]。

二元代表制とは、執政制度の一種である。執政制度とは、行政部門の活動を統括するとともに政治的決定を行う執政長官をどのように選出し、国民・住民や立法部門である議会とどのような関係に置くかを規定した制度のことをいう（建林他、2008）。代表的な執政制度として、議院内閣制と大統領制がある。議院内閣制とは、国民が自らの代表として議員を選挙し、議員によって構成される議会において形成された多数派が執政長官である首相を選出する制度である。それに対して大統領制とは、国民が議会の議員と執政長官たる大統領とをそれぞれ別個に選挙する制度を指す。

二元代表制はこのうち大統領制に近い制度であるといえる。なぜなら、執政長官である大統領も、議会の議員も、いずれも国民によって選挙され、国民を代表する存在だからである。また、執政長官（大統領・首長）を擁する政党と議会の多数派を占める政党がそれぞれ異なることで、政治的な衝突・行き詰まりを発生させやすい点も、大統領制と二元代表制とで共通している。

ただ、二元代表制には、この衝突・行き詰まりを打破するための議院内閣制の要素が組み込まれている。それは、議会の首長不信任議決権と首長の議会解散権である。議院内閣制では、首相と国務大臣で組織する内閣は、議会に対して責任を負い、議会多数派の支持を失い不信任されると総辞職しなければなら

1）　町村では議会に代えて選挙権を有する住民が参加する総会を設けることができる。町村総会は、直接民主制として運営されるものであり、間接民主制よりも住民自治の理念に適合しているため、憲法93条違反にはならないと解されている（宇賀、2021）。

ない一方、首相は議会を解散する権限をもつ。一般に、大統領制では、政治的関係の悪化を理由に、議会が大統領を不信任し、逆に大統領が議会を解散することはできないが、二元代表制では、限定的にそれが可能になっている[2)]。

もっとも、議会による首長不信任議決も、首長による議会解散権の行使も、回数は限られている。2018年3月までの11年間に可決された首長不信任案は16件、このうち首長が議会を解散したのは13件に止まる[3)]。議会の議員にとって、首長の意にそぐわない行動を採ることは、決して得策でないためである。その理由は、本章の第3節において紹介することにしよう。

2　選挙制度と実態

2.1　選挙権と被選挙権

憲法15条第1項は「公務員を選定し、及びこれを罷免することは、国民固有の権利である」と定め、公職選挙法は、特別職の地方公務員である首長や議員の選挙権・被選挙権についての規定を設けている。これによると、首長や議会議員の選挙権を有するのは、(1) 満18歳以上の日本国民であり、(2) 引き続き3ヶ月以上市町村の区域内に住所を有する者とされている[4)]。

それに対して被選挙権については、都道府県と市町村、首長と議員とで取り扱いが異なる。満25歳以上の日本国民ならば、市町村長や都道府県議会議員、市町村議会議員の被選挙権をもつが、都道府県の知事になるには満30歳以上でなければならない。また、議員については、その選挙権を有すること、つまり先の (1) だけでなく (2) の要件を満たす必要があり、当該自治体内に実質的に住んでいないとして、議員の当選無効を争う訴訟も頻繁に見られる[5)]。

2)　具体的には、議員数の3分の2以上が出席し、その4分の3以上が賛成すれば、議会は首長を不信任することができる。首長は不信任議決を受けたときにかぎり、議決から10日以内に議会を解散できるが（そうでなければ失職する）、議員選挙後に招集された議会において、過半数の賛成により不信任が再度議決されれば、首長は失職する。

3)　総務省「地方自治月報」第55～59号。

4)　同一の都道府県内のある市町村から他の市町村へ移転した者について、移転してから3ヶ月経っていなくても旧住所地で3ヶ月以上住所を有し続けていた場合には、その都道府県の知事及び議会議員の選挙権を有する。

5)　なお、首長については、当該自治体内に住所地をもたない者であっても立候補できる。広く人材を求めるという観点から首長に住所要件が設定されなかったのに対し、議員には、地域の代表として地域の問題を汲み上げ、対処することが求められてきたのである（神山、2017）。

2.2 複雑な選挙制度と政党化

都道府県知事や市町村長選挙の場合、その選挙区は当該都道府県もしくは市町村の区域そのものである。それに対して、議員については、自治体種別によってその選挙区が異なる。政令市を除く市町村の場合、基本的にその自治体全域を1区として議員が選出される。政令市では、行政区もしくは総合区を単位として複数の選挙区が設定される。そして、都道府県議会議員については、原則として市町村及び行政区・総合区を単位に選挙区が設けられ、各選挙区から選出される議員の数は、人口に比例して条例で定められる。

ところで、1つの選挙区から1人だけ議員を選出する場合、これを小選挙区制といい、1つの選挙区から複数の議員を当選させる中選挙区制や大選挙区制と区別する[6]。小選挙区制の場合、各政党は1人しか候補者を出さないか、他の政党と選挙協力を組んでその候補を応援するが、中・大選挙区制では、複数の候補者を擁立する政党も現れる。そのため、中・大選挙区制において、有権者が1票を投ずる候補を選択する際に政党ラベルが意味をもちにくくなる。ましてや、都市部の市議会議員選挙は、定数が30人を超えることも一般的であり[7]、各有権者が、数十人もの候補者の所属政党、政策、プロフィールなどを比較するよう求められる、非現実的な制度となっている。

他方で、沖縄県を除く都道府県議会の議員選挙では、小選挙区制と中・大選挙区制が混在している。農村部にある県では、政令市でない県庁所在地の市の定数が10を超える一方、県境に近い選挙区などで小選挙区制になっている[8]。他方で、大都市の周りに多数の衛星都市を抱えている県でも、小選挙区の数が非常に多くなっていることがある[9]。

そして、小選挙区において自民党が議席を独占することが多い[10]。また、農村部の県では、大選挙区となっている県庁所在地の市にしか自民党以外の政

6) 中選挙区制の場合、定数が2～7(ないし9)人程度、大選挙区制の場合、定数が8(ないし10)人以上の選挙区を意味する。なお、日本の地方選挙では単記非移譲式投票(Single Non-Transferable Vote)が用いられており、有権者は候補者1人だけを対象に投票し、その候補者に投じられた票が他の候補の票に移されることはない。

7) たとえば、東京都大田区、世田谷区、練馬区、千葉県船橋市では、議員定数が50人と定められている(2021年現在)。

8) 都道府県議会の選挙区で議員定数が最多となっているのは鹿児島市・鹿児島郡選挙区の17である(同上)。

9) 大阪府では53選挙区のうち31選挙区が、埼玉県では52選挙区のうち27選挙区が、愛知県では55選挙区のうち25選挙区が、小選挙区制である(同上)。

10) 2020年秋の時点で、全国に407ある小選挙区のうち302選挙区を自民党会派所属議員が占めていた(筆者調べ)。

表4-1　選挙制度と政党化の程度

		大選挙区	中選挙区	小選挙区
都道府県議会	都市圏にある都道府県	多党化	多党化	自民党が非常に優勢
	非都市圏にある県	多党化（県庁所在市）	自民党が非常に優勢	自民党が圧倒的
政令市議会		多党化＋無所属議員	多党化＋無所属議員	
市区町村議会	都市	多党化＋無所属議員		
	町村	無所属議員が中心	無所属議員が中心	

（出所）筆者作成。

党に所属する議員を確認できないところもある。都市部の県では、小選挙区の議席をめぐって自民党と他党とが互角に戦う例もあるが、都道府県全体としては自民党所属議員が多い状況になっており、2020年末時点では政党所属議員のうち62.7％が自民党に所属している[11]。

続いて市町村議会について見てみよう。同年末の都道府県議会議員の政党所属割合が77.4％（諸派含む、以下同）、東京都の特別区における政党所属議員の割合は85.4％であるのに対して、政令市も含めた市では38.1％、町村では12.7％でしかない。他方で政令市の議会では、すべての選挙区が中・大選挙区となっており、ほぼすべての選挙区において複数の政党から議員が選出されている[12]。つまり、人口規模が小さい自治体議会においては政党化が進まない一方、都市化した特別区や政令市においては、中・大選挙区制の影響により多党化が進んでいる。これまでの議論をまとめたものが、表4-1になる。

このことは、旧民主党（現立憲民主党・国民民主党）の存在感が、国政レベルに比して、地方政治のどのレベルにおいても非常に希薄であることを示唆している。旧民主党勢力は、都道府県議会では、政党間競争になりやすいとされる小選挙区において自民党と勝負にならず、市町村レベルではその組織力において公明・共産両党に遠く及ばないのである[13]。このことは結果的に、国政選

11）　総務省「地方公共団体の議会の議員及び長の所属党派別人員調等」による。以下、他の自治体種別における政党所属議員の割合についても同資料参照。

12）　2020年秋の時点で、20政令市の175選挙区において、自民党独占選挙区は1つしかない（筆者調べ）。

挙において「風」頼みでしか戦えない同党の弱みにつながってきたといえよう。

そのため近年では、国・都道府県・市町村それぞれを貫く形で政党が機能できるような環境を整えるべきであるという議論が提起されている。マルチレベルの政党政治を促す選挙制度の導入を求めるものが、それに当たる。具体的には、議員選挙に比例代表制を導入したり、有権者が複数の候補者に投票できる制度[14]を導入したりすることで、地方レベルでの政党間競争を活性化させるべきだと論ずるものである[15]。

もっとも、議会における地域代表性は、明治期の府県会規則制定以来重視されてきた。都道府県議会の場合には出身市町村の利益の代弁者として、市町村議会の場合には当該自治体内の大字《おおあざ》や小・中学校区のことを有権者が相談できる窓口として、議員はその役割を果たすことが期待されてきた（辻、2021b）。そのような条件を維持しつつ、政党間競争を活発化させるような議員の選挙制度をどのようにして見つけるかが、今後の課題になるだろう。

2.3　議員選挙の実態と議員の構成

議会には、地域を代表することと併せて、その地域におけるデモグラフィックな構成を反映することが求められる。だが、議員の構成は、高齢かつ男性に偏っている。図4-1は、2020年7月現在の都道府県、市及び特別区（以下、市区）、町村議会別に議員の年齢構成を見たものであるが、50歳以上の議員が都道府県と市区で7割以上、町村議会においては9割以上を占める状態となっている。女性議員の割合は、都道府県、市区、町村のそれぞれにおいて、11.4%、16.8%、11.2%に止まっている[16]。

このことはつまり、女性と若・中年層が過少代表されていることを意味するが、併せて、議員選挙における投票率の低下や無投票当選者の増加との関連が、総務省に置かれた「地方議会・議員のあり方に関する研究会」による2020年9月の報告書及び参考資料において示唆されている（表4-2参照）。これによれば、

13）　市議会では公明党が、町村議会では日本共産党が、それぞれ所属する議員の最も多い政党である（脚注11参照）。

14）　具体的には、定数が3以上の選挙区において、各有権者が定数未満の複数の候補者に投票できる、制限連記制の導入の必要性が論じられている。

15）　このほか、市町村議会において選挙区を設けることで、有権者による候補者間比較の労力を低減し、投票先を選びやすいものにすべきではないかといった主張もなされている（砂原（2015）や総務省「地方議会・議員に関する研究会報告書（平成29年7月）」参照）。

16）　以上のデータの出所は、全国都道府県議会議長会事務局「全国都道府県議会便覧（令和2年7月1日現在）」、全国市議会議長会事務局「市議会議員の属性に関する調（令和2年7月集計）」、全国町村議会議長会事務局「第66回町村議会実態調査結果の概要（令和2年7月1日現在）」である。

図4-1　議員の年齢構成（2020年7月現在）

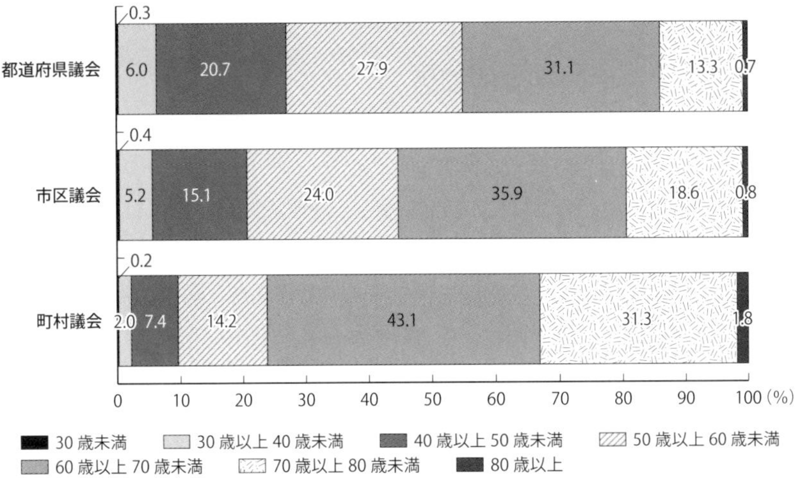

（出所）脚注 16 の資料にもとづき筆者作成。

表4-2　2019年統一地方選挙における投票率と無投票当選者率

（%）

	都道府県議選	政令市議選	特別区議選	市議選	町村議選
投票率	44.02	43.28	42.63	45.57	59.7
無投票当選者率	26.9	3.4	0	2.7	23.3

（出所）総務省「地方議会・議員のあり方に関する研究会　報告書　参考資料」より筆者作成。

女性議員がいない議会や議員の平均年齢が高い議会では、議員選挙での立候補者数が定数を上回らない傾向にある。そして、2019年の統一地方選挙（都道府県議会議員選挙）において、小選挙区や町村のみから構成される選挙区の半数以上が無投票になったことも明らかにされている。

要するに、議会における性別や年齢構成における多様性の欠如が、議会の「遠さ」を住民に感じさせる要因になるとともに、住民の議員就任意欲を削いでいるといえそうである。また、選挙区定数が小さい場合や都市化していない地域において、議員のなり手不足が顕著になっているようである。

3　議会過程

3.1　首長と議会の制度的関係

第1節で、議会に首長を不信任する権限があり、不信任議決がなされたときにかぎり首長が議会を解散する権限をもつことを述べたが、これらの権限以外にも、議会が首長に対し、首長が議会に対し、それぞれ行使できる権限がある。

まず、議会が首長に対して有する権限について確認しよう。議会には議決権がある。条例案や予算案、特別職に関する人事案件など、議会に提出された各種議案を審議し、議会が当該自治体の政治的意思決定として議決することは、議会のもっとも重要な職務である。というのも、本来的に、議会による議決なしには、首長は条例案や予算案等を執行できないためである。

また議会は、執行部局等に対して報告を求め、事務の管理・執行や出納《すいとう》について検査を行う権限（検査権）をもち、監査委員に対して事務執行についての監査を求めることもできる（監査請求権）。そして、自治体の事務に関する調査を行い、必要があると認めるときに関係者の出頭及び証言、さらには記録の提出を求めることができるとする、いわゆる百条調査権も定められている。

とはいえ、首長が議会に対して有する権限は広範である。議会を招集する権限は、第一義的には首長に与えられている[17)]。また、首長は、条例案を提出することもできるし、予算案を独占的に調製し議会に提出する権限をもつ。さらには、特別職である副知事・副市町村長や教育委員会など一部の行政委員会（第3章参照）委員について、任命の同意を求める権限も定められている。

首長は再議権も有する。これは、大統領制でいうところの拒否権に当たるもので、議会の議決結果に対して異議があるときに、首長が議会に再度審議・議決を求めることができる権限をいう。もし首長が条例案や予算案への再議を申し立てたなら、前に議会が行った議決を確定させるためには出席議員の3分の2以上が当該議決に賛成しなければならない。そのため、首長は自身の考えに同意する議員を議会内に3分の1以上確保できていれば、先の議決を効力のないものとして葬り去ることができる。

また、議会での議決や選挙がその権限を越えたり法令等に違反する場合には、首長はこれを再議に付さなければならない[18)]。加えて、首長には原案執行権が

17）　議長または議員定数の4分の1以上から招集請求がなされたときに、首長に議会の招集義務が生ずるが、それでも首長が招集しない場合にかぎって、議長に臨時会の招集権が委ねられる。

付与されている。これは、法令等により自治体が負担することを義務付けられた経費について、議会が削除・減額する議決を行った際に、首長が再議に付してもなお議会が当初のとおり議決を確定させたときに、これら議決結果とは関係なくこれら経費を盛り込んだ予算案を首長が執行できるとするものである。

そして首長は議案を専決処分できる。これは、議会が成立しないときや緊急を要するために議会を招集する時間的余裕がないとき、そして議会が議決すべき事件を議決しないときに、首長が議会に代わって当該事件の議決を代行するものである[19]。首長は専決処分した議案について、後に議会に報告しその承認を求めなければならず、条例や予算に関する処分について議会が承認しなかった場合には、必要な措置を講じなければならないこととされている[20]。

このように見てくると、首長には様々な権限が与えられていることがわかるだろう。第1に、法規・財政・人事など、自治体施策に関してたいへん重要かつ幅広い事項についての提案権を首長は有している。第2に、首長は、再議権を行使したり専決処分することで、議会が議決権を行使した結果を無に帰したり、議決権の行使そのものを迂回することができる。要するに、制度上首長に与えられた議会に対する権力は強いのである[21]。

このように、大統領制に近い二元代表制ではありながら、権力分立が徹底しなかった一因として、戦前の地方制度の仕組みが二元代表制に今なお残存していることを挙げられよう。そもそも二元代表制は、戦前の地方制度にアメリカ型の大統領制を接ぎ木して誕生した制度である（ヒジノ・レオナード、2015）。戦後改革によって首長公選制が導入されたとはいえ（第9章参照）、府県において知事が独占していた提案権を府県会にも広げたという過去の経緯があり、また、市制町村制にあった原案執行権や専決処分等に関する規定が戦後もそのまま残され、議会の議決事件規定の制限列挙主義も継続したことで（曽我、2019）、強い首長と弱い議会という関係がつくり上げられたのである。たしかに、条例案や予算案を議決する議会は、自治体レベルにおける本来的な立法機関として位置付けることが可能であるものの（駒林、2006；2021）[22]、相

18）　再議・再選挙においても議会の権限を越えているか違法であると首長が判断したときには、知事の場合には総務大臣に対し、市町村長の場合は知事に対し、それぞれ審査を申し立てることができ、総務大臣や知事が違法と認めたときにはこの議決や選挙を取り消す裁定をすることができる。

19）　副知事・副市町村長の任命同意については専決処分の対象外である。

20）　議会の権限に属する軽微な事項を首長が専決処分した場合については、首長には議会への報告だけが求められる。

21）　この点は、大統領制比較の観点から、より明確になる。たとえば、アメリカの大統領制では、大統領に法案提出権はなく、予算についても大統領は議会で予算教書演説を行いうるだけであり、予算法をつくるのは議会である。

対的な権限の弱さのために議会や議員の存在意義の低下を招いてしまっている可能性は否定できない。

3.2 審議の実態

議会の会議の種類には、定例会と臨時会があり、各自治体は定例会の回数を条例で自由に定めることができる。2020年現在、9割以上の議会が定例会年4回制を採用し、随時必要に応じて臨時会を開いている。だが、首長による専決処分を避け、議長の判断でいつでも議会を開けるように、定例会の回数を年1回と定める通年議会を採るところや、毎年条例で定める日から翌年の当該日の前日までの1年を会期とする通年会期制を導入するところも増えてきた。

定例会年4回制を採用しているところでは、概ね2〜3月、5〜6月、9〜10月、12月ごろに議会が開かれる。このうち2〜3月開会の定例会は、次年度の当該自治体の予算の使途及び実施施策を議論する場であり、各議員にとって執行部局に予算要望を行った成果を確認するためにも特に重要である。他方、9月頃開会の定例会では、前年度決算を審議することが多く、各議員は予算の執行状況を追及することで、執行部局に対する監視機能を果たす。また、大規模な自然災害や感染病の拡大などのために予算内容を変更する必要が生じた場合には、首長が組んだ補正予算案に対する審査を、各定例会や臨時会で行う。

議会の運営はおおよそ次のような流れで行われる。首長によって議会が招集され、本会議において議長が議会の開会を宣言すると、首長は当該議会に提出した各議案の提案理由を説明する。続いて、これら議案についての質疑や、行財政運営全般に関する質問などが議員によって行われ、首長はじめ執行部局はそれに対して応答する。その後、各議案は、議会に設けられている各種委員会[23)]に付託される。本会議では部長級までに限られた答弁者も、委員会になると課長級までとなり、本会議ではできないような突っ込んだ議論が展開されるといったことが多い。これら委員会で、予算案や条例案が通過した後の運用などについて詰めた議論が一通りなされた後、各議案に対する議決が行われ、委員会としての結論が出される。各委員会での議決結果が出揃うと、舞台は本会議に戻される。本会議では、委員会での審議内容や議決結果について報告がなされた後、各種議案への賛否を訴える討論が行われ、採決によって最終的な議決結果

22） もっとも、国会が憲法41条で唯一の立法機関として規定されている一方、首長には規則制定権があり、地方議会が立法機関としての役割を独占しているわけではないことに注意が必要である。

23） 議会は、条例を定めて、常任委員会、特別委員会、議会運営委員会を置き、委員を選任することができる。

図4-2　議会の流れ

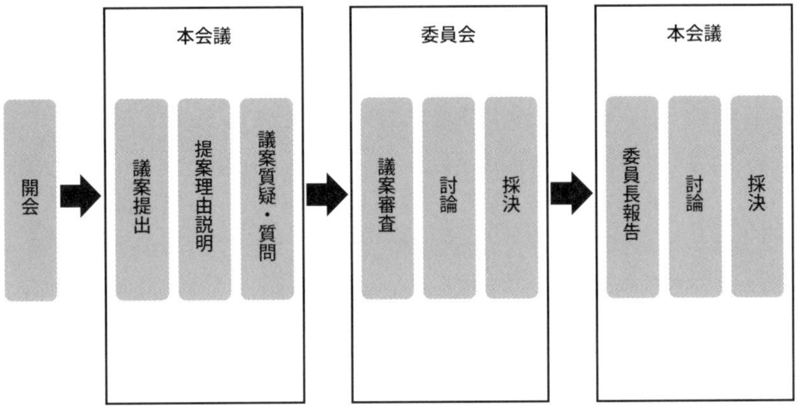

（出所）筆者作成。

表4-3　2019年における種類別提出議案数と原案可決率

	条例（議員提出）	条例（委員会提出）	条例（首長提出）	予算（同左）	決算（同左）	その他（同左）	原案可決率（同左）
都道府県 （1議会あたり平均）	81（71） 1.72	25（25） 0.53	3,083 65.60	2,230 47.45	395 8.40	2,768 58.89	99.3%
市区 （1議会あたり平均）	710（536） 0.87	252（252） 0.31	37,151 45.58	26,944 33.06	7,300 8.96	26,853 32.95	99.3%
町村 （1議会あたり平均）	326（292） 0.35	132（131） 0.14	26,431 28.54	28,124 30.37	7,176 7.75	17,857 19.28	99.4%

（注）議員提出条例及び委員会提出条例のうち括弧内は原案可決された条例の数である。
（出所）全国都道府県議会議長会事務局「定例会及び臨時会における議案数に関する調」、全国市議会議長会事務局「市議会の活動に関する実態調査結果（平成31年1月1日～令和元年12月31日）」、全国町村議会議長会事務局「第66回町村議会実態調査結果の概要（令和2年7月1日現在）」より筆者作成。

を確定させることになる（図4-2）。

議会に提出される議案の種類には、自治体のルールを決める条例（案）、自治体のお金の使途を定める予算（案）、前年度の予算執行状況を集計した決算（認定議案）、公共工事の請負契約などといった契約の締結に関する議案、そして副知事・副市町村長や行政委員会委員の任命といった人事案件などがある。表4-3は、2019年の1年間に議会に提出された議案数をまとめたものである。

これを見てわかることは、第1に、首長が議会に提出する条例案の数が、議員もしくは議会内の委員会によって提出される条例案の数を圧倒していることである。そもそも議員をサポートする議会事務局職員の数は、執行部局の職員数に比べて圧倒的に少なく、条例を議員提案しようとする際には、執行部局の法規担当部署の協力を仰ぐ必要も生まれる。第2に、町村より市区、市区より都道府県の方が、年間で処理する議案数が多いことである。これは、国―自治体・都道府県―市町村の間での役割分担において、大規模自治体に多くの事務が割り当てられていることが影響しているためである（第3章参照）。

そして第3に、原案可決・認定・同意・承認されない首長提出議案がほとんど存在しないことである。議会の承認が必要な専決処分を不承認とした例も、ほぼ皆無である。つまり、記録として現れているデータから、議会は首長の提出した議案をそのまま「追認」する機関であるように映るのである。

ではなぜこのようなことになるのだろう。1つには、前項で述べたように、首長の権限が強いことによる。特に、首長が予算案を調製・提出する権限を独占していることの影響が大きい。政治家には「再選」・「昇進」・「政策」という3つの目標があるといわれるが、議員が「政策」を実行しようとするには、首長の協力が不可欠である。すなわち、議会に予算提案権がないため、当該政策に対する首長の同意を取り付け、そのうえで関連する予算を首長に盛り込んでもらう必要がある。そのため、議会内の各会派や議員が首長に対して予算要望書を提出するのが、例年秋から冬にかけての風物詩となっている。また、予算案は議会を通過しないかぎり執行できないから、各議員には予算案を含めた各種議案に同意する誘引が働く。

もう1つは会派構成の状況である。会派とは、類似の意見、主張、基本的政策を共有する議員が任意に形成する集団を指す（宇賀、2021）。都道府県や人口規模の大きな市では政党を軸にして結成されることが多い[24)]。会派は政務活動費（後述）の受け皿になるほか、議決において原則として同一の意思表示を行うなど、議会運営上統一的な行動を採る。都道府県レベルでは、自民党が首長を推薦・支持していなかったり、議会の過半数を占めていなかったりする場合に、知事提出議案の否決や修正可決が見られやすい傾向にある。

だが、2019年の道府県議選後の状況について眺めると、47都道府県のうちほぼ3分の2に当たる31道県では自民党が（県連[25)]単位も含め）知事を推薦するとともに議会過半数を占めていた。また、たとえ自民党が議会で過半数の

24） 人口が10万人を切る自治体議会では、公明党や共産党は会派を結成することが多いが、自民党や旧民主党系政党に所属する議員でつくる会派には、政党名がない場合が多い。

議席をもっていなかったとしても、公明党だけでなく国政で自民党と対立する旧民主党系会派も含めて首長を支持していたり（各党「相乗り」によるオール与党化）、知事が自民党の推薦を受けていなかったとしても、保守分裂選挙のために自民党の推薦が外れただけで政策的な違いが知事と議会との間に生じていなかったりするために、議案が原案可決されやすい状況になっている。

かつては、革新自治体（第9章参照）などを中心に、分割政府となっていた都道府県において、首長を支持しない会派が多数を占める議会が首長と真正面から対立し、首長提出議案の否決や修正可決が多数見られた（馬渡、2010；辻、2015）。だが現在では、政党を軸とした対立関係はほとんど見られない。政党化の程度が高い市区レベルの首長―議会関係でも、共産党を除く各会派が首長提出議案に賛成し可決するといったパターンが頻繁に見受けられる。

逆に、政党化や会派化が進んでいない小規模自治体では、有権者にとって議会過程が見えにくいという問題がある。というのも、政党所属議員が少ないために、政策をパッケージとして示す役割をもつ政党を手がかりにすることができないため、各議員の政策的志向や、首長と議会の間で見解が異なる争点を把握したり、重要議案の可否を予測したりすることが難しいからである。

4　議員の待遇と議会外活動

4.1　議員の定数と待遇

国会議員は一般職国家公務員の最高給与額を下回らない額の歳費を受け取るが、地方議員は歳費でなく議員報酬を受け取ることになっている。また、国会議員には、国会の会期中に逮捕されないとする不逮捕特権や、国会内で行った演説や討論、表決行動について責任を問われないとする免責特権が与えられているが、地方議員にこれらの権限は認められていない。

さて、前節で見たように、人口規模が大きな自治体ほど、議会で処理する議案数も議会の会期日数も多い傾向にある。では、どれだけの数の議員がどのような待遇を受けながら、議員としての職務に当たっているのだろうか。

表4-4は、人口規模別に見た議員報酬月額（議長・副議長を除く）と議員定数の平均である。ここから、都道府県や政令市で定数も議員報酬の額も多くな

25）県連とは、正式には県支部連合会の略であり、県レベルで政党活動を取り仕切る組織を指す。自民党以外の政党も、県連や県本部といった地方組織を置いている。

表4-4　平均議員報酬月額（議長・副議長を除く）と平均議員定数

	都道府県（47）	政令市（20）	特別区（23）	50万人以上市（7）	40〜50万人市（21）	30〜40万人市（24）
平均議員報酬月額（千円）	812	795	610	647	627	591
平均議員定数	57.0	58.6	39.2	45.4	39.3	36.0
	20〜30万人市（38）	10〜20万人市（155）	5〜10万人市（250）	5万人未満市（277）	町村（927）	
平均議員報酬月額（千円）	542	463	393	333	214	
平均議員定数	30.5	25.5	20.6	17.2	11.9	

（注）自治体種別の後の括弧内は当該種別自治体数を指す。
（出所）全国都道府県議会議長会事務局「全国都道府県議会便覧（令和２年７月１日現在）」、全国市議会議長会事務局「市議会議員定数に関する調査結果（令和元年12月31日現在）」、同「市議会議員報酬に関する調査結果（令和元年12月31日現在）」、全国町村議会議長会事務局「第66回町村議会実態調査結果の概要（令和２年７月１日現在）」より筆者作成。

る傾向にある一方、町村議会の議員は平均しても大卒の初任給とほぼ変わらない額しか受け取っていないことがわかる。このため、議員専業者の割合は、都道府県で54.2%、市区で47.0%であるのに対し、町村では23.5%に止まる[26)]。

もちろん、小規模自治体で処理すべき議案数が少ないのはたしかである。とはいえ、議員報酬の額が町村長や都道府県議会・市区議会議員と比べても格段に低いことが、議員のなり手不足を招いていると、全国町村議会議長会に設置された研究会は指摘している[27)]。

また、議員定数も削減傾向が続いており、全国で2000年には約6万2,700だったのが2019年には約3万2,800へとほぼ半減している。なかでも、平成の大合併（第11章参照）によって町村数そのものが大きく減少した結果、町村議会の議員数は約4分の1に減っており、住民にとって議員や議会がますます「遠い」存在になっている。

それでも、町村における議会関係予算の状況は厳しい。2019年度一般会計当初予算に占める議会費の割合（平均）は、都道府県で0.16%、市区で0.52%であるのに対し、町村では1.1%に上る。ただでさえ町村は、概して財政状況が厳しいのに、議員報酬を拡大したり定数を増やしたりして議会費の割合を拡大することは、他の政策予算を減らすため、現実的でない。結局のところ、人口規模の小さな自治体では、そうでない自治体に比べ、議員の待遇をよくすることも、そして議員数を増やすことも、非常に困難な状況に陥っているのであ

26）　脚注16参照。
27）　町村議会議員の議員報酬等のあり方検討委員会「町村議会議員の議員報酬等のあり方　最終報告（平成31年3月）」。

る。

4.2　議会外活動と政務活動費

本章の冒頭で議員は忙しくしていると述べたが、議会が開会されていないときにはどのような活動をしているのだろうか。予算提案権をもたない議員にとって、住民から注目を集めることができる1つの機会は、先述したように、議会において議案質疑や質問を行うことである。議員が基盤を置く地域に関わる問題を採り上げる一般質問や、会派を代表して首長の政治姿勢を問うたり当該自治体のグランドビジョンを示したりするような代表質問などで、首長をはじめとする執行部相手にどれほど有意義な提案を行い、他方で重要施策に関する言《げん》質《ち》を取ることができるかが、議員の存在意義に直結する。

そのため、常日頃から住民の意向を汲《く》み取ることが、議員には求められる。ひび割れた道路を補修してほしいという要望や、学校でのいじめ問題に学校や教育委員会が適切に対応してくれないためにどうにかしてほしいといった切実な声も寄せられる。そこで議員は、自宅もしくは事務所で、会派控室で、あるいは住民の希望する場所で面談し（市民相談）、その声を役所に届ける役目を果たす。各議員は議会の閉会日でも役所に登庁し、各種施策の担当部署や問題が発生している現場に赴いて、状況確認のためにヒアリングを行う。

また、各種政策分野について学習することも議員の重要な仕事である。保育所不足や老老介護、人口減少対策など全国的に共通するような大きな課題について、「先進自治体」とされるところでどのような解決策が実施されているかを知るために、議員はその様子を記した書籍を購入したり、場合によっては当該自治体に出張して視察を行ったりすることもある。そして、我が自治体を他の自治体並み、あるいはそれ以上に魅力的なまちにするために、議会で執行部局の姿勢を問い質すのである。当然、その準備作業には時間だけでなくお金も必要である。そこで活用されるのが、政務活動費である。

政務活動費は、議員の調査活動基盤を充実させ議会の審議能力を強化することを目的に、政務調査費として2000年代に入って創設され、その後の地方自治法改正によって、国などへの補助金の要請活動など幅広い議員活動や会派活動などにも使用できるよう使途が拡大されたものである。議員は、出張旅費や書籍等購入費用のほかに、各種セミナーなど研修の受講にかかる経費や議会での活動報告を行う広報紙の印刷代や送付代、そして事務所の維持管理や事務職員の給与などに、政務活動費を充てている。議員には、政務活動費を用いて積極的に調査研究を行い、首長をはじめ執行部局に対する政策提案や監視機能を果たすとともに、領収書を公開するなど使用に当たっての透明性を高めることが求められている。

column 政務活動費

2014年夏、ある県議会議員Xが1年間で200回近くも日帰り出張を行ったとして、その出張旅費を政務活動費から支出していたことが明らかになった。同年秋には、ある市議会議員Yがチラシの印刷費やポスティング代を政務活動費として計上していたことについて、実際にはチラシが印刷されていなかったのではないかとの疑惑から、住民監査請求がなされるとともに、市長からも刑事告発された。最終的にXもYも辞職を余儀なくされた。 Xは詐欺と虚偽有印公文書作成などの罪で起訴され、有罪判決が確定したし、Yも政務活動費の不正受給を認め、全額を返済した。

これらの事件から、政務活動費は不正の温床のように見えるかもしれないが、本来は議員がそれぞれの立場から議会審議を充実させるために存在する。とはいえ、政務活動費の額についても、議員報酬と同様に、自治体の人口規模によってばらつきがある。都道府県では20～59万円（議員1人あたり月額、以下同）、政令市では10～57万円が支給されているのに対し、人口が10万人を切る市の半数以上、町村の9割近くでは、月額2万円未満に止まる。これも政務活動費交付自治体に限った話であり、99市・739町村では政務活動費が不支給もしくは支給を一時的に停止している[28]。

また、使用実態に関しても自治体の人口規模によって傾向が異なっている。支給額の多い大規模自治体では、調査研究や資料購入よりも広報紙の印刷・発送や人件費・事務所費に多額が費やされている。先に述べたY市議は政令市の市議であった。他方で、小規模自治体だと、調査研究や資料購入に充てる割合は高いものの、そもそも政務活動費の支給額が限られているため、額面では大規模自治体の使用額に届かない（辻、2021a）。

要するに、大規模自治体では事務局職員の手も借りて政務活動費をうまく活用すれば、より素晴らしいまちづくりへと執行部局を誘導できるものの、それよりも自らの「再選」可能性を高めるために、住民への実績誇示の手段として政務活動費を「活用」する傾向にある。他方で、小規模自治体では、議員報酬だけでなく政務活動費も少ないかもしくは給付されないために、調査研究活動の基盤が整っていないといえよう。

28） 全国都道府県議会議長会事務局「政務活動費に関する調（令和2年4月1日現在）」、全国市議会議長会事務局「市議会の活動に関する実態調査結果（平成31年1月1日～令和元年12月31日）」、全国町村議会議長会事務局「第66回町村議会実態調査結果の概要（令和2年7月1日現在）」参照。

5　議会改革と議会・議員の今後

近年、存在意義を問われている議会・議員のあり方を「改革」しようとする機運が生まれてきている。早稲田大学マニフェスト研究所は、毎年議会改革度調査を行い、その進展具合をランキングとして発表している。このランキングで上位に位置する議会とは、情報共有、住民参画そして議会機能の強化のそれぞれを実現している議会である。すなわち、タイムラグなく議会の情報を住民に公開し、議会報告会などを通じて住民との対話を積極的に行うとともに、その声を活かして条例や首長提出議案への修正案を提起することで、執行部局に対する政策提案や監視機能を積極的に果たしている議会である。自治体における議会の役割を明記した議会基本条例を制定することも必須である。つまり、二元代表制の一翼としてその機能を強化し、議会が一丸となって首長に対峙するあり方、つまり首長と議会の間の機関対立主義を徹底しようとする議会改革の流れが、一方で存在する。

他方で、選挙・議会過程双方を通じて、政党間競争を活性化させることで、住民が自治体レベルにおける政策論争を把握できるように、議会のあり方を改革すべきとする主張もある。2.2で説明したように、現行の中・大選挙区制や単記非移譲式投票方式を比例代表制や制限連記制に変更したり、選挙区を複数に分割したりすることで、地方選挙における政党の重要性を高めるといった議論がこれに当たる。また、議会過程においても、政党をもとに会派化が行われていれば、住民にとって政策の対立軸が見えやすくなることは、3.2で述べたとおりである。

そもそも、地方分権が進展したとはいえ、国による新規法律の制定や国からの補助金なしには実現できない政策も非常に多い。地方議員にはそうした政策の実現を国会議員に要望する役割があり、その際には政党を通じたパイプが必要になる。そこで、政党に所属する地方議員は、県レベルあるいは市町村レベルでの、当該政党が主催する各種会合で意見交換を行い、その声を国会議員に伝えている。マルチレベルの政党政治が求められる理由はここにある。

とはいえ、小規模自治体の議会では、定数も議員報酬も少なく、政党によって深刻な政治対立がもち込まれると、個々の議員がもつ背景、すなわちジェンダー・職業・地域などの多様性が損なわれる可能性もある。財政上の問題から定数増も議員報酬の増額も見込めないなか、どのような議会・議員のあり方が望ましいのか、多方面からの検討が必要だろう。

たしかに、首長は自治体全体の利益を志向するのに対し、議員は自身の身近にある一部の利益に執着しやすい存在である（曽我・待鳥、2007）。だが、多人数による合議制であるからこそ、住民から寄せられる様々な要望を自治体の課題として俎上に載せることもできるし[29]、住民総体を代表する機関として政治的意思表示を行うこともできる[30]。今後議会や議員が住民の期待に応えられるかどうかは、各議員が、これら住民を代表する立場にあることをわきまえながら、議決責任を果たすべく、審議に注力できるかどうかにかかっている。

【文献案内】

砂原庸介（2017）『分裂と統合の日本政治――統治機構改革と政党システムの変容』千倉書房

衆議院議員の選挙制度が改革されてからも2党制化や野党の統合が進まない要因として、地方レベルにおける選挙制度や執政制度が影響していることを、様々なデータを用いて説得的に論じている。

辻陽（2019）『日本の地方議会――都市のジレンマ、消滅危機の町村』中央公論新社

議会の仕組みや選挙制度、そして議員報酬や政務活動費などお金にまつわることも含めてコンパクトにまとめたもの。将来議員を目指す人はもちろん、議会に興味のない人にも読んでもらいたい。

NHKスペシャル取材班（2020）『地方議員は必要か――3万2千人の大アンケート』文藝春秋

現役地方議員を対象に行われたアンケート回答をとりまとめた本。議員の本音や議会の（よろしくない側面も含めた）実態が、文面から如実に伝わってくる。

【研究課題】

(1) あなたの住む都道府県・市町村それぞれの議会について、議員定数と各会派所属人数を調べてみよう。

(2) あなたの住む都道府県知事や市町村長が、前回選挙でどの政党からの推薦や支持を受けていたか、わかる範囲で調べてみよう。

(3) (1) と (2) で調べた結果をもとに、都道府県・市町村それぞれの議会に提出された首長提出議案がどうなるかを予想してみよう。そのうえで、議会ホームページ上で公開されている議決結果とあなたの予測が一致するかどうか確認してみよう。

29) 住民には請願権があり、議員の紹介を通じて提出された請願は、委員会及び本会議で審査が行われ、議会として採択・不採択が決定される。

30) 議会には当該自治体の公益に関わることがらについて可決した意見書を、国会や関係行政庁に提出する権限がある。

5 住民と自治体

柳　至

summary

本章では、住民と自治体の関係についてみていく。日本の自治体は二元代表制を採っており、住民は選挙で首長と議会議員を選出し、政策の形成や実施を委ねて、自治体から公共サービスの提供を受けている。他方で、住民が直接に政策過程に参加をする局面があり、それが本章でみていく住民参加となる。

政策過程において、住民が直接民主制的手続きを用いて自らの意思を表明することがある。自治体における直接民主制的手続きとしては、直接請求制度の条例の制定・改廃請求や議会の解散請求、首長や議員の解職請求がある。また、いくつかの種類の住民投票制度も存在している。

近年、自治体と住民が政策過程においてともに活動する協働も多くなっている。自治体の財政難や少子高齢化を背景として、自治体だけでは公共サービスを担えないという認識から、住民や、自治会、NPOといった市民社会組織との協働が盛んに行われるようになったのである。

本章では、住民の定義や捉え方を説明した後で、住民参加、直接請求、住民投票、協働の概念や仕組みを説明する。さらに、それらの現状を、データを基に示すとともに、その影響についての研究成果を紹介する。

keyword

住民、住所、住民参加、住民運動、直接請求、条例の制定・改廃の請求、議会の解散請求、解職請求、事務監査請求、住民投票、直接民主制的手続き、協働、市民社会組織、アドボカシー、公共サービスの提供、自治会

1　住民

1.1　住民とは

まず、どのような者が住民とされるのだろうか。地方自治法においては、「市町村の区域内に住所を有する者は、当該市町村及びこれを包括する都道府県の住民とする」と規定している（地方自治法10条)。法的には、自治体の住民となるのに、自治体の許可は必要なく、その区域内に住所を有していれば、自動的に住民となる。つまり、自治体は、住所を有している者が住民となることを拒否できないし、住所を有している者も住んでいる自治体の住民となることを拒否できない。京都市内に住所を有していれば、京都市民であるし、京都府民となる。また、住民の要件に国籍はなく、外国人も住民となる。

このように、住民となるのに、自治体の許可は必要ないが、自治体は住民に対して公共サービスを提供したり、負担を課したりするために、誰が住民であるかを把握しようとしている。市町村は、氏名、生年月日、性別、住所などが記載された住民票を編成した住民基本台帳を整備しており、この記録を基に様々な事務処理を行っている。

1.2　住所

それでは、住所とはどのようなものだろうか。住所とは、「生活の本拠」（民法22条）と理解されており、客観的な居住の事実を主な要素とし、定住の意思を補足的に考慮している（宇賀、2019)。基本的には、実際に居住している場所が住所となるのである[1)]。例えば、大学進学にあたって実家を出て1人暮らしを始めたという人もいると思うが、原則としては今居住している自治体が住所となり、これまで居住していた実家のある自治体から住民票を移すことになる。

1）その例外として原発避難者特例法がある。2011年に発生した東日本大震災時の原子力発電所の事故により、原発近辺の多くの住民が避難を余儀なくされた。原則によれば、避難者は客観的に居住している避難先の自治体の住民となるが、特例法は新たに「避難住民」と「特定住所移転者」という法的カテゴリーを設けた。前者は避難元自治体の住民であるが、避難先の自治体からサービスの提供を受ける人のことである。後者は避難元の住民ではないが避難元自治体とのつながりを維持する人のことである。これらのカテゴリーに区分されるかは、避難者の意思によって決定されることになる（阿部、2015）。

1.3 住民の捉え方

民主政治において、住民は自治体の主権者として地域におけるものごとを決定する。その際に、住民が直接的に意思決定を行う直接民主制を採るのではなく、選挙で首長や議会の議員を選出し、自らの意思を反映させるという間接民主制を採っている。ただし、住民の参加のあり方としては、選挙での投票以外にも、次節でみていくような様々な活動があり、自らの意思を反映させようとする。例えば、議会に請願や陳情をしたり、役所に意見を述べたり、住民運動を行うといった活動である。

住民はこうした自治体の主権者として活動するという側面以外にも、公共サービスを受けたり、公共サービスを行政と共に提供したりするという側面を有している。金井利之は、住民の3つの側面として、主権者として自治体を統制する「市民住民」以外に、自治体から公共サービスを受けたり、納税などの形で負担を課せられたりする「対象住民」としての側面や、公共サービスの提供を担う「公務住民」としての側面があることを指摘する（金井、2004）。自治体は様々な公共サービスを提供しており（第1章参照）、我々の生活はこうした公共サービス抜きでは成り立たない。また、後にみるように住民や市民社会組織が公共サービスを提供することがある。住民はこの3つの側面を併せ持ちながら生活をしている。

なお、自治体は住民以外にも公共サービスを提供するし、住民以外が行政と協働することもある。例えば、公共サービス提供のあり方としては、国民健康保険のように住民に対して提供するサービス以外に、市道などのように住民に限らず区域内にいる者に提供するサービスや、市営地下鉄事業などのように利用希望者に提供するサービスがある。特に大都市においては、これらのサービスを住民以外の周辺都市からの通勤者や通学者が利用することが多く、住民以外に提供するサービスの負担が大きくなっている（第11章1.1参照）。

2 住民参加

2.1 政策過程への参加

住民は生活をする中で、自治体の政策過程に参加をすることがある。こうした参加は個人として行うこともあるし、自治会などの団体の一員として行うこともある。また、自治体の意思決定に影響を及ぼそうと参加をすることもあれば、公共サービス提供のために政策の実施過程に参加をすることもある。

住民が公共サービスを提供するとはどのようなことかというと、例えば近所の公園を掃除するといったことがある。こうしたことは住民により自発的に行われることもあれば、行政から依頼されて行われることもあるだろう。日本の行政は常に公共サービスの多くを住民やその組織に提供させていた。明治から昭和にかけて、国が様々な公共サービスの提供を市町村に課していく中で、市町村は住民や住民自治組織の協力の下でサービスを提供していったのである（日高、2018）。2007年に辻中豊らが全国の市区町村を対象に行った調査によると、市区町村は住民自治組織である自治会に対して広報の配布や住環境の維持、公共施設の管理等を委ねており、96.9％の自治体が何かしらの業務の委託をしている（辻中・ペッカネン・山本、2009）。

2.2　住民運動

意思決定に影響を及ぼそうとする動きとしては、1960年代半ばから広がった住民運動がある。高度経済成長に伴う都市化の進展は公害問題を発生させた。公害反対闘争としての住民運動は、主に公害を発生させる企業に対して向けられた。その後に、高速道路や空港などの大規模交通施設による騒音などの公害に対しても住民運動が繰り広げられ、設置主体である公的機関の責任を追及した。こうした住民運動は米軍基地やごみ処理施設等の迷惑施設や、ダム事業や庁舎建設等の公共事業に対しても行われている。

大きな注目を集めた例として、徳島県内の吉野川に可動堰を建設する国の計画への住民運動がある。この吉野川第十堰建設事業に対して、環境と財政に与える影響を問題視する住民が建設反対運動を繰り広げた。反対する住民は、建設予定地である徳島市において可動堰建設の賛否を問う住民投票を実現しようとした。住民による住民投票条例制定の直接請求と議会による否決、その後の市議選による議会における住民投票賛成派の増加を経て、2000年1月に50％の投票率に達しない場合は不成立となるという条件付きの住民投票が実現した。結果は、投票率54.995％で、有効投票のうち建設反対が91.6％に達した。投票結果を受けて、小池正勝徳島市長は建設反対に転じ、市議会は「可動堰促進意見書」の撤回を求める請願を可決した。選挙と住民投票で示された「民意」が首長と議会を動かしたのである。8月には当時の国政の与党3党が可動堰の白紙撤回を勧告した。その後の2010年3月には、民主党政権の前原誠司国土交通大臣により計画中止が明言された。

こうした住民運動の「成功例」がある一方で、当初の運動の目的を達成できなかった住民運動も存在する。また、こうした住民運動自体も減少しているという。山本英弘の調査によると、住民運動などの社会運動のイベント数は1970年代以降に減少傾向にある（山本、2017）。2018年に実施された「民主主義の分断と選挙制度の役割」調査によると、この5年間に住民運動や市民運動に参加した人の割合は4.4％と少なく、それ以外の政治参加の形態についても選挙における投票以外は総じて高くない。日本では、1990年代以降に政治参加の割合が低下するとともに、社会経済的地位の低い層ほど政治参加をしない傾向が強まった（蒲島・境家、2020）。

2.3　各種の参加制度

こうして政府の意思決定に影響を与えようとする政治参加全般が減少する一方で、近年の自治体では、協働やパートナーシップの名の下に、住民や自治会、NPOなどの多様な主体が政策過程に参加することを後押しする動きもみられる。自治体の中には、住民参加を促す制度的な枠組みを設けているところがある。前述した辻中らによる市区町村調査によると、以下の表5-1に示す導入状況となっており、いずれも2000年以降に導入数が急増している（柳、2010）。表中のパブリック・コメントとは、自治体が政策を決める際に住民から意見を募集して政策に反映させる制度のことである。

また、全国の自治体に存在する制度としては、議会への請願や陳情もある。請願は地方自治法で規定されている制度であり、誰でも議員の紹介によって、自治体の事務に関する意見や要望を提出することができる。受理された請願は本会議で所管の常任委員会に付託され、審査が行われる。審査後には本会議に諮られ、採択か不採択か議決される。議会が請願を採択した場合には、関係機関に請願書を送付して、その請願の処理の経過と結果の報告を請求することができる。陳情も請願と似た仕組みだが、法律上の規定はない。多くの自治体では、議員の紹介がないものを陳情としている。その扱いは自治体によって違いがあり、請願と同様の手続きの自治体もあれば、本会議における議決をしなかったり、委員会における審査もせずに回覧のみとする自治体も存在したりする。

その他に、住民監査請求や住民訴訟といった手段も存在する。住民監査請求とは、住民が監査委員に対して、執行機関や職員が違法または不当な財務会計上の行為によって自治体に損害を及ぼしていることに関して監査を求めること

表5-1　参加制度の導入状況

（%）

制度	市区	町村	市区町村
審議会・懇談会の委員の公募	60.5	25.6	42.2
パブリック・コメント	64.7	18.0	40.2
住民の意向を把握する市民意識調査	57.5	19.8	37.7
住民からの意見を受け付けて回答を公開する仕組み	42.4	14.5	27.8
市民会議・ワークショップ	42.2	13.5	27.2
住民の意向を登録モニターに対して調査するモニター制度	27.8	7.8	17.3
N	550	606	1,156

（出所）柳（2010）を基に筆者作成。

である。監査委員の監査や、監査委員からの勧告を受けた執行機関の対応に不服がある時などには、住民監査請求を行った住民は住民訴訟を行うことができる。次節でみる事務監査請求の場合だと多くの署名を集める必要があるが、これらの手段の場合は住民1人でも行うことができる。

住民の意思を表明する制度としては、吉野川第十堰建設事業への反対運動でも登場した次節でみる直接請求制度や、第4節でみる住民投票制度もある。これらの手続きは、直接民主制的手続きとして位置づけられている。近年、自由民主主義国家においてこうした直接民主制的手続きが増加している（Qvortrup, 2017）。これらの直接民主制的手続きは間接民主制とは切り離された存在であると理解されることもあるが、そうではない。現代の民主主義国家において純粋な直接民主制は存在しておらず、直接民主制的手続きは政治体制が間接民主制であるという前提の上で、間接民主制を補完するために導入されている。直接民主制的手続きの開始や、投票における運動、決定の実施には、政治家が大きく関与している。また、次節以降に詳しくみるように、日本では住民に最終決定権が認められていない制度もある。

3　直接請求

3.1　地方自治法に規定される直接請求

地方自治法では、条例の制定・改廃、議会の解散、首長や議員、主要公務員の解職、事務監査請求を認めている[2)]。表5-2に示したように、選挙権を有する住民が一定の数の署名を集めて、特定の措置をとるよう求めることができる。

3.2　条例の制定・改廃の請求

住民は、有権者の50分の1以上の署名をもって、首長に対して条例の制定や改廃の請求をすることができる。ただし、実際に条例の制定や改廃がなされるには、議会の議決が必要となる。首長は請求を受理した日から20日以内に議会を招集し、首長の意見を付けて議会の審議を求める。海外では、住民が直接に投票で条例の制定や改廃を決めることができる国や地域もあるが、日本においては最終的な決定は議会の権限となっている。

表5-2　地方自治法に規定される各種の直接請求権

種類	請求に必要な署名数	請求の宛先	請求後の措置
条例の制定・改廃の請求	有権者の1/50以上	首長	議会の議決（過半数の賛成）により成立
議会の解散請求	有権者の1/3以上（注）	選挙管理委員会	投票で過半数の同意により解散
首長の解職請求	有権者の1/3以上（注）	選挙管理委員会	投票で過半数の同意により解職
議員の解職請求	有権者の1/3以上（注）	選挙管理委員会	投票で過半数の同意により解職
主要公務員の解職請求	有権者の1/3以上（注）	首長	議会の2/3以上の出席、3/4以上の同意により解職
事務監査請求	有権者の1/50以上	監査委員	監査の実施

（注）自治体の有権者の数が40万を超え80万以下の場合は、40万を超える数に6分の1をかけた数と、40万に3分の1をかけた数を合計した数以上の署名が必要である。有権者の数が80万を超える場合は、80万を超える数に8分の1をかけた数と、40万に6分の1をかけた数と、40万に3分の1をかけた数を合計した数以上の署名が必要である。

2）　なお、他の法律によって認められている同種の制度として、教育委員会の教育長・委員の解職請求などがある。

議会が取り上げない案件について請求がなされる傾向があるため、住民の請求により、制定や改廃に至る事例の割合は低い。1947年5月から1999年3月にかけて行われた請求1,352件のうち、議決の結果が明らかなものは1,189件で、その他は請求運動を途中で断念したり、請求が却下されたり、議決状況が不明なものとなる。1,189件のうち原案が可決されたのは50件（4.2%）で、修正可決されたのは77件（6.5%）であり、残りは否決された。（自治立法研究会編、2003）。また、1999年4月から2018年3月にかけては、都道府県では10件の請求すべてが審議され、否決された。市町村では、733件のうち、議会で審議がなされたのは671件である。671件のうち原案が可決されたのは41件（6.1%）、修正可決されたのは63件（9.4%）であり、残りは否決された[3)]。

3.3　議会の解散請求

住民は、有権者の3分の1以上の署名をもって、選挙管理委員会に対して議会解散の請求をすることができる。都市部においては3分の1以上の署名を集めることは困難であるため、表5-2に注記したように大都市では要件が緩和されている。選挙管理委員会は有権者による投票を行い、過半数の同意があった時に議会は解散する。

請求に必要な署名数は多く、都道府県や大都市で投票を実現させることは容易ではない。1999年4月から2018年3月にかけて、都道府県で請求を受けて投票が執行された事例はない。市町村で投票が執行された件数は44件であり、そのうち過半数の同意を得て解散がなされたのは38件であった。投票が執行された事例の理由をみると、市町村合併や迷惑施設といった市政全体に関するものや、議会の定数や報酬に関するものとなっている。

3.4　解職請求

住民は、議会解散請求と同様の手続きで、首長と議員の解職請求ができる。また、住民は、有権者の3分の1以上の署名をもって、首長に対して主要公務員（副首長、指定都市の総合区長、選挙管理委員、監査委員、公安委員会委員）の解職請求をできる。請求を受けた首長は議会に審議を求める。議会の議決の際に、議員の3分の2以上が出席し、その4分の3以上の同意があった時には、当該公務員は失職する。

3）本章で示す1999年4月以降の直接請求や、自治立法研究会編（2003）で示された直接請求の件数は、総務省の「地方自治月報」を参照したものである。

1999年4月から2018年3月にかけて、都道府県で投票が執行されたのは、無免許運転で逮捕されて有罪判決を受けた広島県議に対して請求が行われて解職が成立した1件のみである。市町村では、首長に対して投票が執行された30件のうち、22件で成立し、8件で不成立となっている。議員に対しては、投票が執行された14件のすべてで成立している。主要公務員については投票が執行されていない。投票が執行された首長と議員の事例の理由をみると、市町村合併に関する姿勢や個人の不祥事や資質に関するものとなっている。

3.5 事務監査請求

住民は、有権者の50分の1以上の署名をもって、監査委員に対して監査を求めることができる。監査委員は主に財務に関する事務をチェックする委員だが、事務監査請求において監査を求めることができる対象は自治体の事務全般に及ぶ。請求を受理した監査委員は速やかに監査を行い、その結果を請求者の代表や議会、首長、関係のある委員会、委員に報告する。

ただ、実際に受理された件数は少ない。1999年4月から2018年3月にかけて受理された件数は、都道府県では0件、市町村では44件である。請求理由としては、個別の土地取引や工事の契約、公共施設の建設や、事務執行の適正さを問うものがある。監査結果としては、適切に執行されているとする意見の方が、問題点を指摘する意見よりも多い。

4 住民投票

4.1 住民投票の種類

住民が自らの意思を反映させるために住民投票を用いることもある。住民による投票としては、前節で示した議会の解散や首長・議員の解職請求におけるものもあるが、住民が地方自治の政策課題に関する意思を直接投票において表明するものとして、①憲法上の根拠を有する住民投票、②法律上の根拠を有する住民投票、③自治体の条例上の根拠に基づき行われる住民投票がある。①と②は法的拘束力を有しているが、③は法的拘束力を有していない。

①としては、一の地方公共団体にのみに適用される特別法の住民投票がある。日本国憲法95条に、1つの自治体にのみ適用される特別法を制定する際には住民投票を行う規定がある。広島平和記念都市建設法案を手始めに、1949年か

ら52年にかけて19の投票が行われた。これらの法案は各都市の振興のために各種の財政援助を与えるものであり、いずれも賛成多数で可決された。

②としては、市町村の合併の特例に関する法律（合併特例法）に基づく住民投票と、大都市地域における特別区の設置に関する法律（大都市地域特別区設置法）に基づく住民投票がある。

いわゆる「平成の大合併」の手続きにおいては、合併特例法に基づいた合併協議会を設置し、合併の時期や新たな名称を協議する。この合併協議会を設置する住民発議制度の一環として住民投票が導入された。合併特例法では、自治体の有権者の50分の1以上の署名をもって、合併協議会の設立を請求する制度が設けられた。請求を受けた首長は議会に付議し、議会で可決された場合に、合併協議会は設立される。議会で否決された場合には、首長の請求または有権者の6分の1以上の署名をもって、住民投票を請求することができる。この住民投票で過半数の賛成を得ることができれば、議会で可決されたものとみなされる。合併の是非を問う住民投票ではなく、その前段階の合併協議会の設置の是非を問う住民投票である。1999年4月から2006年3月にかけては、66の住民投票が行われ、そのうち28件（42.4%）で賛成多数となった[4]。

2012年に成立した大都市地域特別区設置法では、政令指定都市（以下、政令市）単独または、政令市と隣接自治体の人口が計200万人以上の地域が、市町村を廃止して特別区を設置することができると定めている。これにより、道府県でも東京23区のような特別区を新たに設置することが可能となった。設置の手続きとしては、まず関係する道府県と市町村の議会の議決を経て、特別区設置協議会を設置する。この協議会では、特別区の設置日や名称・区域などを定めた特別区設置協定書を作成する。協定書について、関係する道府県と市町村の議会の承認がなされた場合に、関係する市町村において、その市町村の廃止と新たな特別区の設置に関する住民投票が行われる。行われたすべての住民投票において、過半数の賛成を得ることができれば、関係する市町村と道府県は特別区の設置を申請する。実際に、いわゆる「大阪都構想」の賛否を問う住民投票が、2015年5月と2020年11月の2度にわたり大阪市で行われた。いずれも僅差で反対多数となり、大阪市は存続している（「大阪都構想」については第11章3.3参照）。

③の条例に基づく住民投票は、投票結果に法的拘束力がない諮問型と呼ばれ

4）　総務省「『平成の合併』について（平成22年3月）」参照。

る住民投票となる。条例に基づく住民投票には、常設型と個別型がある。常設型とは、条例で住民投票手続きを定めておき、一定の署名が集まった場合には住民投票を行うものである。2017年6月時点で67の自治体が常設型条例を定めている（武田、2017）。個別型とは、個々の事案ごとに住民投票条例を制定して実施する形式である。住民の直接請求により条例が制定される場合もあれば、首長提案によるもの、議員提案によるものもある。

4.2　条例に基づく住民投票の実施状況

条例に基づく住民投票の対象は、市町村合併に関連した争点と、それ以外の迷惑施設や公共施設の設置といった地域における重要争点に分けることができる。前者は、合併の是非や枠組みを争点として、2011年8月までに383件が行われた（塩沢、2019）。後者は2018年3月までに40件行われた[5)]。条例による最初の住民投票が、1996年8月の新潟県巻町（現新潟市）における原発建設の是非を問う住民投票である。その後に、産廃処分場や米軍基地などの迷惑施設を対象とした住民投票が続き、2000年代には市町村合併を対象とした住民投票が盛んに行われた。近年では庁舎などの公共施設に関する住民投票が行われる傾向にある（上田、2016）。最近では、2019年2月に沖縄県で、辺野古米軍基地建設のための埋立ての賛否を問う県民投票が実施された。

住民投票の方式は条例により定めるため、自由度が高い。住民投票の成立要件を定めていない条例が多いが、50%の投票率といった条件を課しているものもあり、投票率が条件に達しない場合は不成立となる。また、選択肢は賛成、反対の二者択一とするものが多い。ただし、市町村合併に関する住民投票では、合併への賛否でなく複数の合併の枠組みを選択肢とするものもあった。合併以外の重要争点に関する住民投票でも、2019年の沖縄県の県民投票では、賛成、どちらでもない、反対の三択となるなど、複数の選択肢を提示するものが存在する。投票の結果として示される「民意」は投票の形式に左右される。例えば、最低投票率が定められている場合は、投票を成立させないために投票に行かないという選択肢を採る人もでてくるだろう。こうした投票の形式は条例を定める議会の意向に左右される。

法的拘束力のない住民投票であるものの、住民投票の結果を反映した帰結となることが多い。市町村合併に関する住民投票については、多くの事例で投票

5）　武田（2017）及び総務省の「地方自治月報」を参照した。

結果が尊重される帰結となった（砂原、2018）。地域の重要争点に関する住民投票でも、多くの事例で投票結果が尊重されている（武田、2017）。

ただし、住民投票条例の制定までたどり着けない事例が多いということには留意する必要があるだろう。武田真一郎が2007年末までの住民投票条例を調査したところ、市町村合併に関する条例は52.0％、重要争点に関する条例は13.4％の可決割合であった（武田、2017）。

4.3 直接民主制的手続きの意義と影響

直接民主制的手続きとして、イニシアティブ（住民発案）、リコール（解職請求）、レファレンダム（住民投票）といった仕組みがあり、こうした直接民主制的手続きの意義や影響が議論されてきた。特にレファレンダムやイニシアティブについては様々な研究の蓄積がある[6]。

重要な論点が、直接民主制的手続きが政策に影響を与えているのか、与えているとしたらどのような影響を与えているのかという点である。これについては、レファレンダムやイニシアティブが行われることで、平均的な有権者の意向に近い政策となっていることが指摘されている。例えば、政治家によって代表される政府は多くの歳出や債務を好む傾向にあるが、法的な拘束力があるレファレンダムは歳出や債務を抑制する効果を有している。また、イニシアティブがあることによって、一部の利害関係者の意向に沿った政策ではなく、多数派の意向に沿った政策になる傾向がある。その効果の方向性はその時々の政治家と有権者の政策の相対的な位置により異なる。政治家が大多数の有権者よりもリベラルな社会政策を好む傾向がある場合、イニシアティブを導入した地域ではより保守的な社会政策を採用している（Matsusaka, 2018）。

さらに、人々の政治参加が減退する中で、直接民主制的手続きには人々の政治的関心を呼び戻す効果が期待されている。こうした効果を有するかについては研究結果が分かれている。アメリカでは直接民主制的手続きがある州の方がない州よりも投票率が高くなる傾向が指摘されている一方で、すべての州に直接民主制的手続きの仕組みがあるスイスでは直接民主制的手続きによる投票の頻度が高い州では投票率が低下するという研究結果がある。また、直接民主制的手続きがあることにより、社会経済的地位が低い人々の政治参加をもたらす

6）日本では、リコールは報道でもよく耳にする制度である。しかし、海外においては珍しい制度である。1990年代に入り導入する国も増えてきたが、それまではアメリカなど数か国でのみ導入されていた。また、1980年代までは、アメリカと日本を除き、ほとんど実施されていない（Serdült and Welp, 2017）。結果として、リコールに関する研究も多くない。

かという点についても、結論は出ていない（Colombo and Kriesi, 2020）[7]。

5　協働

5.1　協働とは

協働（Co-production）は、様々な定義があるものの、広くは政府と住民等が政策過程においてともに活動することを指す。古典的には、同じ組織に属していないもの同士によるサービスの提供という意味で用いられていた。日本では、1990年代後半から自治体や国が盛んに言及するようになる。例えば、1995年の地方分権推進法によって設置された地方分権推進委員会は、その中間報告と最終報告双方で、公共サービスの供給を行政のみで担うのではなく、コミュニティやNPOとともに担うという公私協働論を展開した（原田・藤井・松井、2010）。この頃から、様々な自治体の報告や条例でも協働が取り上げられるようになる。自治体が協働を進めようとする背景の1つには、財政難や少子高齢化を受けて公共サービスの提供を政府だけでは担えなくなっているという認識がある。他方で、自治体の主権者であるという住民の側面を考えると、ただ公共サービスの提供を共に担うのではなく、サービスの決定過程にも参加することが重要である。現在では、公共サービスの提供という政策実施に限らず、政策形成や決定、評価などの段階における参画も協働とみなされている。

政策形成過程における協働としては、基本計画を策定する際に住民が参加した市民会議を開催するといったものがある。市民会議は、政策立案の段階から住民が参加して行政と検討する取組みである。例えば、千葉県の浦安市では、第2期基本計画を策定する際に、公募した206名の市民委員と庁内公募した26名の行政職員、17名の専門家による市民会議を延べ136回開催した。市民会議は6つの分野に分かれた分科会中心に進められ、これらの分科会は市民委員が運営をリードした。各分科会間の調整を行う調整会議や提言書を作成する編集委員会には職員委員はメンバーとはならず、市民委員が中心となって活動が行われ、最終的に基本計画の約9割にその提言が反映されることとなった（柳、2010）。

7）　前述したように、日本の条例の制定・改廃請求では、最終的な権限は議会が有している。最も数が多い条例に基づく住民投票にも、法的な拘束力はなく、アメリカやスイスの制度とは違いがある。そのため、こうした知見の日本への適用については留保が必要である。

協働を、自治体の「憲法」と呼ばれる自治基本条例に規定する自治体も多い。自治基本条例に明確な定義は存在しないが、自治体運営の基本原則や住民の権利を定めている。NPO法人公共政策研究所の整理によると、2021年4月時点で397の自治体で施行されている[8]。阿部昌樹が2015年時点で施行されていた342の自治基本条例を分析したところ、94.7%の自治体で条例中に協働という語が含まれており、85.7%の自治体では条例の目的・基本原則・基本理念を定めた規定の中に協働という語が含まれていた（阿部、2019）。

5.2　協働の促進

協働がどのような場合に促進されているかという点についてこれまでの研究はどのような要因を指摘しているだろうか。参加する住民側と行政の要因に分けてみていこう。

住民側の要因としては、①政府を積極的に改善したいという意思を有していたり、学歴が高い人ほど参加していたりするという個人的特性が指摘されている。また、②公共サービスを我が事として感じ、住民が参加する能力を有していると認識している人が参加する。さらに、③地域に緊密で水平的なネットワークというソーシャル・キャピタルがあると参加することを示した研究がある（Voorberg *et al.*, 2015）[9]。

自治体側の要因について、協働を促進する組織的要因と手続き的要因を指摘する研究がある。組織的要因として、①市民協働部署を新たに作るなどして協働を促進する組織を配置すること、②ファシリテーションといった協働に関する専門的知識やスキルを有する専門家の存在[10]、③政策過程全体における協働の役割と重要性を理解する設計図のような管理ツールの有用性を指摘する研究がある。手続き的要因として、④参加意欲が低かったり、自己効力感が低かったりする人はそもそも参加しようとしないため、参加者が住民のデモグラフィックな構成を反映するように参加者の募集方法を工夫すること、⑤協働に関する情報を適切に参加者に提示することで、参加者の自己効力感を上げて、準備を

8）　NPO法人公共政策研究所ウェブサイト「全国の自治基本条例一覧」（http://koukyou-seisaku.com/policy3.html、最終閲覧日2021年4月16日）。

9）　ソーシャル・キャピタルとは、「調整された諸活動を活発にすることによって社会の効率性を改善できる、信頼、規範、ネットワークといった社会組織の特徴」（パットナム、2001、206-207頁）のことであり、ソーシャル・キャピタルが存在することによって、コミュニティレベルの協調関係が維持強化されて、社会のパフォーマンスが向上することが指摘されている。

10）　協働の場で、参加者に発言や参加を促したり、話の流れを整理したり、参加者の認識の一致を確認したりする行為をファシリテーションと呼ぶ。

させておくこと、⑥参加者間の信頼が向上するように、協働の場における不適切な言動に適切に対処し、参加者と継続的で緊密な関係を築けるようにプロセスを設計することをあげる研究がある（Sicilia *et al.*, 2019）。

5.3　協働の意義と影響

協働の意義としては、住民が政策過程に参加をすることで主権者として育っていき政治システムが安定する、行政以外の知見やリソースが加えられることで政策が革新され、効果や効率性の向上につながるといったことが言われてきた。ただし、そのような成果が実際に実現しているのかという点についての実証研究は少ない。

なお、多くの研究は協働を望ましいものであるという前提で分析しているものの、権力や政治性について注意を払っていないという指摘もある。例えば、協働を住民と行政の対等性を前提として行うものがあるが、住民側に時間やリソースが不足していることが多い。また、すでに行政とネットワークを築いている人ほど協働に招き入れられやすいので、既存の不平等を再生産することになるという。さらに、協働の場においては、何が最善の策であるかを議論するが、その際に参加者の政治的な違いを無視して、主催者側が提示する科学的な知識に沿って考えるように促される。こうした問題点にこれまでの協働に取り組む人たちは無自覚であったとの批判がある（Turnhout *et al.*, 2020）。

5.4　市民社会組織の活動

協働の主体としては、住民だけではなく市民社会組織といった団体もある。市民社会組織とは、政府でもなく、利益を追求する営利企業などの市場でもなく、家族などの親密圏でもない領域に位置する組織のことを指す（辻中・ペッカネン・山本、2009）。市民社会の領域のイメージが図5-1となる。この領域に入る団体は、自治会、PTA、老人会、同窓会、趣味グループ、NPO、労働組合、協同組合、経済団体といった団体である。現代日本において、市民社会組織に加入している人々は少なくなっている。「明るい選挙推進協会」（以下、明推協）の調査によると、各組織への加入率は全体として徐々に減少しており、どれにも加入していないとする人は1980年には21.4%であったが、2000年には34.1%となり、2017年には44.3%に達した（辻中・山本、2021）。

市民社会組織は、①アドボカシー、②公共サービスの提供、③市民の育成といった機能を果たしている。①は、政策に影響を与えるための働きかけのこと

図5-1　市民社会の概念

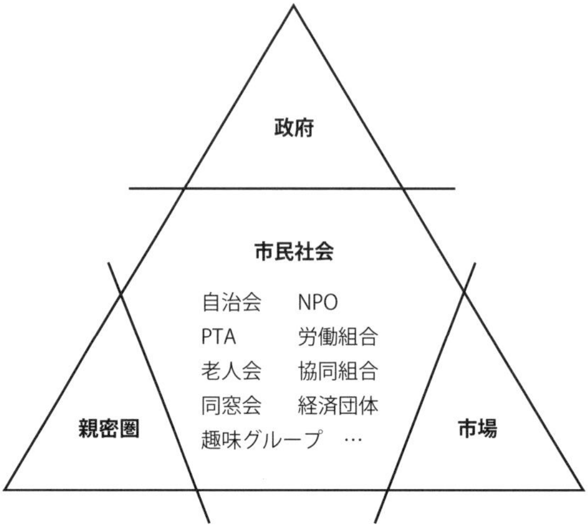

（出所）ペストフ（2000）、重冨（2002）、辻中・ペッカネン・山本（2009）、坂本（2017）を参考に筆者作成。

であり、政策提言といった活動である。これまでみてきた自治体の主権者として活動する側面となる。②はサービス提供者としての側面である。③とは、市民社会組織への参加によって他者や社会との接点を増やすことで、民主主義社会の中でよい市民として行動するように促すという機能である。また、市民社会組織への参加によって、ソーシャル・キャピタルが育まれるということも指摘されている[11]。

市民社会組織の①アドボカシーと、②公共サービスの提供機能の割合や関係はどのようなものだろうか。ロバート・ペッカネンが「政策提言なきメンバーたち」と表現するように、日本においては、多数の小規模団体や地元に根差した団体がみられる一方で、大規模団体や高度に専門職化した団体は非常に少ない（ペッカネン、2008）。日本の市民社会組織は、ソーシャル・キャピタルに富み、公共サービスの提供はするものの、アドボカシーをしない傾向にあることが指摘されているのである。ただし、市民社会組織が政府とともに公共サービスの提供をするから、政府に対してアドボカシーをしなくなるというわけではない。むしろ、公共サービスの提供をする市民社会組織ほど、アドボカシーを活発にしている傾向がみられる（Yanagi *et al.*, 2021）。

11）　市民社会組織が果たす機能については、坂本（2017）に詳しい。

5.5　自治会

日本の各種の市民社会組織の中で最も数が多いのが、自治会などの地縁型の住民自治組織である。名称は、自治会、町内会、区、町会、部落会など様々である（本章では自治会と記述）。2013年に総務省が実施した「地縁による団体の認可事務の状況等に関する調査」によると、全国に29万8,700の自治会があり、ここ20年の間その数に大きな変化はない[12]。

自治会は地域内の全世帯の強制加入に近い運用がなされている地域がある一方で、加入率が低い地域もある。辻中豊らが2006年から2007年にかけて全国の自治会を対象に行った「自治会調査」によると、地域内の世帯加入率100％の自治会が46.9％を、加入率90％台の自治会が28.4％を占めており、4分の3の自治会が90％以上の加入率となっている。加入率が50％未満の自治会は2.2％となっており、こうした自治会は都市部で多くなっている（辻中・ペッカネン・山本、2009）。

自治会は様々な活動を行っている。前述した辻中らによる「自治会調査」によると、表5-3に示したように、多くの自治会が、住環境・施設管理と親睦を基礎としながら、様々な問題に対処している。また、自治体に対して日常的に接触し、地域の要望を伝えている（辻中・ペッカネン・山本、2009）。

自治会の課題としては、加入率の低下や高齢化があげられることが多い。日高昭夫が2008年に行った「全国自治体調査」によると、自治体が認識している自治会の課題として、新規転入住民の非加入は69.9％、役員のなり手不足は66.8％、役員の高齢化・固定化は54.6％、高齢化・過疎化による組織維持の困

表5-3　自治会の活動の実施状況

（%）

活動		活動		活動	
住環境の整備や施設管理		**地域の親睦活動**		学校教育への協力	63.8
清掃・美化活動	88.5	祭り	74.6	消防	59.8
生活道路の管理	87.2	慶弔	68.9	防災	55.7
ごみ処理（ごみ集積所の管理等）	69.5	スポーツ・文化イベント	65.8	交通安全	53.8
集会所の管理	63.5	**その他**		防犯	53.4
掲示板の管理	50.0	高齢者の支援	70.9	青少年の育成	52.9

（注）辻中・ペッカネン・山本（2009）125頁から、5割以上の自治会が活動している活動を抜粋している。
（出所）辻中・ペッカネン・山本（2009）を基に筆者作成。

12）　総務省「地域自治組織のあり方に関する研究会報告書（平成29年7月）」参照。

難さは46.0%の自治体があげている（日高、2018）。前述した辻中らの調査によると加入率は高いものの、加入率は世帯単位の数値であり、世帯としては加入していても、個人としては加入していないという意識の住民がいるだろう。明推協の調査では、1980年代から90年代にかけては7割近くの人が加入していると回答していたが、2010年代に入るとその割合は20%台に止まっている（辻中・山本、2021）。また、若い世代になるほど参加しているという住民は少なくなる。2015年に厚生労働省が実施した「人口減少社会に関する意識調査」によると、70代で参加していない割合は35.9%であるのに対して、20代では85.1%、30代でも74.9%となる[13]。

column　自治会は持続可能か

自治会のリソースが低下する中、これまでのような役割を果たせないという声があがっている。2020年に京都市の藤森学区の79自治会が加盟する自治連合会が、市の広報の配布方法を見直して、業者委託やデジタル化をするように市議会に陳情した。京都市には市政協力委員制度があり、市の広報の配布を委嘱している。委員には自治会役員を兼任している人が多く、実際には自治会が配布を担っている地域が多い。自治連合会は、自治会の担い手が不足する中で、広報の配布が自治会の役員の仕事を圧迫しており、防災などの地域活動ができないと訴えた。陳情を審査した市議会文化環境委員会でも改善を求める意見が議員から相次いだが、市は「地域コミュニティー活性化の役割を果たしている」として、現行の配布方法を維持する考えを示した[14]。

自治会は広報配布以外にも様々な仕事で行政に協力しており、こうした悲鳴はニュースでよく耳にする。こうしたニュースを聞くとなぜ行政は自治会に仕事を押し付けることができるのかという疑問を持つだろう。森裕亮は、2010年に自治体と自治会に行った調査を基に、自治体は行政サービスを提供する際に自治会に依存しつつ、自治会に対して影響力を有していると認識していることを示した。さらに、行政委嘱員といった委嘱型の仕組みにより行政協力を行っている場合は、委託契約を結ぶ仕組みや非公式に依頼する仕組みを採っている場合に比べて、自治会側が行政への協力を義務的なものと感じている傾向を示した（森、2014）。自治会は、義務的に行政に協力しているわけである。ただし、行政委嘱員という仕組みはあくまでも委嘱する側と委嘱を受ける側の合意があって成立するものである。財政難などによって自治体のリソースも低下しているが、自治会のリソースも低下している。自治会による行政協力の歴史は長いが、果たして数十年後も持続しているだろうか。

13）厚生労働省『平成27年版厚生労働白書』参照。
14）『京都新聞』2020年9月16日、5面。『京都新聞』2020年10月22日、5面。

【文献案内】

久保田滋・樋口直人・矢部拓也・高木竜輔編著（2008）『再帰的近代の政治社会学――吉野川可動堰問題と民主主義の実験』ミネルヴァ書房

本章で取り上げた吉野川第十堰建設事業への反対運動の過程を追った研究書である。住民運動の始まりから、住民投票、その後の知事選挙に至る直接民主制的手続きと間接民主制が交錯する各局面について詳しい分析を行っている。

坂本治也編（2017）『市民社会論――理論と実証の最前線』法律文化社

市民社会に関する理論と実証について体系的に解説したテキストである。本章でも取り上げた「社会運動」、「ソーシャル・キャピタル」、「協働」、「自治会」など市民社会に関する様々なトピックを取り上げている。

ロバート・D・パットナム著、河田潤一訳（2001）『哲学する民主主義――伝統と改革の市民的構造』NTT出版

ソーシャル・キャピタルが世界的に注目を集めるきっかけとなった研究書である。イタリアを事例として、ソーシャル・キャピタルの違いが政府のパフォーマンスを左右することを示した。

【研究課題】

(1) 直接請求や住民投票の事例を1つ見つけて、直接請求や住民投票の提案者はどのような人たちで、首長や議員はどのように対応したかを調べてみよう。

(2) 上の事例の過程と帰結を調べて、なぜそのような帰結となったのかを考えてみよう。

(3) なぜ自治会活動に参加しない人が増加しているかを考えてみよう。

6 政策形成と決定

竹内直人

summary

自治体の政策は多様である。この多様な政策の形成と決定を理解するため、従来、様々な理論モデルがつくられ、それらは一定の説明力をもってきた。

本章は、これらの基本的なモデルを概観したうえで、自治体の政策形成と決定をより深く理解するため、政策を類型化し、それを基に政策形成の鍵となる諸制度を検討する。具体的には、「曖昧さ」と「対立」の2つの軸を用いて、政策を①管理的政策、②実験的政策、③政治的政策、④象徴的政策の４つに類型化し、その特徴と政策形成を支える制度との関連を見る。

自治体政策の基本は管理的政策である。予算査定、庁議や文書決裁（稟議）、計画等の政策形成の手法は、管理的政策に適合したシステムである。しかし、地域社会の課題の複雑化と地方分権の進展により、自治体内政治のウエイトが増加し、管理的政策以外の政策が重要になるにつれて、これらの従来の手法の限界が明らかになり、変化が生じている。変化は、首長のトップ・マネジメント強化の方向に進んでいるが、これに対して議会からの反発が見られ、政策形成のプロセスに様々な影響が表れている。

keyword

公共政策、合理的決定モデル、満足化モデル、階層モデル、政策手段、段階モデル、政策の窓モデル、標準作業手続き（SOP)、政策類型、政策の統合、予算査定、庁議、マニフェスト、総合計画

1　自治体政策への視点

1.1　マクロの視点――自治制度と地方制度

（公共）政策は、その形式に着目すれば、「行政活動のプログラム」（森田、2017）と簡潔に定義でき、その内容に着目すれば、「公共的問題を解決するための、解決の方向性と具体的な手段」（秋吉・伊藤・北山、2020）と定義できる。自治体政策の内容は多様であり、一方には、子育て支援政策や家庭ごみの減量等の日常的な政策があり、他方には、新幹線や高速道路の建設に関する国との交渉、安全協定に基づく原子力発電所の再稼働の同意等、政治性の高い政策がある。また、港湾や高齢者施設の建設等の目的も手段も明確なハード整備とともに、新型コロナウイルス感染症のまん延防止対策のように、飲食店の営業規制や住民への外出自粛要請、ワクチン接種等、手段を模索しながら手探りで進めるソフト政策もある。

このような多様な自治体の政策形成は、地方自治制度に制約される。地方自治制度には2つの側面がある（姜、1998）。1つは、自治体内の権力関係を形づくる自治制度である。自治体では、首長も議会も住民に直接選挙されるが、首長は予算案と条例案の提案権をもち、また議会の議決に対する再議権をもつ。我が国の自治制度は機関対立主義を組み込んだ二元代表制を採るが、首長の権限が強い（首長主義）という特徴がある（第4章3.1参照）。

2つ目は、国との関係をつくる地方制度（国・地方関係）である。自治体は地域の統治団体であると同時に、国の政策の地方実施機関としての役割がある。戦後改革により、憲法上地方自治が保障されて以降も、機関委任事務制度により国の方針に強く従属する期間が長く続いてきた（第10章第4節参照）。

地方分権改革により機関委任事務は廃止され、自治体は、地域における総合行政（地方自治法1条の2）の主体として、自立性を強化した。このような変化の下、政策の企画立案、調整、実施の一貫性が重要となる（辻山、1995）。この変化はまた、首長と議会の関係に影響し、政策形成に影響を与える。首長の権限が強くなり、その存在感が大きくなりすぎると、予算、条例の議決権や幹部人事の同意権をもち、「車の両輪」と主張される議会からの反発が生じる。

1.2　ミクロの視点――合理的決定モデルと満足化モデル

政策形成にあたっては、最も重要度の高い課題を設定し、あらゆる情報を基に考えられる限りの選択肢を準備し、メリット、デメリットをすべて検討し、最適解を選ぶべきであろう。このような理想的な政策形成を思い描くモデルは「合理的決定モデル」と呼ばれる。しかし、現実の人間の能力には限界があり、仮に能力は十分でも時間は限られる。問題解決に必要十分な政策を期限内に見つけ、とりあえず満足し、次に進むのが実態であろう。このような現実を踏まえたモデルは「合理的決定モデル」に対して「満足化モデル」と呼ばれる（マーチ・サイモン、2014）。

個人の能力の限界のなかで、できるだけ効果的、効率的な政策形成を実現するために組織がある。局、部、課等に専門分化し、各々が所管をもつことにより、組織は、個人では不可能な効率的な情報処理と政策形成を行う。一方、分化した組織は縦割りになるため、政策の統合が必要になる。総合計画や庁議、予算査定等は、そのためのしくみである。

2　政策モデルと実現の手段

2.1　政策体系の変化と創造

図6-1は、ある自治体の観光政策のイメージ（新型コロナウイルス感染症の拡大前）である。観光客誘致政策は、外国人誘致、家族旅行誘致、教育旅行誘致という下位施策に分解され、さらに、クルーズ船の誘致や（デジタル）コンテンツの作成、観光地の景観整備などの具体的な事業に分かれている。一般に、上位の階層から順に具体的になるに応じて、政策、施策、事業と呼ぶならいである。このような政策の体系は階層モデルと呼ばれる。

政策体系は環境に対応して変化する。たとえば、新型コロナウイルス感染症の拡大により、既存事業の見直しが必要になる。この自治体ではクルーズ船誘致事業を凍結し、代わりにコンテンツ作成事業をデジタル・プロモーション事業へと拡充した。政策体系全体を所管する企画部門（政策部門）は、担当部門とともに変化に対応する役割を担っている。

環境の変化に応じて既存事業の見直しが必要となるが、そのためには、事業の新陳代謝を促すしくみが必要である。国や自治体においては、すべての政策が予算案の形で財政部門に提出され、そこで金額や内容の精査を受ける（予算査定と呼ばれる）が、その際に適用されるサンセット方式[1)]、スクラップ・アンド・ビルド方式[2)] 等は、政策を定期的に見直すためのルールである。

図6−1　観光客誘致政策の体系

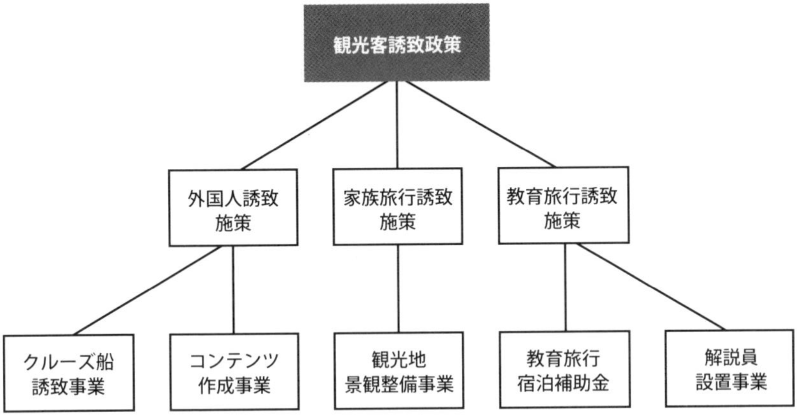

（出所）筆者作成。

政策が事業にまで具体化すると、事業相互の関連から新しい政策が生まれることがある。たとえば、SNSコンテンツの市民募集が好評で、多くの応募があったとする。また、教育部門では児童の登下校時のボランティアによる見守り事業が、福祉部門ではボランティアによる子どもの一時あずかり事業があるとする。これらをつなぐと、行政と市民の協働という新しい政策ができる。そしてこれが既存事業に働きかけ、新たな協働事業を生み出す。鍵を握るのは、多くの政策を横串で見る企画部門や財政部門である。これらの職員は、予算査定や政策調整をとおして政策イノベーションを担っているのである。

2.2　政策実現の手段

政策の実現には具体的手段が必要である。観光地の景観整備については、観光地景観保全条例を制定し、ごみのポイ捨てを禁止すること（規制）もできるし、自治体の環境部門が直接清掃する（直接供給）ことも可能である。地域を指定した空き缶や空き瓶の買取り（誘因）も有効かもしれない。看板を設置し、観光客にごみの持ち帰りを求めること（啓発）は、広く行われる。地元観光協会等と一緒に対策を考え、協力して行動する方法（協働）もある。

1）　事業に終期を設け、一定年限で強制的に廃止となるルール。
2）　新規事業の創設にあたって、その目的や経費に見合う既存事業を廃止することにより、予算全体の増加を抑制するルール。

表6-1　政策実施の手段

	概要	具体例	住民観
直接供給	市場が供給できない公共財や準公共財の供給	インフラ整備、公的な教育や医療の提供、文化事業の実施	対象住民
規制的手段	望ましくない行為を制限する手段	禁止、事前許可・協議、登録、氏名の公表	
誘導的手段	望ましい行為・状態へ誘導する手段	補助金、表彰、優良認定・登録・広報	
支援的手段	サービスや情報の提供を通して住民生活を支援する手段	情報提供、相談、サービス提供、金銭貸与、金銭交付	
啓発的手段	望ましい状態を示し、住民の行動の変化を求める手段	各種キャンペーン、望ましい将来の提示、看板設置	市民住民（主権者住民）
調整的手段	関係者の意見や利害を調整する手段	パブリック・コメント、オンブズマン、広聴制度、調停	
計画的手段	目標・施策を示し、住民参加等を組み込んで実現を図る	行政計画、行動指針	
協働的手段	住民を政策の積極的な実施者とする手段	ボランティア、事業委託（道普請）、各種委員への任命	公務住民

（出所）礒崎・金井・伊藤（2020）97頁等を参考に筆者作成。

手段の選択は政策の重要な課題であり、それは住民観と関連している。住民には、対象住民、主権者住民、公務住民（礒崎・金井・伊藤、2020）の3つの顔があるが、これを参考に政策実施の手段を類型化したのが、表6-1である。

政府が活動を始めるのは、社会を支える自律的システムである市場が機能不全を起こすからである（伊藤・出雲・手塚、2016）。規制や負担の対象となり、公共サービスの受益者となる対象住民は、市場システムの不具合に巻き込まれた住民であることが多い。市民住民（主権者住民）は、自治体という共同体の主権者の側面に着目している。啓発的手段や調整的手段、計画的手段は、単なる受益者・受忍者ではなく、自治体運営に積極的または批判的に関心をもつ住民を想定する。協働的手段は、より積極的に政策に関与する公務住民を想定していると言えよう（第5章1.3参照）。

政策手段は、住民のどの側面に作用するかの選択でもある。たとえば、ふるさと納税は、主権者住民ないし公務住民を対象とし（西川、2009）、東日本大震災後のふるさと納税の急増等それに応える事実もあるが、返礼品というしくみによって、市場の力がこれらの側面を圧倒することになった。自治体には、市民住民や公務住民を想定し働きかける政策が比較的多い。その際には、市場メカニズムの強さを十分に認識し、公務住民等を前提とした政策手段は、容易に市場に取り込まれることに留意すべきである。また逆に、啓発という手段は、本来、市民住民や公務住民を対象とするが、その実施にはあまり経費がかからないため、効果が見込めないにもかかわらず、安易に使われがちなことに注意を要する（コラム参照）。

2.3　政策過程モデル（5段階モデル）

自治体の政策形成の実態をありのままに捉えようとすると、課題設定や政策立案、また、それぞれの段階における関係者との交渉や根回し等、多くの要素が思い浮かび、つかみどころがなくなる。そこで登場するのが、PLAN—DO—SEEやPLAN—DO—CHECK—ACTION等に分節する政策過程モデルである。階層モデルが政策全体を俯瞰するものであるとすれば、政策過程モデルは、政策の成立過程を分析するためのものである。

図6-2は、広く採用されている5段階（廃止を入れると6段階）モデルの、通常は課題設定とされる最初の段階を、アジェンダ（議題）設定に変えたものである。政府の資源や時間に限りがあるなかで、様々な社会問題が政策課題になるためには、まず多くの問題のなかから選ばれ、正式にアジェンダとなる必要がある。

このアジェンダ設定モデルの基礎は、キングダンの「政策の窓モデル」である（キングダン、2017）。これは、「課題と政策案に政治を加えた3つの流れで政策過程を整理し、政策決定はこれら3つの流れが合流した際に行われる」（秋吉・伊藤・北山、2020）と考える。課題設定に導かれて政策が検討されるのではなく、両者は独立して存在し、政治的な力が加わることでそれらが結合し

図6-2　段階モデル

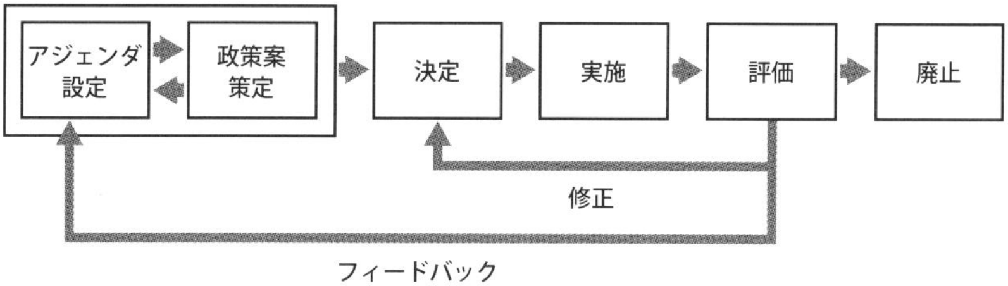

（出所）秋吉・伊藤・北山（2020）49頁に筆者加筆。

政策の窓が開くという、偶然性を取り込んだモデルである。この点で合理的決定モデルを修正するものである。

2.1で示した新政策の形成を思い出してほしい。事業の結合から、市民協働という解決策が生み出され、その解決策が逆に問題を創り出す。それが政策に結実する背景には、住民参加要求という政治的ニーズがある。政策形成のすべてではないにしても、自治体の現場でも、政策の窓モデルが適用できる場面は存在し、そこに政策創造の可能性がある。

3 政策形成の実態

3.1 影響力をもつのは誰か

自治体の政策形成の現実において、誰がどのくらい影響力をもっているのだろうか。日本都市センターが2018年に行った「市（区）長アンケート」[3]によれば、97.1%の市長が、政策形成において自らが最も影響力があると自覚し、それに次いで94%が副市長、3番目には企画部門、財政部門が同率（89.6%）となっており、市議会や議員（83.6%）よりも影響力は強い。また、担当部門も72.9%（7位）となっており、その影響力は決して弱くはない。

3.2 ルーティンの実施としての政策

ここで、ある県の事例から政策形成の実態を見てみよう。F県のX主査は、農林水産部から福祉保健部の子育て支援グループに配属になり、「子育てサポート事業」を担当することになった。この事業は、子育て中の母親に急用ができたときなどに、母親クラブ等が短時間子どもをあずかったり、買い物を手伝ったりするボランティア活動を支援するものである。

しくみは次のようになっている。サービスを受ける母親は、1時間当たり350円を母親クラブ等に支払う。県が市町村をとおして、同額をクラブ等に補助し、母親クラブ会員には700円が支払われる。会員はサービスの提供者であり、またそのサービスを受けることもできる。サービスを受けるのは会員には限られないが、部分的に相互扶助が組み込まれている。市町村は活動に参加する団体を募り、県に対して補助金申請を行い、団体に対して補助金を交付する。

3） 全国814の市区長を対象とし、回収は309。内容は首長アンケートと一般アンケートからなる。以下、「日本都市センターアンケート（2019）」と記す（公表は2019年であるため）。

事業ニーズは高く、利用者は初年度の約600人から、近年では毎年のべ5万人にのぼる。知事が初当選直後に住民集会で陳情を受け、提案されたアイデアを実現した事業で評判も良く、2期目のマニフェストでは利用拡大の数値目標が掲げられるなど、知事の思い入れのある事業である。

X主査が着任した4月にはすでに予算措置が終わっており、補助金交付要綱等も、前任者によって準備されていた。X主査は前年の起案文書を確認し、4月中には市町村担当者への説明会を開催し、6月末には今年度の交付申請見込みを調査すべきことを理解し、とにかく事業をスタートした。

説明会も無事終了し、6月末には調査結果も集まった。事業に参加する団体が大幅に増えたことから、今年度の交付申請は予算額を超えそうである。そこで、①予算の範囲内に申請を制限する（申請順に採択し、予算がなくなった時点で打ち切りとする）、②交付申請を制限しない（この場合、予算額が決まっているので1人当たりの交付額が減額となる。直接補助者である市町村が独自の判断で不足分を予算措置することが想定される）、③9月補正予算に増額要求を行う、のいずれかに方針を決めなければならない。①、②の場合は、市町村との調整が不可欠となる。特に②の場合は、補助基準額を維持するためには市町村の予算措置が必要になる。年度途中の制度変更は市町村の反発を招くだろう。③の場合は増額の代わりに、財政課は部内の他の事業の執行を一部凍結し、補正予算に見合う金額を確保することを求めそうで、部内の調整が難しい。

このようななかで4月に続き開催した第2回の「市町村担当者会議」（7月）の場で、ある市から、事業の利用数は伸びているが利用が特定の人に偏っており、他の利用者から公平性を欠いているとの苦情があると報告がされた。

実態を調べてみると、確かに利用者に偏りがあり、公平に反するように思える。1人当たりの利用回数を制限すれば予算超過も同時に解決するのだが、頻繁に利用するには相応の理由があるのかもしれない。回数だけで判断できるだろうか。これまで年数を重ね、目的も手段も明確であった事業が、急に曖昧なものに思われてくる。市町村に利用実態調査を依頼した結果、子どもが多いと利用が増える傾向が判明した。そこで、一律制限ではなく、3人以上の多子家庭には制限を設けず、それ以外には制限を導入する案を考えた。すでに部門横断の総合的子育て支援策として定着している「第3子応援プロジェクト」に加わると同時に制限を導入するというアイデアを考えた。

結局、利用回数制限の問題は、部内の課長、部長のヒアリングを経て、9月補正予算編成に先立つ知事との相談（「政策議論」と呼ばれている）のテーマとなった。激論の末、原案が承認され、今年度は必要額を補正するとともに、翌年度以降は「第3子応援プロジェクト」に位置づけ、子育てサービス全体を拡充する代わりに、利用制限を導入することとなった。

X主査の行動をとおして、自治体における政策形成の特徴が見える。第1に、多くの政策は標準作業手続き（SOP：アリソン・ゼリコウ、2016）、いわゆるルーティン（稲継、2011）をもっており、それが政策に効率性と公平性を与えていること。第2に、自治体の現場では、ルーティンの実施をとおして新しい課題が生まれていること。第3に、第1の事実とともに、首長の意向が強く働くことである。

4　政策形成の類型と特徴

4.1　政策実施の類型

リチャード・マットランドは、政策実施におけるトップ・ダウンとボトム・アップは、政策実施の条件に依存すると考え、政策実施を政策目的の対立と目的および手段の曖昧さの2軸で分析し、管理的実施、実験的実施、政治的実施、象徴的実施の4つに類型化した（Matland, 1995）。

図6-3　政策形成の類型

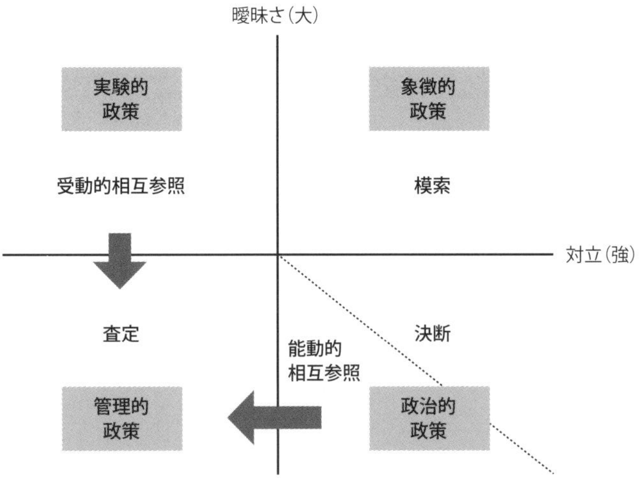

（出所）Matland（1995）を参考に筆者作成。

マットランドの分類は、政策の実施に着目したものだが、政策形成の分類にも応用できる。なぜなら、政策形成の担当者（組織）は、政策が実施の場面で逢着する困難をあらかじめ予想し、対応策を講じるからである。とりわけ自治体では、市町村や出先機関等が実施を担う場合を除き、通常は政策立案者が政策の実施者でもあるから、政策実施場面の困難は、政策形成の段階において、回避すべきものとして強く意識されている。

図6-3は、マットランドを参考に政策形成の類型を示したものである。以下、その特徴を述べる。それぞれの政策の曖昧さや対立の度合いには濃淡があり、この類型は、各政策形成の特徴を明確にするための、一種の理念型である。

4.2　管理的政策

理想的な管理的政策には曖昧さも対立もない。自治体政策の大きな部分を占め、上述の「子育てサポート事業」もこれに該当する。管理的政策が増えれば問題は定型的に処理され、住民や議会との関係は安定する。また、それにより突発的に現れる問題への対応や新たな課題の発掘・研究を行う余力が生まれ、組織の問題解決能力が向上する（村松、2001）。

管理的政策の形成は、SOPの修正というボトム・アップ型の手続きが採られ、担当部局の意思決定は、担当者の起案から始まる伝統的な文書決裁（稟議）が利用される。あるアンケート[4]によれば、公務の職務特性は前例踏襲であるという評価は、5件法で3.71と調査全業種中で最も高い。これは自治体政策の大部分を占める管理的政策の特性を反映したものであろう。多くの政策形成は、前例を踏まえながらSOPを不断に修正するものであり、そのなかに実施を担う担当者の創意がある。これらの政策形成に関しては、所管課長は比較的大きな裁量をもつが、それを行使するか、または部長、場合によっては首長に相談するかの判断は重要である。優れた政策形成は、このようなルール化困難な管理者の判断に支えられている。システムとともに職員の力量は重要な要素である。

4.3　実験的政策

対立は小さいが曖昧さが大きい実験的政策は、目的は合意されているが、実現手段がはっきりしない状況をもたらす。児童虐待対策や新型コロナウイルス

4)　パーソル総合研究所「働く10,000人の就業・成長定点調査」(2018年)、林(2021)から引用。

感染症対策はその例である。対立が小さいから住民やメディアからの政策への期待があり、それを受けて議会や首長から圧力がかかる。一方、手段が不明確で選択肢が多いから立案者の不安は大きい。政策形成は、通常は担当部門の発案で始まるボトム・アップ型である。担当部門内で課長や部局長ヒアリングが繰り返され、実質的な意思決定が行われる。文書決裁は決定事項の確認に過ぎないが、マニュアル（引継ぎ文書）として残り、その蓄積をとおして実験的政策は管理的政策に移行する。

実験的政策に直面した自治体は、政策に適する手段を求めて、先進自治体への事例照会等、「受動的相互参照」（伊藤、2002）を行う。相互参照は、条例から個別事業まで、広く用いられている。たとえば、2006年度以降全国知事会に置かれている、都道府県の新たな政策を紹介する「先進政策バンク」（全国知事会HP）は、相互参照をシステム化する試みである。

4.4　政治的政策

政治的政策は、曖昧さは小さいが対立の大きい政策である。安全協定に基づく原子力発電施設の再稼働の同意、ダムやごみ焼却施設の建設決定、新たな環境規制の導入等、自治体は多くの政治的政策に直面する。分権以降、自治体内政治の活性化に伴い政治的政策が増える傾向にあるが、これらの政策は首長の政治姿勢に直接関わり、選挙に大きく影響するため、決定はトップ・ダウンになる。決定には交渉と妥協が不可欠であり、副首長等、限られた職員が議会や利害関係者との交渉を担う。

政治的政策を決定するのは首長と議員である。担当部門は事実を集め、分析をとおして首長の決定を支える。近年では、副首長に加え、政策監や特別秘書等の職が置かれる例もあり、首長の補佐機能が強化されている。対立が明白で拮抗する場合には、住民投票が行われることもある（第5章4.2参照）。

政治的政策の対立には2種類ある。1つは自治体内の対立、他は国との対立である。前者の場合には、影響力をもつ関係者との日頃からの良好な関係が重要になる。議会との関係は特に重要であり、正式な審議過程（第4章図4-2参照）に加え、議長や会派幹部への個別説明（いわゆる根回し）があり、また、執行部幹部と議会の定期的な懇談会等の慣行が見られる。議会や有力議員との意思疎通は、所掌事務には表れないが、副首長等の重要な役割である。

後者については、自治体が意見を統一し、国に要望等を行う「能動的相互参照」（伊藤、2002）の手法が採られる。都道府県であれば、課題の性質に応じてブロック知事会、全国知事会さらに年末の政府主催の全国都道府県知事会議等も利用される。国との対立が自治体間の協力を促進する。

4.5　象徴的政策

目的や手段が曖昧で対立もある象徴的政策は、問題の解決という政策の定義からは矛盾に見えるが、政治的思惑や財政の圧迫等、様々な事情でアジェンダとなる。国の道州制議論や自治体のTPP対策等は、その例と言えよう。はじめは、問題の認識や懸念の表明にとどまり、トーンは強いが具体的な内容は薄いことが多い。象徴的政策の機能は、将来の方向性の模索である。自治体では国への要望は広く行われる初期手法であり、国ではメディアを使ったアドバルーン（観測記事）が上げられることもある。

ある程度具体化した場合でも、対立の激化を恐れ、行政はコミットメントを避ける傾向がある。関係者中心に課題を考える「懇話会」「考える会」等が設置されることが多く、具体的な目標を前面に出すことを避け、議論が重ねられ、方向性が模索される。結論は最大公約数的で両論併記となり、解決は将来の課題とされる。状況が沈静化すれば、この段階で終結する（棚上げ）ものも少なくない。問題が持続すれば、次には関係者の理解促進（啓発）と検討委員会等へと進み、その後、大まかな計画が策定される（コラム参照）。

5　政策の統合

5.1　政策はどのくらいあるか

本章の最後に政策の統合を考える。独任制の統治機構をもつ自治体の政策統合は首長が鍵になるから、統合を「首長のもとであらゆる政策が組み合わされる過程」（松井、2012）と定義する。

自治体には統合の対象となる「政策」はどのくらいあるのだろうか。2014年度の福井県の事務事業カルテによれば、一般会計の評価対象事務事業は1,876[5)]である（福井県HP「平成26年度事務事業評価結果（部局別）総括表」）。また、2013年度の愛知県の事務事業（愛知県HP「平成25年度事務事業評価の結果について」）は評価対象が1,517、その他（人件費、法令義務事業等、評

5）　人件費、公債費および定型的業務、法令実施国庫負担事業等を除く。公表されている各部局の事務事業数の合計である。

価になじまないもの）が546である。大つかみには、自治体には2,000程度の事務事業があると考えてよいだろう。このなかで「政策」の位置づけを与えられるものは多くはない。福井県の2016年度当初予算を例にとると、2月議会に事業別予算形式で提出された主要事業は、全事務事業の1割強に当たる264である（福井県HP「平成28年度当初予算」）。このうち新規事業は59、既存事業の一部充実は54、継続事業は151であり、この264事業が掲載された冊子が議会に配布され、議会会派や全員協議会、常任委員会の質疑等をとおして、繰り返し説明される。県民が目にする政策はさらに少ない。議会冒頭の知事所信表明演説[6]で説明される政策は限られ、予算の議会提案と併せて行われる知事の記者発表資料に掲載されたのは、主要事業のうち新規事業を中心とした47事業であった。

近年の福井県の予算においても、約4,900億円の歳出予算の約7割、3,400億円は、職員給与費や公債費、施設維持管理経費等の経常経費である。公共事業と政策的経費の合計1,500億円の大半は継続事業であり、新政策に分配される予算は年35～50億円、全体の1％に満たない（竹内、2017）。ここでは、これらの議会や住民に積極的に示される政策群を顕在的政策と呼ぶことにしよう。

自治体にとって意識的な統合の対象は、最大でこの264、多くの場合は47、つまり全事務事業の数パーセントの顕在的政策である。この数パーセントに首長が効率的、効果的に目を通すしくみが、自治体の政策統合の根幹となる。

5.2　予算編成（査定）の機能とその限界

自治体の政策を統合する制度として予算編成がある。自治体の予算の中心である歳入・歳出予算は、1会計年度における自治体の財政計画であって、議会の議決を得たものである。すなわち、日々の活動や政策にどれだけの経費を支出し、何によってその財源を賄うかの見積もりと執行の準則を統一的に示すものである。自治体予算の機能には、民主的統制機能、政策実現機能、行政管理機能がある[7]が、自治体の活動が広がるに伴い、政策実現機能、行政管理機能が重要になっている。政策実現が強く求められる顕在的政策は、この政策実現機能と結びついている。

6）　議案の提案理由説明と呼ばれるものであり、各自治体によって説明の入念さは大きく異なるが、多くは主要政策や重要課題について説明する。

7）　国の予算には加えて経済政策機能がある。自治体は、国の経済対策に呼応し（補正）予算を編成・実施するのが通例であり、財源は国に保障される。

1%の顕在的政策の陰には、99%の潜在的政策がある。予算編成は両者を対象とするが、その手法が異なる。潜在的政策については、政策分野別のシーリング（予算上限）の設定、公共事業の規模や起債方法および借入利率の管理等の歳出の総額管理が主になる。5.1を例にとれば、3,400億円の経常経費については1件ごとの査定は行わないし、1,500億円についても、シーリングに収まっていれば、査定は前年からの増額部分にとどまる。一定額の歳入を前提に行われる歳出の総額管理により、顕在的政策のための財源を創り出すためのマクロの査定が行われるのである（第8章コラム参照）。

一方、上記の264事業の主要事業は、1件ごとの査定の対象となり、財務部門の強い権限が発揮されているように見える。すべての事業が査定対象となるが、上述のように、その過半は管理的政策であり、そこには長年積み重ねられてきた判断基準（SOP）が蓄積されている。伝統的な予算査定（旧モデルと呼ぶ。竹内、2017）は、継続事業や国の補助事業が政策形成の大宗を占めた時代に適合するシステムである。財務部門が、予算査定において政策統合の権限を行使しているように見えるのは、SOPをとおして首長と財務部門の間に基本的価値観が共有されているからである（竹内、2020b）。

既存事業の積極的見直しや新政策については、旧モデルは査定のほかに判断基準を求めなければならない。この種の案件を処理するため、旧モデルは、課長査定に加え、重要度に応じて部長査定、首長査定という意思確認のしくみを導入している。しかし、自治体政策において、新規事業や政治的政策が増えてくると、時間が限られた査定のなかでは処理しきれず、予算編成に先立つ首長の方針確認のシステムが求められるようになる。

日本都市センターアンケート（2019）によれば、22%の市区が重要案件について予算要求に先立ち市区長ヒアリングを実施している。また、都道府県でも、2003年のマニフェスト選挙以降、同様な事前の方針確認のしくみが顕著に増加し、2015年3月末現在で40がトップ・ダウン型の予算編成を導入している（竹内、2017）。それは、このような変化への対応である。

5.3　庁議と政策類型

首長は独任制の執行機関であるが、1人ですべてを決めているわけではなく、意思決定を助ける様々な職や会議体がある。なかでも首長を中心とする合議制の最高意思決定機関と考えられてきたのが庁議である。

日本都市センターアンケート（2019）の調査によると、回答市区のうち

表6-2　庁議と政策の相性

庁議類型／政策類型	形式的庁議 全員参加型	実質的庁議 首脳会型
管理的政策 実験的政策	○ 調整・情報共有が機能する	× 情報共有が不足する オーバースペック
政治的政策 象徴的政策	× トップ・マネジメントの不足 形骸化	○ トップ・マネジメントが機能する

（出所）筆者作成。

94.4%が庁議をもち、市区長、副市区長、教育長、全部長、関係課長（上位5人）等が出席している。庁議には決定、調整、連絡の3つの機能があるとされる。調査結果が示す最大の機能は総合調整（71.7%）である[8]。しかし、すでに1970年代から、庁議は文書決裁（稟議）と並んで、政策形成・決定手続きとしての機能不全が指摘されている（伊藤、1989）。文書決裁については、実質的な意思決定は関係課の協議や会議で行われ、確認の意味しかないこと、庁議についても、庁議前に実質的意思決定が終わっていることやトップ・マネジメントの支援機能不足が指摘されている。庁議の機能の評価に関しては、相反する議論がみられる（松井、2009）が、これは自治体の政策が多様であることに原因があり、表6-2のように整理することができる。

庁議には様々な形がある（第3章4.2参照）が、大きく分けると、幹部全員参加型の形式的庁議と参加者を絞った首脳会型（伊藤、1989）の実質的庁議がある。形式的庁議は、予算査定同様、本来は管理的政策および実験的政策というボトム・アップ型の政策の調整に適するものである。この庁議には、内容によって首長が出席しない場合もある。

一方、原子力発電施設の再稼働や市町村合併等の政治的政策や象徴的政策に

8）以下、第2位各部門からの報告59.5%、第3位情報交換56.0%である。

は、情報管理と複雑な交渉戦略の検討が必要になるから、形式的庁議では対応できない。形式的庁議を前提にこれらの政策を考えると、トップ・マネジメント不足が目に付くし、実質的庁議を前提に管理的政策を見れば、情報共有不足になる。庁議の類型および対応すべき政策類型を区別しない議論が混乱を生む。

地域社会の課題が複雑化するとともに、分権改革以降、政治的政策や象徴的政策のウエイトが増し、トップ・マネジメント改革は、ますます必要性を強めている。形式的庁議から実質的庁議が派生し、特別な職の設置が増えているのもトップ・マネジメントの補佐機能の強化に対応するものである（松井、2020）。

5.4　総合計画とマニフェスト

階層化した多数の政策体系の統合を期待されるのが計画であり、総合計画がその最上位に位置する。その実態はどうであろうか。

総合計画は、本来強い政策統合力をもたない。政策統合の手法には、統制、調整、専門性（曽我、2013）があるが、総合計画による政策の統合は、調整によるものである。調整を担う企画部門が、国の各種計画、首長の公約、審議会の提案、議会の議論、住民の意見等を勘案してつくり上げた体系[9]に、担当部門から提出される具体的事業を落とし込む。完成した総合計画は、担当部門の将来の事業を包み込む緩やかな枠組みとなるが、そのなかに突如、具体的なプロジェクトが登場する。都道府県の計画であれば、それらは国の事業の受け皿であり、担当部門が作成する分野別計画の重要プロジェクトであり、首長の公約や市町村や議会の要望等から選ばれたものであり、計画への支持を取り付けるために不可欠なものである。とはいえ、全体としての総合計画は明細性も具体性も乏しく、解釈の余地が大きい「企画調整」（西尾、1990b）と言うべきものである。

分権改革における義務付け廃止のなかで、2011年に市町村の基本構想の議決義務は廃止されたが、日本都市センターアンケート（2019）によると、現在も市区の90％以上が基本構想をもっており、7割以上が総合計画を議会の議決事項としている。同時に、55％の市区が予算編成と基本計画、実施計画の関

9）　たとえば、2018年に完成した富山県の総合計画「元気とやま創造計画」は、2016年に総合開発審議会に諮問され、審議会および3つの部会、3つの地域委員会による21回の審議、6,600名の県民アンケート、計700名が参加した4回の知事とのタウンミーティングが行われ、2016年の11月定例会以降、毎回議会で審議された。完成した計画は560頁に及ぶ。

連を強化している。それは計画による予算統制をめざすものと言えようが、上記の計画の実態からすれば、政策統合を予算査定に頼ることを意味する。しかし、予算査定の政策統合には、5.2に述べた限界があり、大きな効果は望めないように思われる。

数値目標、期限、財源、工程等を明示する住民との約束としてのマニフェストは、このような状況のなかで政策統合の救世主として現れた。背景には、1990年代に明らかになった公共事業の談合事件および官官接待・旅費問題に端を発する自治体の政治・行政への不信がある（竹内、2020a)。マニフェストは、住民が政治・行政を統制するため、人を選ぶ選挙から政策を選ぶ選挙への転換（金井、2010）を内容とする。選挙は白紙委任から命令委任に変化し、民主的正統性に加えて政策実現が強く求められ、首長による行政の統制が必要になる。

ここにおいてマニフェストは、第1に「計画による調整」（西尾、1990b）の性質をもつことになる。それは首長候補者によって示され、総合計画とは異なる4年という短い時間で問題解決をめざす具体的プログラムである。候補者が当選すれば、首長の強い権力によりマニフェストによる政策形成と実現が推進されていく。

具体的かつ集権的な計画による調整（政策統合）は、利害関係者からの反発から現実性が乏しい（打越、2004）が、マニフェストはそれを可能にしたのである。それを支えたのは、上述の予算編成過程前の首長指示であり、また首長と部局長がマニフェストに掲げた政策の具体化と実現を約束する業務執行契約[10)]である。これらを所管し、担当部門を指揮するのは企画部門であり、その権限根拠は、組織規則の「知事が指定した事項にかかる政策の形成に関すること」という規定である。2015年3月末現在、18の都県がこの種の「知事特命規定」をもつが、そのうち7件は2003年以降に追加されたものである。

マニフェストによる政策統合は、米国の大統領計画（西尾、1990b）と共通点があるが、両者の統治構造から次のような違いが生じる。議会が予算編成権をもつ米国では、大統領に行政機構の統制権を集中させながら、予算に関する議会権限を強化（待鳥、2003）し、両者のバランスをとることができる。一方、予算提出権をもたない我が国の自治体議会は、マニフェストによって、総合計

10）　都道府県では、福井県の政策合意（2003）、山形県「インナー・マニフェスト」（2005）、宮崎県「部長マニフェスト」（2006）、神奈川県「部局長政策宣言」（2007）が早く、その後も奈良県の「政策推進にかかる奈良県宣言」、山梨県の「部局運営プログラム」などがある。

画の策定過程をとおして維持していた政策形成への関与権を奪われる。

したがってマニフェストの第2の特徴は、議会からの反発を招くことである。権限と権威を強めた首長への対抗から、本格的なマニフェスト選挙が始まった2003年以来、議員提案により総合計画を議決案件に加える道府県が増えている[11]。2003年4月1日の宮城県を嚆矢とし、2018年4月1日現在で30に達する（総務省「地方自治月報」第59号）。また2003年以降、特別職の議会の不同意案件の顕著な増加が見られる（出雲、2019）。これらは、議会からのバランス回復に向けた反応であり、執行部からすれば、スムーズな政策形成プロセスの阻害要因である。

5.5　総合計画とマニフェストの融合

マニフェストに対する議会の反発は、マニフェストは議会が関与して策定した総合計画を軽視しているという主張として現れる。このような議会からの攻撃に直面するなかで、マニフェストと総合計画の融合現象が現れている。

当初は、マニフェストに基づき総合計画を修正するという順序であったものが、議会側からの反発を踏まえ、2期目の選挙が近づくと、議会に諮った総合計画⇒総合計画の実施計画としてのマニフェスト⇒当選⇒総合計画の改定という、マニフェストと総合計画の融合サイクルが生まれる。議会同意を組み込んだマニフェストを作成する例が増えているのである。このようなマニフェストは政策集と呼ばれることが多く、三重県、長野県、富山県（石井隆一知事時代）など、多くの自治体が採用している（竹内、2020a）。

column　4K事業と4S事業（よい政策と悪い政策）

筆者は財政部門と政策部門に計16年、自治体生活の半分を政策形成に携わり、多くの政策を見てきた。このコラムは、そんな経験からの雑感である。

ある日、「政策議論」（主要事業について予算編成の方向を決める知事、副知事と部局長の議論）の合間に、副知事がボソッとつぶやいた。「今回は4K事業が多いね、できの悪いコンサルみたいだ」。4K事業とは、会議、計画、啓発、気合（みんなKで始まる！）からなる事業のこと。言い得て妙だ。

確かに、4K仕立て（検討会議を開き、計画を立てて、住民啓発プロジェクトを立ち上げ、みんなで頑張る）は、どんな課題にも適用可能。おまけに啓発は、成果がなくても、財源

11）地方自治法96条第2項を根拠とする議決事件の追加であり、「行政の基本的方向を総合的に定める計画」の策定、変更等について議会の議決事件とする。

の無駄や住民からの批判等の副作用も比較的少ない。アイデアが出ないときの緊急避難にはもってこいである。以来、4K予算には気を付けることにした。目的の実現を真剣に考えていない、悪い予算の典型である。方向性を模索する「象徴的政策」（本文参照）に予算要求があった場合には、ある程度明確な次の展開の見通しが必要である。

では、よい事業の条件は何か。それは4S、つまりSimple、System、Sympathyそして Social-Capital（今度は英語である）の４要件と定義したい。

自治体の事業は、国―都道府県―市町村―事業者と繋がる伝言ゲームの事業が多い。精度８割の伝達でも３回繰り返すと元の半分になってしまう（Pressman and Wildavsky, 1984）。シンプルさは必須である。

現場は忙しい。新しい事業のたびに施設や制度をつくるのはご法度だ。既存システムの活用を考えたい。ちょっと古いが、複数の自治体が採用する乳酸菌飲料配達員による高齢者の安否確認事業は、既存システム活用の好例である。

シンパシーは、事業持続の気持ち（誘因）である。上記の事業は、企業の社会貢献活動という規範に訴える（啓発）だけではなく、見守り活動をとおして、顧客拡大を期待するという市場メカニズムを取り込んでいるのがミソだ。

ソーシャル・キャピタルは、事業の担い手の顔が思い浮かぶことである。システムを担うメンバー同士の関係、メンバーと行政の協力関係が具体的に語れるならば、事業はまず失敗しない。４つの要件のうち、備わるものが多いほど、政策は目的に近い形で実現されるはずだ。

【文献案内】

秋吉貴雄・伊藤修一郎・北山俊哉（2020）『公共政策学の基礎（第３版）』有斐閣

公共政策学の歴史を簡潔に整理した上で、制度、利益、アイデアという観点から公共政策に関する主要な理論を紹介、検討している。自治体の政策形成・決定について考えるためにも有用であり、一読を薦める。

伊藤修一郎（2002）『自治体政策過程の動態――政策イノベーションと波及』慶應義塾大学出版会

自治体実務における政策の相互参照がどのようにして自治体に波及し、総体としての自治体の政策形成とその成熟をもたらすかを「動的相互依存モデル」として理論化。実務を理論的に説明する視点を提供してくれる。

打越綾子（2004）『自治体における企画と調整――事業部局と政策分野別基本計画』日本評論社

自治体の政策分野別基本計画を素材に、自治体の政策形成の構造と過程を具体的に説明する。自治体の行政計画について、組織や人事等、多様な観点から考える手がかりを提供してくれる。

【研究課題】

(1) あなたの自治体（庁内）の政策形成は、どのように行われているだろうか。予算要求に先立つ首長ヒアリングは実施されているだろうか。庁議や幹部会議、首長ヒアリングなどはどのような役割を担っているだろうか。
(2) あなたの自治体に特徴的な政治的政策や象徴的政策には、どのようなものがあるだろうか。また、それらの政策は、庁内や議会ではどのように議論されているだろうか、考えてみよう。
(3) あなたの自治体の首長は、選挙にマニフェストや公約を掲げただろうか。それは当選後、総合計画とどのような関係にあるだろうか。具体的な関係を考えてみよう。

7 人事

大谷基道

summary

人事行政は、行政の「核心」であり「土台」であるといわれる。現代社会において自治体の果たす役割は極めて大きく、それを支えるのはその職員である。本章では、地方公務員人事の制度と実態の両方を睨みつつ、その概要を学ぶ。

まずは地方公務員の種類と数を把握し、その全体像を押さえる。次に地方公務員制度の成立過程、基本理念等を踏まえた上で、近年の改正動向等を概観し、年功序列から能力・実績主義への転換が進められていることを理解する。続いて採用から退職までの流れに沿って人事の運用実態を明らかにし、さらに勤務条件と身分保障について見ていく。ここでは特に、自治体に大きな裁量が認められているはずの給与体系・水準について、全国的に類似の傾向が見られる理由や、国が自治体に官僚を出向させる理由などについても言及する。つまり、人事を通じて国と地方の関係を観察しようとするものである。最後に自治体人事政策の課題と展望を探る。

かつて地方公務員といえば、「休まず遅れず働かず」の気楽な職業と思われていた時代もあった。しかし、そのイメージは近年大きく変わりつつある。本章を読んで、地方公務員の実像を理解してみよう。

keyword

地方公務員制度、定員管理、集中改革プラン、成績主義、人事評価、採用試験、入口選抜、遅い昇進、人事交流、出向官僚、退職管理、給与制度、任期の定めのない常勤職員、非正規職員

1　地方公務員の種類と数

1.1　地方公務員の種類

地方公務員法（以下、地公法）上、地方公務員とは「地方公共団体及び特定地方独立行政法人[1]の全ての公務員」と規定されている（地公法3条）。このうち、特定地方独立行政法人については、その役職員に地方公務員の身分を与え同法を適用するための技術上の扱いに過ぎないため、地方公務員＝自治体の職員と解して差し支えなく、本章でもそのように扱う。

地方公務員には、その性質によって異なる取扱いが求められるものがあり、趣旨、目的等に応じて様々な分類がなされている。例えば、一般職と特別職、現業職と非現業職、常勤職と非常勤職などが挙げられるが、なかでも、一般職か特別職かの区分は、地公法の適用対象か否かという点において非常に重要である。

特別職は、①公選又は議会の選挙、議決若しくは同意による職（首長、議会の議員、副知事・副市町村長、行政委員会の委員等）、②地方公営企業の管理者及び企業団の企業長の職、③法令・例規等により設けられた委員及び委員会の構成員の職で臨時又は非常勤のもの（審議会の委員等）、④臨時又は非常勤の顧問、参与、調査員、嘱託員等の職、をはじめ地公法3条第3項に限定列挙されている職が該当し、それ以外の職が一般職とされる。

地公法は一般職のみに適用され、法律に特別の規定がある場合を除き、特別職には適用されない。例えば、一般職は採用に際して成績主義の原則が適用されるのに対し、特別職は選挙、議会の議決、特定の知識経験等に基づいて任用されること、一般職は定年までの勤務が想定されているのに対し、特別職は一定の任期が定められていることなどが異なる（橋本、2020）。

現業・非現業の区分については、公権力の行使を伴わず、民間企業でも可能な業務に従事する職員を現業職員といい、それ以外の職員を非現業職員という。現業職員には、公営地下鉄・バスの運転手、水道局の職員などの企業職員や、守衛、用務員、公用車の運転手など単純労務職員が該当する。職務内容が民間

1）　地方独立行政法人のうち、その業務の停滞が住民の生活、地域社会若しくは地域経済の安定に直接かつ著しい支障を及ぼすため、又はその業務運営における中立性及び公正性を特に確保する必要があるため、その役員及び職員に地方公務員の身分を与える必要があるものとして地方公共団体が当該地方独立行政法人の定款で定めるもの（地方独立行政法人法２条第２項）。

に類似しているため、勤務条件の決定方式等について可能な限り民間に近い取扱いをすることとされており、非現業職員とは取扱いが異なる。

常勤・非常勤の区分は、勤務の形態が常時勤務か否かによる区別である。常勤職員には給料、旅費及び各種手当が支給されるのに対し、非常勤職員には報酬と費用弁償のみが支給される。また、常勤職員は条例で定められた職員定数に含まれることも大きな相違点である。

1.2　地方公務員の数

地方公務員数は、ピークの1994年には328万人に達したが、その後は財政状況の悪化に伴う行政改革の進展等により減少に転じ、2020年には約276万人となっている（図7-1）。

この間、警察、消防、防災、児童相談、福祉の分野では業務増が著しく、職員数が大きく増加した一方で、その他の分野では職員数の減少がかなり進んでいる。また、2020年の職員数約276万人を団体区分別に見ると、都道府県140万人、政令指定都市（以下、政令市）35万人、その他の市町村（特別区を含む）91万人、一部事務組合等10万人となっている。また、部門別に見ると、教育103万人、警察29万人、消防16万人、公営企業35万人、一般行政93万人（うち福祉37万人）となっている。

図7-1　地方公務員数の推移（1994～2020年）

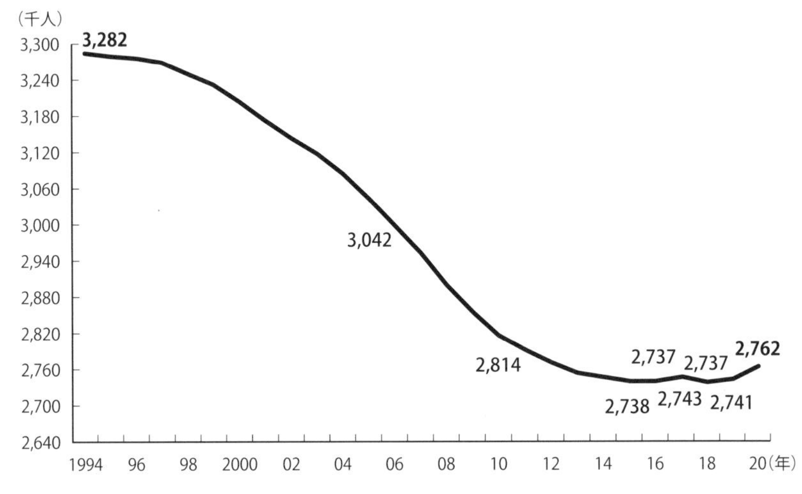

（出所）総務省「令和２年地方公共団体定員管理調査結果の概要」より作成。

行政ニーズの変化に対応しつつ、効果的・効率的な行政の実現を図るためには、人員配分について不断の見直しを行う必要がある。各自治体は、定員適正化計画を策定し、それに従って計画的に定員を見直してきた。定員の見直しに当たっては、毎年度、各部局からの要求を受け、人事・組織担当課がその査定を行うのが一般的である。組織・定員要求に対する査定は、予算査定と類似した過程を経て行われる。査定に際しては、前年度の定員配分を基本とし、その後の状況の変化に応じて見直しを加える漸増主義（インクリメンタリズム）がとられる。査定者は、人事・組織担当課の担当者、課長、部長、首長と次第に上位に上がっていき、この過程においては、予算査定時に見られるような攻守交代システムが展開される。つまり、ある段階の査定者が次の段階では要求側に回り、自身が査定した内容を弁護する立場に立つことが次々と上の段階に連鎖していく。

2000年代後半には、国が5年間で全自治体トータル5.7％の職員数純減を要請したことを受け、各自治体が集中改革プランに定めた数値目標を達成するため、「乾いた雑巾を絞るよう」と言われるほど厳しい定員削減が進められた。その結果、2010年までの5年間で目標を上回る7.5％もの純減を達成し、極限までスリム化された人員体制となったが、折悪く東日本大震災が発生し、人員体制に余裕がない状況では想定外の事態に十分に対応できなかった。そのため、定員削減の機運は急速に萎み、近年では微増傾向に転じている。

2　地方公務員制度の基礎概念

2.1　地方公務員制度の成立過程

戦前は統一的な地方公務員という観念は存在しておらず、実際の人事行政の運用についても、当時の六大市[2] 等を除けば現在の地方公務員制度に連なるようなものはなく、各地方団体において適宜処理されていた。

戦後、内務省は国・地方を通じた公務員法を制定して、国・地方間の人的交流を可能にし、人事面で地方を統制しようとしたが、連合国軍総司令部（GHQ）などの理解を得られず、国家公務員制度改革のための調査研究を行う目的で来日していたブレイン・フーバー率いるフーバー顧問団からも国家公務員と地方

2）　第9章2.2参照。

公務員は切り離すとの方針が示されたことで、国・地方を通じた公務員法の制定は断念せざるを得なくなった。

1947年10月には一足先に国家公務員法（以下、国公法）が制定されたが、その後、公務員制度に関するいわゆるマッカーサー書簡や、公務員の争議行為を禁止するとともに団体交渉権を厳しく制限する政令201号が発せられたため、国公法が全面改正されることとなった。これを受け、地公法は1950年12月にようやく制定された（稲継、2000）。

2.2　地方公務員制度の理念と構成要素

地公法の制定により、自治体に勤務する職員に関する統一的な規定が整備された。同法は、近代的地方公務員制度の確立を通じて、地方公共団体の行政の民主的かつ能率的な運営を保障することにより、地方自治の本旨の実現に資することを目的としている（地公法1条）。

この近代的地方公務員制度は、①全体の奉仕者であること、②勤労者性を有すること、③成績主義（メリット・システム）の採用、④政治的中立性の確保、⑤公務能率の確保、などの要素により構成されている。

行政の民主的な運営とは、行政が住民のために行われることをいい、そのためには、行政の担い手である地方公務員が住民全体のために奉仕することが求められる。その実現には、地方公務員が全体の奉仕者としての地位と責任を全うできるような人事行政上の措置が必要であり、例えば、公正な任用、労働者としての権利の保障、服務規律の維持などが挙げられる。

また、行政の能率的な運営には、地方公務員が効率的に能力を発揮するための環境整備が必要である。そもそも自治体は、住民の福祉の増進を目的としており、最少の経費で最大の効果を挙げることが求められている（地方自治法1条の2、2条⑭：以下、自治法）。そのためには公務能率の向上が不可欠であり、地公法はそれを人事行政によって実現しようとするものである。

2.3　自治体の人事機関

地公法には、自治体の人事機関として、職員に対して直接に人事権を行使する任命権者、中立的な専門機関として任命権者の人事権の行使を監視する人事委員会又は公平委員会が規定されている。

人事委員会又は公平委員会は、人事行政に関する高度の専門的知識により、民主的かつ公正な人事行政を推進するために置かれるものである。いずれを設置すべきかについては、人事管理の複雑さと求められる専門的技術水準を考慮し、自治体の規模に応じて定められている。都道府県及び政令市は人事委員会が必置とされ、人口15万以上の市及び特別区は人事委員会と公平委員会のいずれかを必置、人口15万未満の市町村は公平委員会を必置とされている。2021年6月現在、人事委員会を設置しているのは、必置である47都道府県と20政令市のほかは、和歌山市と特別区（23区が共同設置）のみである。

2.4 近年の地方公務員制度改革の動向 ——能力・実績主義の徹底

世の中の変化に伴い行政の役割やシステムが変化する中で、それを支える公務員についても制度改革が必要とされるようになった。

1997年の行政改革会議の最終報告や2000年の行政改革大綱において、すでに公務員制度の改革が謳われてきたが、2001年の公務員制度改革大綱においては、新たな公務員制度の概要として、新人事制度の構築、多様な人材の確保、適正な再就職ルールの確立等に関する基本的な考え方と具体的な措置が示された。特に、新人事制度については、能力等級制度の導入、能力等級を基礎とした新任用制度の確立、能力・職責・業績を反映した新給与制度の確立といった能力・実績主義の徹底と、そのために必要な新評価制度の導入が提示された。

これらを受けて2007年に国公法が改正されたが、地方公務員については、複雑な国会情勢の影響等により改正が遅れ、2014年にようやく能力本位の任用制度の確立と新たな人事評価制度の導入を規定する改正がなされた。

新たな人事評価制度とは、任用、給与、分限その他の人事管理の基礎とするために、職員がその職務を遂行するに当たり発揮した能力及び挙げた業績を把握した上で行われる勤務成績の評価をいう（地公法6条）。つまり、能力評価と業績評価の2本立てである。能力評価は、職員の職務上の行動等を通じて顕在化した能力を把握して評価され、業績評価は、職員が果たすべき職務をどの程度達成したかを把握して評価される。この制度は2016年4月に施行され、2017年度から評価結果を昇給、勤勉手当、昇任・昇格及び分限に本格的に活用するようになった。これにより、年功序列重視といわれてきた地方公務員の世界に、能力・実績が適切に反映されるようになったのである。

なお、このときの地公法改正においては、標準職務遂行能力に関する規定も加えられた。標準職務遂行能力とは、職制上の段階の標準的な職（例えば部長、課長、係長、係員など）の職務を遂行する上で発揮することが求められる能力として任命権者が定めるものをいう（地公法15条の2①(5)）。職員の昇任の判断は、この標準職務遂行能力とその職に対する適性を有するかどうかで行われる。

3　採用から退職まで

3.1　任用の根本基準

任用とは、特定の者を「職（ポスト）」に就けることであり、採用、昇任、降任、転任のいずれかの方法で行われる。職員の任用は、受験成績、勤務成績その他の能力の実証によって行わなければならないものとされている。これを成績主義（メリット・システム）又は能力実証主義という。

3.2　採用

採用は、人事委員会を置く自治体においては原則として競争試験、人事委員会を置かない自治体においては競争試験又は選考のいずれかによるものとされる。競争試験、選考とも、職務遂行能力の実証という面では同じであるが、競争試験がすべての国民に対して平等の条件で公開で行われるものであるのに対し、選考は特定の候補者について採用を予定する職に相応しい能力があるかを判定するものであり、職務遂行能力が資格など何らかの形ですでに実証されている場合などに用いられる。

競争試験には、例えば上級・中級・初級など、大卒程度、短大卒程度、高卒程度などの試験レベルに応じた区分が設けられることが多いが、その区分が採用後も影響するかどうかは自治体によって異なる（3.4参照）。

競争試験及び選考を実施するのは人事委員会等[3)]であるが、実際に採用するのは任命権者である。例えば人事委員会を置く自治体の場合、人事委員会が試験ごとに採用候補者名簿を作成し、任命権者は、その名簿に記載された者の中から採用する。なお、職員の採用はすべて条件付き採用である。採用から6カ月間はいわゆる試用期間であり、その間、職務を良好な成績で遂行したときに正式採用となる（橋本、2020）。

3）　人事委員会「等」とあるのは、人事委員会又は競争試験等を行う公平委員会が置かれている場合はこれらの委員会が、それ以外の自治体の場合は任命権者が行うこととされているためである。

3.3　配属と異動

採用試験に合格し、採用が内定した者は、4月1日付けで任命権者から職員として任命され、特定の部署に配属される。そこで働きながら上司や先輩の指導を受け、仕事の進め方を少しずつ身に付けていく。特定の先輩を教育係として充て、丁寧に指導を行うメンター制度を取り入れる自治体も多い。自治体ではこのようなオン・ザ・ジョブ・トレーニング（OJT）が中心であるが、研修施設等での集合研修も実施されている。新規採用者向けにはいわゆる初任者研修が行われ、職場から一定期間離れ、公務員としての心構えから地方自治関係法令の基礎に至るまで、自治体職員として必要な知識を一通り学ぶ。

最初の職場で数年勤務すると、次の職場に異動となる。自治体の場合、毎年4月に人事異動が行われるのが一般的である。このように定期的に異動を繰り返すことをジョブローテーションといい、その目的は職員の能力開発、適性の発見、組織の活性化、セクショナリズムの打破、不正の防止などとされる。

多くの自治体では、所属長が部下の職員から異動希望を聴取し、人事評価の結果と異動希望をまとめて人事担当課に提出する。人事担当課では本人の適性等を踏まえつつ、各職場の事情等も勘案して異動先を決定する。しかし、人気の職場に職員の希望が集中するため、希望どおりの異動になることは少ない。

異動の範囲は、事務職は幅広く様々な部門を経験させるジェネラリスト型が一般的であるが、技術職は配属可能な部門が限定されることもあり、特定の部門の中で異動を重ねるスペシャリスト型をとることが多い。しかし近年では、本人の希望により、例えば事務職であってもジェネラリスト型ではなくスペシャリスト型を選択できるような複線型人事を採用する自治体も出てきている。

3.4　昇任

採用された職員は、通常、最下位の職位から公務員人生をスタートする。一定年数を良好な勤務成績で過ごすと、上位の職位に昇任していくが、そのスピードやパターンは自治体によって異なる。

国家公務員の人事は、採用後はしばらく同一年次同時昇進が続くなど、選抜の結果を遅くまで明らかにせずにモチベーションを保つ「遅い昇進」と、長期にわたって業績を評価する「積み上げ型褒賞システム」がその特徴とされる（稲継、1996）。しかし、地方公務員の場合は自治体によって大きく異なり、学歴による入口選抜でその後の研修や配置が変わるモデル、採用後の昇任試験によ

1 2 3 4 5 6 7 8 9 10 11 12 13 14

表7-1　ある県の昇任パターン（上級職採用事務職の場合）

入庁年数	年齢（4月1日現在）	職名
1年目	22歳	主事
8年目	29歳	主任
14年目	35歳	係長
21年目	42歳	課長補佐
25年目	46歳	総括課長補佐
27年目	48歳	副参事／室長
30年目前後	50歳代前半	課長
33〜35年目頃	50歳代半ば	参事／部次長
36〜38年目頃	50歳代後半	部長

（注）副参事／室長までは最短のパターン、課長以降はポストの空き状況等の影響も受けるため部長まで到達する場合の平均的なパターンとした。
（出所）大谷（2021）を一部修正。

る選抜でその後の研修や配置が変わるモデル、入口選抜も昇任試験も実施せず、選考ベースの平等性を重視して全員同じような研修・配置を行うモデル、の少なくとも3つのモデルが確認できるという（林、2020）。

表7-1は、ある県の昇任パターンを示したものである。この県の場合、昇任試験は実施しておらず、昇任はすべて選考による。主に大卒を対象とする上級職採用試験（事務）に合格して採用されると、まず主事に補される。その後、教育的な見地から2〜3の部署を経験した後、主任を経て係長に到達する。この頃までは同期採用者はほぼ同時に昇任するが、それ以降は徐々に差が生じ、課長以上に到達できない者も出てくる。

なお、ある研究によれば、高い職位にまで昇進した職員は、若い時期に人事担当課あるいは財政担当課を経験していることが多いという。両課には全庁的な情報が集まる。日頃からそのような情報に接するうちに「誰が何を知っているか」という知識が蓄積され、この知識を他の部署に異動後も活用し、高いパフォーマンスを上げるようになるという（竹内、2019）。

昇任試験を課す自治体も一定程度存在する。課長級に昇任する際に試験を課す自治体もあるが、より多いのは係長級に昇任する際に試験を課す自治体である。2016年時点の調査によれば、係長級への昇進試験を実施していたのは都道府県11%、政令市56%、その他の市と特別区24%、町村11%であった（大谷・

稲継・竹内、2019)。

近年では、係長への昇任において、試験による昇任と選考による昇任の両方を併用する複線型（ハイブリッド型）の自治体が増えている。優秀でありながら管理職になることを望まず、昇任試験を受けない職員が増加したため、優秀な人材を人事当局の選考により昇任させる道を用意したのである（圓生、2020)。

3.5　人事交流

自治体職員は、通常、採用された自治体で定年まで働く。しかし、一時的に他の自治体など外部の団体に派遣されて勤務することもある。このような派遣を人事交流という。他自治体との人事交流の多くは、人材育成や他自治体への応援派遣などの目的で、自治法252条の17に基づくいわゆる自治法派遣により行われる。東日本大震災以降、自治法派遣による被災地への応援派遣が盛んに行われるようになり、ピーク時には2,000人以上の自治体職員が被災地の自治体へ応援派遣されていた[4)]。

また、国、外郭団体、民間企業への派遣もしばしば行われる。国への派遣は、元の自治体に籍を残しつつ研修扱いで国の業務に携わる研修派遣の場合と、元の自治体を形式的に一旦退職し、国に採用される形で勤務する割愛派遣の場合がある。前者は主に若手の研修目的での派遣、後者は国と地方の相互理解の促進等を目的とする中堅以上の対等交流において用いられる。外郭団体への派遣は、人的援助を行うことが必要と認められる公益的法人等に職員を派遣するものであり、公益的法人等への一般職の地方公務員の派遣等に関する法律に基づいて行われる。民間企業への派遣は、若手の研修目的で用いられ、例えばPR手法を学ぶための広告会社への派遣や、農産品の流通・販路拡大について学ぶためのスーパーへの派遣などが挙げられる。この場合は、元の自治体に籍を残しつつ研修扱いでの派遣となるのが一般的である。

逆に、国の職員が自治体へ派遣されることもある。これは、相互理解の促進と広い視野を持つ人材の育成の観点から、国の職員に自治体での勤務機会を与えるものとされ、一般に出向人事と呼ばれる[5)]。2020年10月1日現在、国から自治体への出向者数は1,788人（都道府県1,158人、市町村630人）となってい

4)　総務省「東日本大震災による被災地方公共団体への地方公務員の派遣状況調査結果の概要」(各年版)。なお、災害時の応援派遣の詳細については、第14章第3節を参照のこと。

5)　採用昇任等基本方針(平成21年3月3日閣議決定)。

る。府省別では、国土交通省、総務省、農林水産省、厚生労働省が多く、その多くが部長、課長など管理職としての派遣である[6]。このような国から自治体への出向については、国が出向者（いわゆる出向官僚）を通じて自治体を統制するためとする主張も根強いが（喜多見、2010）、人事データの実証分析を通じ、近年では自治体が戦略的に国からの出向を受け入れているとの理解も進んでいる（稲継、2000；村上、2019）。

3.6 退職

自治体職員の場合、早期退職を希望するごく一部の職員を除けば、基本的に全員が定年まで勤め上げる。定年は、原則として国の職員の定年を基準として条例で定めることとされており、国と地方の均衡を失することのないよう、特別の合理的事由の存しない限り、国と同じとするのが原則である。

定年年齢は長らく原則60歳とされていたが、2021年6月に地公法が改正され、地方公務員の定年年齢が2023年度から2年に1歳ずつ段階的に65歳まで引き上げられることになった。これは、同時に改正された国公法に平仄を合わせたものである。今回の改正では、組織の新陳代謝を確保し、活力を維持するため、60歳を迎えると管理職から外れる役職定年制も導入された。

定年退職後は、自治体内で再任用されるか、外郭団体や民間企業に再就職するかのいずれかにより、第2の人生を歩む者が多い。再任用とは、定年退職者を、現役時の勤務実績等に基づく選考により、1年を超えない範囲内の任期で常勤又は短時間勤務の職に採用することである（地公法28条の4〜5）。これは、公的年金の支給開始年齢の引上げに伴い、雇用期間の延長を図るとともに、高齢者の能力や経験を活用することで公務の能率的遂行を図ろうとするものである。任期の更新は、1年を超えない範囲で可能であるが、年金の満額支給開始年齢である65歳が限度である。総務省の調査によると、2020年4月1日現在、13万5,417人の再任用職員が活用されている[7]。なお、前出65歳までの定年延長に伴い、最終的には現行の再任用制度は廃止されることになるが、定年年齢の段階的な引き上げ期間中は、定年から65歳までの間の経過措置として現行と同様の制度が存置される。

退職者の営利企業等への再就職自体は特に規制されていない。しかし、営利企業等に再就職した者が、離職後2年の間に、離職前5年間に従事した職務に

6）内閣人事局「国と地方公共団体との間の人事交流の実施状況（令和2年10月1日現在）」。
7）総務省「令和元年度地方公務員の再任用実施状況等調査」。

関して、現職員に働きかけを行うことは禁止されている[8]。また、自治体は、再就職あっせんの規制、現職職員の求職活動の規制、再就職情報の公表など、退職管理の適正を確保するために必要と認められる措置を講ずるものとされている（地公法38条の2）。

4　勤務条件と身分保障

4.1　給与

地方公務員の給与（給料＋各種手当）は、職務給の原則に従い、その職務と責任に応じて決定される。また、条例主義の原則のもと、条例で定めることとされ、法律又はこれに基づく条例に基づかない限り支給することはできない。これにより、住民の代表である議会の議決を経ることで住民の納得を得るとともに、職員の労働基本権制約（4.2参照）の代償として条例により一定の水準を保障している。

給料月額は、各自治体が条例で定める給料表のどこに位置づけられるかによって決定される（図7−2）。給料表は「級」と「号給」の組み合わせで構成される。「級」は職務の複雑、困難及び責任の度合いに応じて区分され、各自治体が条例で定める等級別基準職務表によって決まる（表7−2）。さらに、各級にはそれを細分化するための「号給」が設けられ、同一の内容と責任の職務であっても職務経験年数による習熟度を給料に反映させる仕組みとなっている。

給料表は国家公務員俸給表に準拠するものが大多数であるが、独自給料表を用いる自治体も存在する。地方公務員の給与水準は、均衡の原則に従い、生活費、国及び他の自治体の給与、民間企業の給与等を考慮して定めることとされている。具体的には、人事委員会が置かれている自治体においては、国家公務員給与に係る人事院勧告や人事委員会が自ら実施する民間賃金の動向調査結果等を総合的に勘案して出す勧告を受け、具体的な給与改定方針を決定する。また、人事委員会が置かれていない自治体においては、人事院勧告や都道府県の人事委員会勧告等を参考に、具体的な給与改定方針を決定する。

地方公務員には、その勤務成績の評価に基づき、通常は年に1回、昇給の機会が与えられる。昇給とは、職員の号給を同一級内の現在よりも上位の号給に

8)　このほか、幹部職員であった者については、離職前５年より前の職務に関する働きかけも禁止されている。また、自ら決定した契約・処分に関する現職職員への働きかけは、期限を問わず禁止されている。

図7-2　地方公務員の給料表の仕組み

（例）

医療職給料表

小中学校教育職給料表

警察職給料表

一般行政職給料表

職員の区分	職務の級	1級	2級	3級	4級	5級	6級	7級	8級	9級	10級
	号給	給料月額	給料月額	給料月額	給料月額	給料月額	給料月額	給料月額	給料月額	給料月額	給料月額
		円	円	円	円	円	円	円	円	円	円
	1	134,000	183,800	221,100	262,300	289,700	321,100	367,200	414,800	468,700	534,200
	2	135,100	185,600	223,000	264,400	292,000	323,400	369,800	417,300	471,800	537,400
	3	136,200	187,400	224,900	266,500	294,300	325,700	372,400	419,800	474,900	540,600
	4	137,300	189,200	226,800	268,600	296,600	328,000	375,000	422,300	478,000	543,800
	5	138,400	190,800	228,600	270,700	298,700	330,300	377,600	424,600	481,100	547,000
	6	139,500	192,600	230,600	272,800	301,000	332,500	380,200	427,000	484,200	549,500
	7	140,600	194,400	232,600	274,900	303,300	334,700	382,800	429,400	487,300	552,000
	8	141,700	196,200	234,600	277,000	305,600	336,900	385,400	431,800	490,400	554,500
	9	142,800	198,000	236,600	279,100	307,800	339,200	388,000	434,100	493,400	557,000
	10	144,100	199,800	238,600	281,200	310,100	341,400	390,700	436,400	496,500	558,900
	11	145,400	201,600	240,600	283,300	312,400	343,600	393,400	438,700	499,600	560,800
	12	146,700	203,400	242,600	285,400	314,700	345,800	396,100	441,000	502,700	562,700
	13	148,000	205,000	244,600	287,500	316,900	347,800	398,700	443,200	505,700	564,500
	14	149,500	206,900	246,600	289,600	319,100	349,900	401,100	445,200	508,100	566,000
	15	151,000	208,800	248,600	291,700	321,300	352,000	403,500	447,200	510,500	567,500
	16	152,500	210,700	250,600	293,800	323,500	354,100	405,900	449,200	512,900	569,000
	17	153,800	212,600	252,600	295,900	325,700	356,300	408,200	451,200	515,400	570,500
	18	155,300	214,600	254,600	298,000	327,800	358,300	410,300	453,000	516,900	571,700
再任用職員以外の職員	19	156,800	216,600	256,600	300,100	329,900	360,300	412,400	454,800	518,400	572,900
	20	158,300	218,600	258,600	302,200	332,000	362,300	414,500	456,600	519,900	574,100
	21	159,700	220,400	260,500	304,300	334,100	364,400	416,600	458,400	521,200	575,300
	22	162,300	222,400	262,400	306,400	336,200	366,400	418,600	459,900	522,700	（最高号給）
	23	164,900	224,400	264,300	308,500	338,300	368,400	420,600	461,400	524,200	
	24	167,500	226,400	266,200	310,600	340,400	370,400	422,600	462,900	525,700	
	25	170,200	228,300	268,200	312,600	342,300	372,500	424,700	464,400	527,000	
	26	171,900	230,200	270,100	314,700	344,300	374,500	426,300	465,800	528,200	
	27	173,600	232,100	272,000	316,800	346,300	376,500	427,900	467,200	529,400	
	28	175,300	234,000	273,900	318,900	348,300	378,500	429,500	468,600	530,600	
	41									542,600（最高号給）	
	45								482,600（最高号給）		
	61							460,300（最高号給）			
	77						425,900（最高号給）				
	85					403,700（最高号給）					
	93	244,100（最高号給）			391,200（最高号給）						
	113			357,200（最高号給）							
	125		309,900（最高号給）								
再任用職員	▲	186,800	214,600	259,000	279,400	295,000	321,100	364,600	399,000	451,600	534,200

職務の「級」
- 職務の複雑、困難及び責任の度合いに応じて区分するもの
- 地方公共団体において級別職務分類表を定める
- 級の上昇が「昇格」

「号給」
- 同一級をさらに細分化するもの
- 職務経験年数による職務の習熟度を給与に反映させる
- 号給の上昇が「昇給」

（出所）総務省ホームページを一部改変。

表7-2　等級別基準職務表の例（都道府県の行政職給料表（一）の職務の級）

職務の級	職務の内容（本庁職員）
1級	係員の職務
2級	特に高度の知識又は経験を必要とする業務を行う係員の職務
3級	係長の職務
4級	課長補佐の職務
5級	総括課長補佐の職務
6級	課長の職務
7級	総括課長の職務
8級	次長の職務
9級	部長の職務

（出所）平成17年9月28日付総行給第119号総務事務次官通知。

決定するもので、勤務成績により昇給幅は異なり、勤務成績が特に悪い場合には昇給しないこともある。これに対し、職員の級を現在よりも上位の級に決定することを昇格という。例えば係長から課長補佐に昇任し、その新たな職務が等級別基準職務表に照らして上位の級に相当する場合、給料表上も昇格ということになる。なお、昇格するためには、現在の級に一定年数以上在任することが必要であり、その基準は各自治体が規則で定めることとされている。公務員に極端な抜擢人事が少ないのは、このような制度の影響もある。

地方公務員の給与体系・水準の決定については、地公法においてその大枠が規定されているだけであり、その範囲内でいかなる給与体系・水準をとるかは、各自治体が自主的に決定できるものとされている。しかし、1960年代からの国（自治省）による強い指導が自主性・自律性に制約をもたらした結果、多くの自治体でほぼ共通の給与体系がとられ、ラスパイレス指数による給与水準の比較でも類似の傾向が見られるようになっている。この点については、自治省が給与体系を決め地方に押し付けてきたのだという解釈が存在する一方で、自治体側にも職員の給与水準を抑えたいという自治省指導を受け入れる動機があったとの見方も指摘されている（稲継、2000）。

2000年に地方分権一括法が施行され、国の指導は助言へと弱められたが、総務省による事実上の給与指導は継続している。

4.2 服務

服務とは、職員として勤務することに付随して課される義務をいう。日本国憲法15条第2項には、「すべて公務員は、全体の奉仕者であつて、一部の奉仕者ではない」と規定されている。公務員は全体の奉仕者であるがゆえ、公私を問わず自らを厳しく律することが求められる。その義務には、職務の遂行に際して守るべき義務（職務上の義務）と、勤務時間中であるか否かを問わず当然に守るべき義務（身分上の義務）とが存在する。

自治体の職員は、全体の奉仕者として公共の利益のために勤務し、かつ、職務の遂行に当たっては、全力を挙げてこれに専念しなければならないものとされる。これを服務の根本基準という（地公法30条）。

職務上の義務には、①法令等及び上司の職務上の命令に従う義務、②職務専念義務の2つがある。①はその職務を遂行するに当たって、法令、条例、規則等に従い、かつ、上司の命令に忠実に従わなければならないとするものであり、②は法律又は条例に特別な定めがある場合を除くほか、その勤務時間及び職務上の注意力のすべてをその職責遂行のために用い、当該自治体がなすべき責を有する職務にのみ従事しなければならないとするものである（地公法32条、35条）。

身分上の義務には、①信用失墜行為の禁止、②守秘義務、③政治的行為の制限、④争議行為等の禁止、⑤営利企業等への従事制限の5つがある。①は職の信用を傷つけ、又は職全体の不名誉となるような行為をしてはならないとするもので、汚職や職権濫用など職務上の行為のほか、暴言・暴行や飲酒運転など勤務時間外の行為も該当する。②は職務上知り得た秘密を漏らしてはならないとするもので、在職中はもちろん退職後にも適用される（地公法33条、34条）。

③は、自治体の中立・公正な運営を確保し、職員を政治的影響から保護することで職員の政治的中立性を確保するため、職員に一定の政治的行為を制限するものである（地公法36条）。この場合の政治的行為には、政治的団体を結成したりその役員となったりすること、特定の政党、内閣、首長等を支持／反対する目的で、あるいは選挙で特定の候補を支持／反対する目的で、投票を勧誘したり、署名運動に積極的に関与したりすることなどが該当する。

④は、いわゆるストライキやサボタージュなどの争議行為を禁止するものである（地公法37条、地公労法[9] 11条、同法附則5）。自治体職員も労働者ではあるものの、全体の奉仕者として公共の利益のために勤務するという地位の特

表7-3　自治体職員の労働基本権

職種	団結権	団体交渉権	争議権
一般行政職員 教育職員	○ 職員団体制度	△ 交渉可 団体協約締結権なし	×
公営企業職員 単純労務職員	○ 労働組合制度	○ 交渉可 団体協約締結権あり	×
警察職員 消防職員	×	×	×

（出所）筆者作成。

殊性、職務の公共性等を考慮し、労働基本権が制限されている（表7-3）。なお、争議行為だけでなく団体交渉権も制限されており、民間企業のように労使交渉により給与水準を決定することができず、その代償措置として人事委員会による給与勧告措置が設けられている（4.1参照）。

⑤は、任命権者の許可を受けた場合を除き、営利企業等の役員等の地位を兼ねること、自ら営利企業を経営すること、報酬を得て事業・事務に従事することを禁じるものである（地公法38条）。営利企業等への従事制限は、勤務時間中だけでなく、勤務時間外についても及ぶ。逆にいえば、職務の遂行に際して中立・公正を保ち、職務専念義務に悪影響を及ぼすおそれがない場合には、任命権者は営利企業等の従事を許可できるものと考えられる。

近年は、この従事許可を柔軟に運用し、神戸市や生駒市などが地域貢献活動等に係る兼業・副業を職員に認めるなどの動きも見られる。

4.3　身分保障

自治体職員は、安心して職務に精励することができるよう、恣意的な処分を排除するため法令に定められた事由に該当する場合でなければ処分されることはない。処分には懲戒処分と分限処分があるが、いずれも職員の意に反して不利益をもたらす処分である点では同じである。

懲戒処分は、職務上の義務違反や公務員としてふさわしくない非行がある場合に、職場の秩序を維持し、回復を図るために行われる処分をいい、免職、停

9）　地方公営企業等の労働関係に関する法律。

職、減給、戒告の4種類がある。懲戒処分の理由としては、①地公法やこれに基づく条例、規則等に違反した場合、②職務上の義務に違反し、又は職務を怠った場合、③全体の奉仕者たるにふさわしくない非行があった場合、がある。なお、訓告、厳重注意などの言葉を目にすることがあるが、これらは懲戒処分ではなく単なる指導に過ぎない。

分限処分は、公務の能率の維持及びその適正な運営の確保という観点から行われる処分をいい、免職、休職、降任、降給の4種類がある。免職及び降任の場合、①勤務成績が良くない場合、②心身の故障のため、職務の遂行に支障があり、又はこれに堪えない場合、③その職に必要な適格性を欠く場合、④職制もしくは定数の改廃又は予算の減少により廃職又は過員を生じた場合、の理由に該当する必要がある。公務員はクビにならないと思っている人も多いが、このような要件に該当すれば、制度上、クビの可能性もあるのである。

5　自治体人事政策の課題と展望

5.1　多様な任用形態の活用——任期付職員と非正規職員

公務員の世界では、公務の中立性の確保、職員の長期育成を基礎とする公務の能率性の追求等の観点から「任期の定めのない常勤職員」が基本とされ、長きにわたってそれに基づく人事運営が行われてきた。しかし、近年は民間における雇用形態の多様化の動きを追うように、多様な任用形態の職員、つまり公務員としては例外的な任用形態の活用が広がっている（大谷、2016）。

2002年には、地方公共団体の一般職の任期付職員の採用に関する法律等が成立し、任期付職員に関する制度が創設された。地方分権の進展に伴い地方行政の高度化・専門化が進む中、自治体内部では得られにくい高度の専門性を備えた民間の人材を一定期間のみ活用することが必要な場面が生じてきたため、自治体内には存在しない専門的知識経験等を有する者を一定の期間活用する場合に任期を区切って採用することを可能としたのである。総務省によると、2019年4月現在、688団体が1万5,227人の任期付職員を活用している（中谷、2020）。

バブル経済の崩壊以降、行財政改革により正規職員が削減されたことを受け、地公法に元々規定されていた臨時的任用職員（臨時職員）や非常勤職員など非正規職員の活用も大きく広がった。その背景には、職員定数に含まれない非常勤なら増やしてもさほど問題視されなかったこと、非正規職員は正規職員より低コストであったことなどがある。かつて自治体の非正規職員には、特別職非常勤職員、一般職非常勤職員、臨時的任用職員の3種があり、保育士、看護師、給食調理員、図書館職員、事務補助職員などとして自治体現場で勤務していた。しかし、採用試験を経ずに採用された非正規職員が正規職員と同じような業務を担うのは成績主義の原則に反し、情実採用を招きかねない。また、給与水準が低く、1年以内の任期の更新を繰り返す不安定な身分であることなどから「官製ワーキングプア」ともいわれ、待遇改善の必要性も指摘されていた。

2020年4月、政府が進めた働き方改革の一環で、民間の正規雇用労働者と非正規雇用労働者の間の不合理な待遇差が、いわゆる同一労働同一賃金政策の採用により解消に向けて動き出した。地方公務員についてもこの考え方を踏まえ、これまで問題の多かった非正規職員関連の制度を2020年4月から大幅に見直した。これにより、①特別職非常勤職員を専門的な知識経験等に基づき、助言、調査、診断等を行う者に限定、②臨時的任用職員を常勤職員に欠員を生じた場合に限定、③一般職非常勤職員を「会計年度任用職員」と新たに規定し、その採用方法や任用等を明確化、④会計年度任用職員への期末手当の支給、といった改正が行われ、非常勤職員の大半が会計年度任用職員に移行した。その結果、2020年4月1日現在で、会計年度任用職員62.2万人、臨時的任用職員6.8万人、特別職非常勤職員0.4万人となった[10)]。

5.2　2040年問題と今後の人事管理

総務省の「自治体戦略2040構想研究会」の第2次報告（2018年）においては、2040年には我が国の労働力が半減し、自治体の職員数も従来の半分になるものと想定されている。このため、当面は少数精鋭の職員で運営しなければならず、外部の専門人材をうまく活用することも必要となる。

近年は、民間の専門人材を兼業・副業的な勤務形態で採用する自治体も出てきた。福山市は、民間人材に兼業・副業の形で週1日勤務してもらう「戦略推進マネージャー」の採用を2018年に始めた。これ以降、長野市、生駒市などでも兼業・副業を前提とする民間のプロ人材の活用が行われるようになった。新型コロナウイルス感染症の感染拡大を防ぐため、テレワークなど自由度の高い働き方が広く導入・実施され、時間の有効活用を図りやすくなったことから、

10)　総務省「地方公務員の会計年度任用職員等の臨時・非常勤職員に関する調査結果（令和２年４月１日現在）」。

兼業・副業的な勤務形態は今後も盛んに利用されるものと思われる。

また、AIやRPA[11]の導入による事務作業の自動化の動きも見られるようになった。これが進めば定型的事務の担当者、ワークフロー化が可能な業務の担当者はもはや不要であり、必要なのは戦略・政策などの立案などに従事する職員と、対住民業務のうち定型化が難しい業務に従事する職員ということになる。そのような職員に必要とされるのは、課題発見・問題解決能力、コミュニケーション能力、である。これらの能力が必要になることは、地方分権に関連して20年以上前からいわれてきたが、その要請がより強まっているようである。

近年、社会の変化のスピードが急激に速くなっている。コロナ禍の影響で、オンライン会議やテレワークが急速に進み、自治体職員の働き方も変わりつつある。今後は時間ベースでの管理から成果ベースでの管理への転換が進むなど、人事管理に関するパラダイムシフトが進むかもしれない。

column 変わる自治体の採用試験

自治体の採用試験は、そもそも成績主義に基づく任用を意識した「学力重視型」の採用試験であった。それが1980～90年代にかけて、行政需要の多様化・複雑化に対応すべく多様な人物を確保しようと「人物重視型」の採用試験にシフトしていった（稲継、2000）。

2000年代に入ると、地方分権改革によって自治体職員に課題発見・解決能力、コミュニケーション能力などが求められるようになったため、準備の負担が大きい筆記試験を廃止し、民間企業に近い選抜方法を導入することで、従来の公務員志望者以外の層を取り込み、受験者の多様性を確保しようとする自治体が現れるようになった。さらに2010年代に入ると、受験者数が大幅に減少する中でより多くの受験者を集めるため、受験勉強が必要な教養・専門試験を廃止し、代わりにSPIの導入などの見直しを行って、公務員試験対策が不要であることを強くアピールする「受験者負担軽減型」の導入が進んでいる（大谷、2019）。

自治体の採用試験の競争率は、景気動向によって大きく左右される。2008年のリーマン・ショック直後は受験者数が急増したが、その後、景気が回復するにつれて民間に志望が流れ、受験者数が大きく減少していった。2021年以降はコロナ禍による景気後退の影響で、公務員人気が多少は復活する可能性がある。

ただし、医療系の職種や土木・建築系の職種など、景気動向にあまり関係なく恒常的に

11）　RPA（Robotic Process Automation）とは、事務作業を担うホワイトワーカーがパソコン上で行う一連の作業をソフトウェア型ロボットにより自動化するもの。人間がキーボードやマウスを使って処理する定型業務を自動化することをイメージするとわかりやすい。

> 採用が困難とされる職種も存在する。これらの職種については、中途採用で補う、県と市町村が共同で採用活動を行うなどの努力が続けられている（日本都市センター編、2020b)。

【文献案内】

稲継裕昭（2000）『人事・給与と地方自治』東洋経済新報社

中央地方関係について、人事と給与という観点から分析したもの。前半は、いわゆる出向官僚について実証データに基づいて分析し、後半は、地方公務員給与について全国的な類似性が見られるのはなぜかという点を分析している。

大谷基道・河合晃一編（2019）『現代日本の公務員人事――政治・行政改革は人事システムをどう変えたか』第一法規

公務員人事研究を手掛ける11名の研究者による論文集。1990年代以降の一連の政治・行政改革のもと、国及び自治体の公務員人事システムがどのように変化してきたかを様々な観点から実証的に分析している。

圓生和之（2020）『地方公務員の人事がわかる本』学陽書房

人事課勤務の経験を持つ元自治体職員の研究者が、地方公務員の人事を解説したもの。初学者向けに、制度と実態の両面から、ときに人事経済学の視点も交えて非常にわかりやすく説明している。

【研究課題】

(1) あなたが住んでいる自治体の職員数と給与水準を調べてみよう。また、それらの近年の増減傾向も調べ、その背景を考察してみよう。

(2) 1990年代半ば以降、非正規職員の数が急増したのはなぜだろうか。その背景を調べるとともに、その是非について考えてみよう。

(3) なぜ1990年代半ばから公務員制度改革が始まったのだろうか。その背景を調べるとともに、残された課題は何か考えてみよう。

8 財政

小西砂千夫

summary

国は自治体に対して、法令等に基づいて一定の行政事務の執行を義務付けている。そのような事務配分にふさわしい税財政制度を整えることが地方財政の基本である。占領統治下の1949年のシャウプ勧告によって、財源保障型の財政調整制度である地方財政平衡交付金が導入され、改組後の地方交付税制度に受け継がれたことで制度の原型ができあがった。地方交付税等の総額は、国の予算編成と整合性をもって策定される地方財政計画によって決定される。そのうえで地方交付税は全国の道府県や市町村に配分される。地方交付税は、国税として徴収されるが、その性格は自治体の共有財源であり、地方の固有財源である。地方交付税は使途に制限のない一般財源であり、国が使途を定める特定財源に国庫支出金がある。一方、地方交付税や国庫支出金などの依存財源に対して、地方税は自主財源であって、その充実が歳入の自治の拡充となる。投資的経費の財源として地方債がある。地方債は、インフラや公共施設等の整備や地域経済活性化、災害復旧などでは有用であるが、後年度の公債費負担によって自治体の財政状況が悪化するリスクを伴う。自治体の財政健全化を促す仕組みとして、自治体財政健全化法による財政再建の枠組みがある。

keyword

地方税、地方交付税、国庫支出金、地方債、課税自主権、財政調整制度、地方財政計画、自治体財政健全化法

1　事務配分と財源保障

1.1　事務配分と地方財政

一般に、財政活動とは、政府が国民・住民に対して公共サービスを提供することと、そのための財源を、税等を通じて調達することを指す。国家財政では、国民にどのような公共サービスを提供するかを自ら決定し、財源調達のための税制についても自ら立案する。そのことから、国民に対して受益と負担についての財政交換を行うともいう。

一方、都道府県や市町村などの自治体の財政（その総体を地方財政という）では、自治体が提供すべき公共サービスのうち根幹的な部分は、国の法令等に基づいて義務付けられている（事務配分がされている）。わが国では、表8–1のように都道府県と市町村に事務配分がなされている。

国は、都道府県や市町村に対して事務配分を行う以上、それにふさわしい財源を付与する義務がある。それを怠ると、法令によって事務配分をしたところ

表8–1　わが国における事務配分の概要

分野		公共資本	教育	福祉	その他
国		• 高速自動車道 • 国道 • 一級河川	• 大学 • 私学助成（大学）	• 社会保険 • 医師等免許 • 医薬品許可免許	• 防衛 • 外交 • 通貨
地方	都道府県	• 国道（国管理以外） • 都道府県道 • 一級河川（国管理以外） • 二級河川 • 港湾 • 公営住宅 • 市街化区域、調整区域決定	• 高等学校・特別支援学校 • 小・中学校教員の給与・人事 • 私学助成（幼～高） • 公立大学（特定の件）	• 生活保護（町村の区域） • 児童福祉 • 保健所	• 警察 • 職業訓練
	市町村	• 都市計画等（用途地域、都市施設） • 市町村道 • 準用河川 • 港湾 • 公営住宅 • 下水道	• 小・中学校 • 幼稚園	• 生活保護（市の区域） • 児童福祉 • 国民健康保険 • 介護保険 • 上水道 • ごみ・し尿処理 • 保健所（特定の市）	• 戸籍 • 住民基本台帳 • 消防

（出所）総務省ホームページ（https://www.soumu.go.jp/main_content/000743172.pdf、2021年6月10日現在）。

で、その適切な執行が期待できなくなり、内国統治に重大な支障を来す。財源の付与において最重要なのは、地方税を賦課して徴収する権限を付与することである。国の法律である地方税法によって課税権が保障されている。

1.2 財政調整制度

一方、自治体によって経済力には大きな格差があり、同じ税制であっても確保できる地方税収には格差が生じる（税源偏在があるともいう）。そこで、財政力格差を是正するために、国は、税収に乏しい自治体に対して財源を補塡する必要がある。これを財政調整という。地方税収の多寡に反比例するように国が財源を付与することを財源調整という一方で、財政需要を見積もり、それに充当される地方税収等を捕捉し、不足分を補塡することを財源保障という。

わが国の地方財政制度の特徴は、この財源保障の仕組みが全面的に取り入れられていることである。敗戦後の占領統治下で行われた1949年のシャウプ勧告に基づいて[1)]、1950年度から財源保障機能を持った地方財政平衡交付金制度が導入された。戦後改革においては、民主化を進めるうえで地方自治の強化が重要であるとされ、自治体の財政を強化するために財源保障機能を持った財政調整が必要と考えられた。占領統治終了後の1954年度に、総額を国税収入にリンクする地方交付税制度に切り替えられたが、財源保障という考え方は継続された。そのような歴史的経緯から、地方交付税制度が、地方税と並んで、地方財政制度の主役になっている。

財源保障機能を持った財政調整制度があることは、地方自治の展開のうえで、財源面での裏付けがあるという点でプラスである。その反面で、財源付与と引き換えに、国は自治体に対して、確実な事務執行を求めるという意味での締め付けにつながる。財政調整制度が、国による過度な関与を呼び込まないようにすることが、地方財政制度の運用において重要となる。

2 国の予算と地方財政計画の関係

2.1 融合型事務配分

表8-1で示した事務配分は、最終支出ベースでの役割を示している。たとえ

1）シャウプ勧告については、第９章を参照。

ば、教育であれば、都道府県が「小・中学校教員の給与・人事」、市町村が「小・中学校」とあるが、義務教育制度は、国の法令で基本的な枠組み、教職員の人事や給与を都道府県が担う一方で、公立の小・中学校の設置は、市町村の責務とされている[2]。すなわち、小・中学校の運営は、国と都道府県、市町村の相乗りで行われている。このように、国と自治体が、1つの事務を共同して執行することを融合型事務配分という。一方、国、都道府県、市町村が、それぞれ自己完結的に区分された事務を担い、地方の事務について、国の関与を原則受けないことを分離型事務配分という。

わが国は、明治期に、ドイツ（プロイセン）の仕組みをもとに国家体制を構築したことから、融合型事務配分を採用してきた。それに対し、シャウプ勧告は、地方分権の徹底という観点で、分離型事務配分への転換を求めたが、占領統治が終わったことで実現できず、融合型事務配分のまま現在に至っている。融合型事務配分では、国と地方のいわば共同所管事務というべき行政事務が存在する。先に挙げた義務教育、生活保護などの根幹的な社会保障制度、国土保全にかかる公共事業などがそれにあたる。共同所管事務では、国と地方の双方に利害があるとして、執行は自治体が行うものの、国は国庫負担金で、法令に定められた補助率に応じて負担する。また、公共事業の一部では、国が直轄事業として行うものの、その一部を地方が負担する。

一方、国勢調査や国政選挙など、本来は、全面的に国の利害であるという意味で国の事務であるが、執行上の都合から自治体に執行を委任することがある。その場合、自治体は財政負担の義務を負わないとして、費用の全額に国庫委託金が充てられる。また、本来的に地方の事務であるが、国が政策的理由から執行を誘導することや、自治体への財政支援などのために、国庫補助金によって財政的な支援を行うことがある。国庫負担金、国庫補助金、国庫委託金を総称して、国庫支出金または単に補助金と呼んでいる。

2.2　地方財政計画

地方財政計画は、毎年度、閣議決定される。地方財政平衡交付金の創設時に、地方全体の財政需要を捕捉する必要が生じたことが契機となった。地方財政計画の歳出は、事務配分に対応した財政需要を一定の考え方で見積もったものである。その役割は、国の財政や国民経済等との整合性を図りながら、標準的な

2）政令市は、都道府県に代わって「小・中学校教員の給与・人事」を担う。また、複数の市町村が一部事務組合によって共同で設立、運営することもある。

図8-1　地方財政計画の主な歳出項目の推移（1970～2021年度）

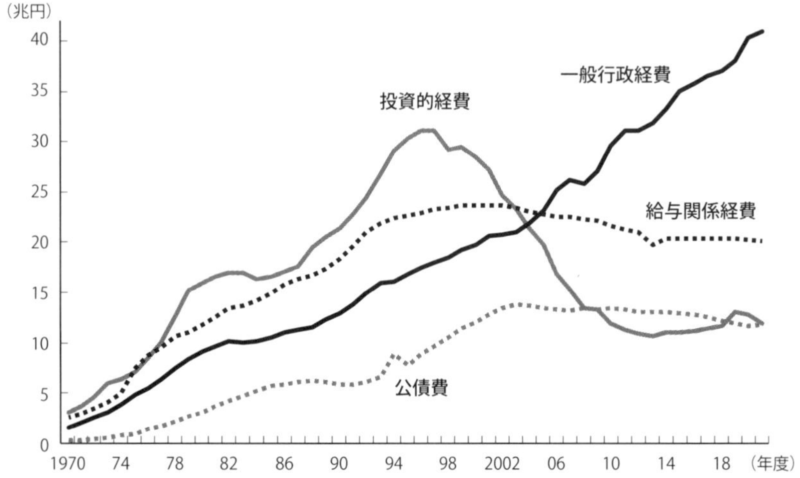

（出所）毎年度の地方財政計画から作成。

行政水準に所要となる地方財源を総額として確保することである。

図8-1は、地方財政計画の主な歳出項目の過去50年間の推移を見たものである。1990年代半ばまでは、どの項目も基本的に右肩上がりで推移している。その後、構造改革によって、投資的経費は3分の1程度まで大きく削減されたのち微増に転じている。給与関係経費は、それよりもやや遅れて減少が始まり、その後、横這いに転じている。公債費は、投資的経費の圧縮で地方債の発行が抑制されたことから近年では微減が続いている。それらを尻目に、高齢化に伴う社会保障給付の自然増や、近年では社会保障改革の動きを受けて、著しく金額を伸ばしているのが経常的な経費である一般行政経費である。

図8-2は、国の予算と地方財政計画の関係を示したものである。最右側の地方財政計画の歳出において、一般行政経費は単独事業費（国庫支出金が交付されない事業）と補助事業（国庫支出金が交付される事業）に、投資的経費は単独事業費と直轄（国の事業であるが自治体が一部負担する部分）・補助事業費にそれぞれ区分される。その際、補助事業費と、国の一般会計予算における歳出（左から2番目）における自治体向けの補助金（ただし一般会計対応分のみ）と、地方財政計画の補助事業費には一定の整合性がある。すなわち、国庫支出金の額に、補助率の逆数を乗じた額が、補助事業費として算定される。たとえば、2020年度の国の一般会計歳出における社会保障関係費は35.9兆円であり、

図8-2　国の予算と地方財政計画（通常収支分）の関係（令和２年度当初）

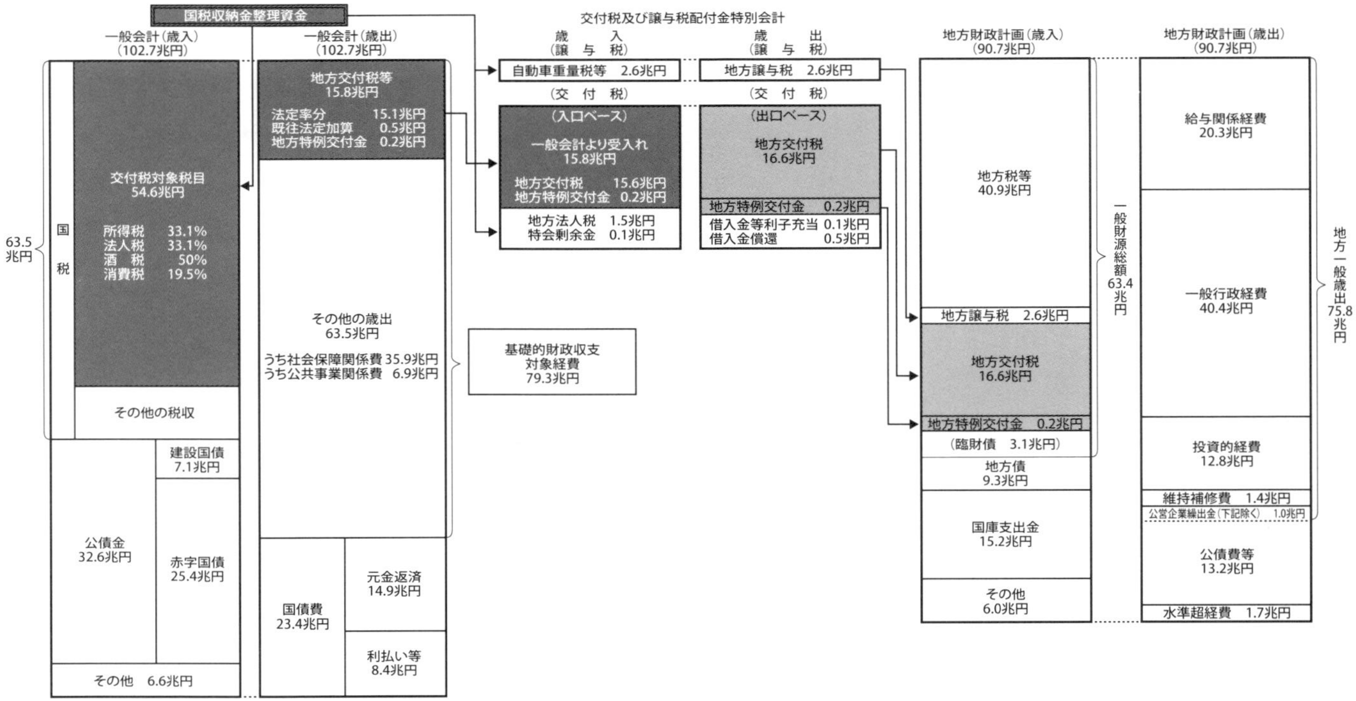

（注）表示未満四捨五入の関係で、合計が一致しない箇所がある。
（出所）総務省ホームページ（https://www.soumu.go.jp/main_content/000671429.pdf、2021 年 1 月 24 日現在）。

そのうち地方向けの生活保護の国庫負担金は3兆円程度である。生活保護費の補助率は4分の3であるので、3兆円×(4/3)＝4兆円程度が、地方財政計画の一般行政経費40.4兆円の内数に計上されている。

ところで、図8-2で、地方財政計画の歳出と歳入は同額である。歳出と同額の歳入が確保された結果である。歳入における地方税は、税制と景気動向を反映して見積もられる。国庫支出金と地方債は、それぞれ補助事業費と投資的経費の規模に連動する。すなわち、地方財政計画の歳出と歳入を一致させるのは、本来的には地方交付税である。ただし、近年では、国の財政運営が多額の赤字国債に頼っていることもあって地方交付税を十分確保できず、所要額の一部を、臨時財政対策債という地方債で賄っている。臨時財政対策債（臨財債）は使途の制限のない一般財源であり、その元利償還金が償還時に地方交付税で財源保障されることで、自治体の実質的な財政負担にならない。

2.3　地方交付税の性格

地方財政平衡交付金では、交付金の総額は、地方財政計画の歳出に対する歳入の不足額として決定されていた。それに対して、改組後の地方交付税では、国税収入の一定割合（法定率または地方交付税率という）とすることに改められた。そこには、国税であってもその法定率分は、自治体の共有財源であって固有財源と位置づけられている。

地方交付税に改組された際、法律のうえでは、地方財政計画は、毎年度、歳出が歳入と同額であることは想定されていない。歳出が歳入を上回ったときに、その不足額が一定以上であって、その状態が一定期間、続いたときには、地方交付税の法定率を引き上げるなどの措置を講じるとしている。すなわち、地方財政計画の歳出と歳入は、中期的に一致するという運用を想定している。

しかし、法の規定とは別に、地方財政計画の歳出と歳入は常に一致するようにされてきた。地方財政計画の歳出が歳入を上回っていれば、事務配分にふさわしい財源が保障できていないことを政府として認めたことになるので、自治体が法令に基づく事務を執行する前提条件が満たされず、執行が滞り、住民サービスの影響が生じる事態を招きかねない。そこで、運用として、地方財政計画の歳出と歳入を、毎年度一致させてきた。そのために、地方交付税の所要額と財源の差を解消するための財源措置である地方財政対策が毎年度必要となった。地方財政対策では、景気変動による地方交付税の原資の変動に対処するための年度間調整が大きな課題となる。

column　財政の基本は量出制入

自治体の財政担当者の感覚では、確保できる歳入の範囲で歳出を抑制するのが財政運営だとなる。すなわち、入るを量りて出ずるを制す（量入制出）となる。家計の運営と同じ考え方である。しかし、財政運営とは、本来は、どこまでの公共サービスを提供するかを示したうえで、それにふさわしい歳入を確保することが基本である。すなわち、歳出を起点とする、出ずるを量りて入るを制す（量出制入）となる。それでは、なぜ自治体の財政担当者の感覚は量入制出となるのか。

図8-2をもう一度見てほしい。地方交付税の総額は国税５税収入の法定率で決まるわけではないと説明した。仮に、交付税原資＝地方交付税であって、その額に応じて地方財政計画の歳出を決めているのならば、量入制出となる。しかし、実際は、地方財政計画の歳出がまず決まって、それと同額の歳入を確保するように地方交付税を決めているので、まさしく量出制入である。自治体の財政は、地方財政計画で量出制入をしたうえで、それを個別団体に配分したところから始まる。すなわち、個々の団体が法令に基づいた事務を執行するうえで必要な財源が確保できている状況が起点となる。そのために量入制出を基本として問題がない。すなわち、地方財政は、図8-2の地方財政全体のマクロの収支と、個々の自治体のミクロの収支の２段階で運営されている。

もっとも、それほど立派なことはいえない。図8-2では、地方交付税で埋めるべき歳入の一部を臨時財政対策債で調達しているので、量出不制入（出ずるは量るが入るを制さず）であるからだ。

2.4　地方交付税の法定率

地方交付税の法定率は、制度発足時の所得税、法人税、酒税の国税3税の22%から始まり、段階的に引き上げられて、1966年度に32%になった。その後、国税の減税等に対応して、交付税財源を実質的に確保するための措置として、税目の拡大や法定率の見直しが行われてきた。財源不足の緩和を意図した法定率の引き上げは、2015年度に初めて行われたが、財源不足の解消の一部を補う程度にとどまっている。

消費税率の10%への引き上げを受けて2020年度に見直された法定率は、所得税および法人税の33.1%、酒税の50%、消費税の19.5%、地方法人税の全額である。法定率の引き上げが不十分であることによる財源不足への対応策として、各年度の地方財政対策による一般会計からの加算、借入金の返済などが行われ、地方財政計画の歳出と歳入を一致させるように、地方交付税および臨時財政対策債の総額が決められている。

3 地方交付税の配分

3.1 普通交付税の配分方式

地方交付税は、地方財政計画に基づいて総額が決定された後に、それを47の都道府県と1,700あまりの市町村に配分される。総額の94%が普通交付税、6%が特別交付税に区分される。地方交付税は、財政需要と財政収入を捕捉し、その差額として交付される。

普通交付税の算定における財政需要は、基準財政需要額と呼ばれる。公平な配分のために個々の自治体の実績や政策判断に基づくものなどを除き、自然的・地理的・社会的諸条件に対応する合理的でかつ妥当な水準として算定される。このような算定の考え方を標準的な額として算定するともいう。財政収入は基準財政収入額と呼ばれ、同じように標準的な額として算定する趣旨から、地方税法に定める税目と税率で、一定の徴収率において徴収されるであろう額を基礎に算定される。それに対して、特別交付税は、普通交付税の算定における基準財政需要額において捕捉できなかった特別な財政需要と、または基準財政収入額のうち著しく過大に算定された財政収入を基礎に算定される。すなわち、標準的な額として算定される普通交付税を補うものが特別交付税である。

普通交付税の仕組みは、図8-3のように示される。基準財政需要額と基準財政収入額は次のように算定される。

基準財政需要額＝単位費用（法定）×測定単位（国調人口等）
×補正係数（寒冷補正等）

基準財政収入額＝標準的な地方税収入見込額×原則として75%

基準財政需要額が基準財政収入額を上回る（下回る）自治体を交付団体（不交付団体）と呼ぶ。交付団体では、基準財政需要額が基準財政収入額を上回る額を基礎として普通交付税が交付されるが、不交付団体では不交付となるだけで、下回る額を国庫に返納する必要はない。

基準財政需要額は、都道府県分であれば、警察費、土木費・道路橋りょう費などの算定項目ごとに単位費用を設け、それぞれについて測定単位と補正係数に基づいて算定される[3)]。一方、基準財政収入額は、地方税法に基づく地方税収入の原則75%と地方譲与税等の全額として算入される。地方税法の標準税率を超える超過課税分や、法定外税による収入は含まれない。また、地方税収入の一部を、図8-3に示したように留保財源として算入しないのは、すべての

図8-3　普通交付税の仕組み

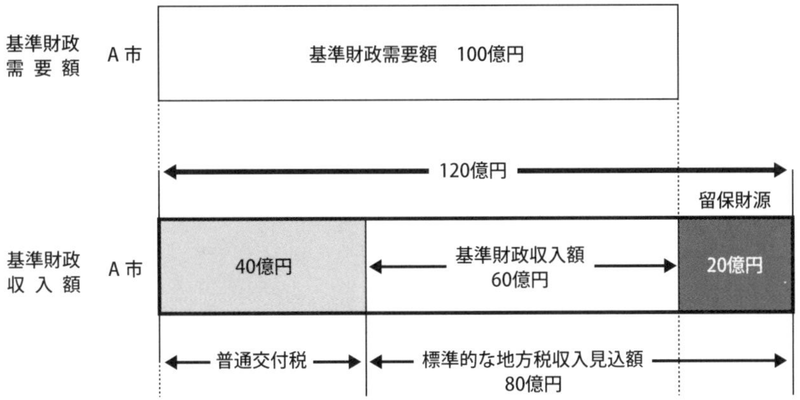

（出所）　総務省ホームページ（https://www.soumu.go.jp/main_content/000743416.pdf、2021年6月10日現在）。

経費を基準財政需要額として客観的に捕捉することが技術的に困難であることと、そのようにすることによって自治権を制限する懸念があることである。さらには、全額を算入すれば、地方税収が増えても普通交付税の減少で相殺され財源が増えずに、自治体の税源涵養努力を削ぐので、それを避ける意味もある。

3.2　財源保障の考え方

地方財政計画の主な歳入のうち、使途に制限のない一般財源は、地方税等と地方交付税および地方債のうちの臨時財政対策債である[4]。簡単化のために、地方譲与税や地方特例交付金などの地方税に準じる一般財源と不交付団体の影

3）　たとえば、2020年度の道府県分の小学校費であれば、標準的な道府県の規模（人口170万）における小学校数を360校と見込み、その教職員数を6,328人と設定している（教職員の配置は公立義務教育諸学校の学級編制および教職員定数の標準に関する法律＝標準法に基づく）。その給与費等のうち、3分の1の割合で国庫負担がされる部分を除いた一般財源所要額は38,324百万円であり、測定単位を教職員数としているので、単位費用は38,324百万円/6,328人＝6,056千円となる。道府県分の小学校費に適用される補正係数は、普通態容補正（教職員の地域手当等にかかる経費の差を反映）、寒冷補正（教職員の寒冷地手当にかかる経費の差を反映）、経常態容補正（国庫負担金の負担割合変更分について各都道府県における年齢構成差等による給与の差を反映）の3つである。以上のことから、道府県分・小学校費の基準財政需要額は、以下のように算定される。

単位費用（6,056千円）×測定単位（標準法に基づく教職員数）
×補正係数（普通態容補正×寒冷補正＋経常態容補正）

4）　地方譲与税の大半や地方特例交付金なども一般財源に含まれる。また、地方税であっても都市計画税等の目的税の一部は一般財源としては扱われない。

図8-4　財源保障のイメージ

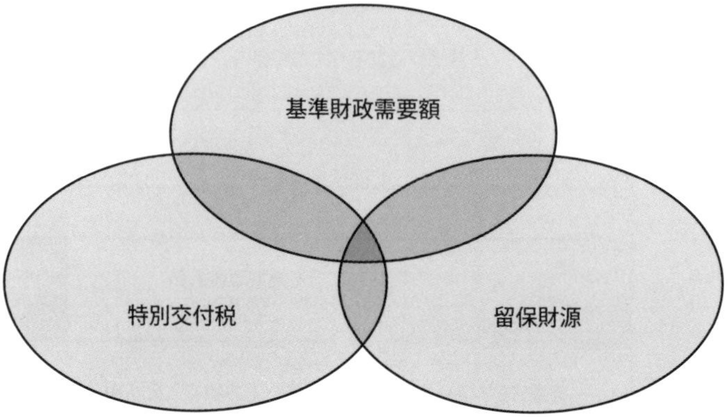

響、および臨時財政対策債を捨象すると、地方税＋地方交付税は、一般財源ベースでのいわば標準的経費となる。それらは次のように分解される。

一般財源ベースでの標準的経費
　＝地方税＋地方交付税
　＝基準財政収入額＋留保財源＋特別交付税
　　＋(基準財政需要額－基準財政収入額)
　＝特別交付税＋基準財政需要額＋留保財源

すでに述べてきたように、地方財政計画の歳出とは、国が法令等で定めた財政需要を含めた標準的経費である。図8-4が示しているように、一般財源ベースの標準的経費は、個々の自治体の外形的な条件を反映する基準財政需要額と、個々の自治体の実情に沿って算定される特別交付税、財源保障の対象外の留保財源に分かれる。すなわち、3つの財源のうちのいずれか、あるいは2つまたは3つの財源の組み合わせで対応される。基準財政需要額には、その性格上、義務付けの強い経費が優先的に算入されるので、義務付けが弱い経費は留保財源対応となる傾向がある。基準財政需要額は、それ単体で標準的な経費であると理解されがちだが、個別団体の実情等を必要以上に反映させないという意味で標準的に算定されるものの、標準的な経費の全額であるとは限らない。まったく算入しないことも一部しか算入しないこともあるからである。

図8-4の3つの円は同じ大きさで描かれているが、実際には、2021年度の地方財政計画では、交付団体ベースの一般財源は62兆円程度であって、そのうち留保財源は6兆円強、特別交付税は1兆円程度、残る基準財政需要額がもっ

とも大きく55兆円程度となる。したがって、地方財政計画に盛り込まれた財政需要は、一般財源ベースで、大部分が基準財政需要額で捕捉されるものの、一部は留保財源または特別交付税対応となる。留意すべきは、図の重なった部分の複数の財源の組み合わせで賄われる財政需要についてである。

たとえば、投資的経費を優遇する場合に、発行した地方債の元利償還金の一部のみを基準財政需要額に算入し、算入残は留保財源対応となる。法令による義務付けの弱い事務の場合、その一部を標準的な額として基準財政需要額に算入し、残りを留保財源対応とすることが少なくない。

仮に、一般財源ベースでの標準的経費が同額で推移しても、前年度から地方税が増えて地方交付税が減少すると、先の式に照らすと、留保財源が増加するので、基準財政需要額は圧縮されることとなる。基準財政需要額を、それだけで標準的な行政経費が賄われる額であると誤解すると、そのような効果を見誤ることとなる。

4　地方税の充実と歳入の自治の確保

4.1　自主財源と依存財源

財源には使途の制限のない一般財源と制限のある特定財源がある。前者には、地方税や地方交付税があり、後者には国庫支出金や地方債がある。一般に一般財源の方が特定財源よりも使途の自由度があることから地方分権に適う。

一方、自主財源と依存財源という区分もある。地方交付税は一般財源であるが、その額は国が決定しているので依存財源である。自主財源の中心は地方税である。したがって、地方税がもっとも地方分権に適う財源とされる。

ところが、地方税には、地域的な経済力の格差を反映して税源の著しい偏在がある。偏在性を弱めるような税制改正は必要だが、皆無にはできない。2018年度決算ベースで、国税と地方税の合計は104.1兆円であって、国税と地方税の比率は62：38である。それに対して、国税等を財源として地方交付税や国庫支出金等が地方に交付されるので、国の歳出と地方の歳出を、移転財源分を除いた純計ベースで比較すると43：57となり、ほぼ逆転している。本来、国税から地方税にウエイトを移し、財源移転を小さくすることが望ましいが、地方税に税源偏在が大きいことからそれには限界がある。

4.2　地方税体系

表8-2は、国税と地方税の税収配分を示している。課税対象別で見ると、2018年度決算ベースで、国税は所得が55.1％、消費は39.6％であって、資産はほとんどない。また、道府県は、法人事業税、個人道府県民税などの所得課税と地方消費税などの消費課税のウエイトが大きく、資産課税はほとんどなく、国税とよく似た構成である。一方、市町村では、個人市町村民税などの所得課税と、固定資産税などの資産課税のウエイトが、それぞれ47.0％および48.0％と大きく、消費課税はほとんどない（ただし、道府県税である地方消費税の一定割合は市町村に地方消費税交付金として交付される）。

一般に国が提供する公共サービスは、全国民の便益が及ぶ。一方、道府県と市町村は、それぞれ自地域内の住民の公共サービスの便益が及ぶ地方公共財を提供するとされる。シャウプ勧告が示した地方税体系では、受益と負担の地域的一致という観点で、国と地方に税源を配分するとして、国税は所得課税、道府県税は消費課税、市町村は資産課税と所得課税を中心とすべきとした（たとえば、消費活動は概ね都道府県内で完結するので、消費課税を道府県税とすることで、公共サービスの受益者が税を負担することとなる）。そこで、道府県税に当時、どの国も導入していなかった附加価値税を基幹税とした。また、市町村税に所得課税を配置したのは、地方分権の推進の観点で基礎自治体中心主義を打ち出し、特に市町村の財政基盤の強化をめざしたからである。

しかし、付加価値税は法律こそ成立したが、実施が困難という理由で廃止され、代わって所得課税である法人事業税を道府県税の基幹税としたことで、道府県税も所得課税に偏重することとなった。その後、消費税が国税で導入され、税率が引き上げられた際に、その一部を地方消費税とし、その税率を段階的に引き上げた結果、道府県税における消費課税の割合が高まっている。

4.3　課税自主権

地方財政計画の歳入に占める地方税の割合は、2020年度では45.1％であり、かつて3割自治といわれていた時代に比べると、地方税の割合は高まっている。しかし、なお過半に達していないことから、課税自主権は十分でないという見方がある。

その一方で、地方税法は、多くの税目で標準税率を定め、それを超える超過課税を相当広範囲で認めている。超過課税の上限を制限税率というが、それを

表8-2　国・地方の主な税目および税収配分の概要

（　）内は、平成30年度決算額、単位：兆円

		所得課税	消費課税	資産課税等	計
国		所得税 (19.9) 法人税 (12.3) 等	消費税 (17.7) 揮発油税 (2.3) 酒税 (1.3) たばこ税 (0.9) 自動車重量税 (0.4) 等	相続税 (2.3) 等	
国		個人（31.6%） 法人（23.5%）			
国		55.1%（35.4兆円）	39.6%（25.4兆円）	5.3%（3.4兆円）	100.0%（64.2兆円）
地方	道府県	法人事業税 (4.2) 個人道府県民税 (4.8) 法人道府県民税 (0.8) 道府県民税利子割 (0.1) 個人事業税 (0.2)	地方消費税 (4.8) 自動車税 (1.6) 軽油引取税 (1.0) 自動車取得税 (0.2) 道府県たばこ税 (0.1) 等	不動産取得税 (0.4) 等	
地方	道府県	個人（27.7%） 法人（27.7%）			
地方	道府県	55.4%（10.1兆円）	42.0%（7.7兆円）	2.6%（0.5兆円）	100.0%（18.3兆円）
地方	市町村	個人市町村民税 (8.1) 法人市町村民税 (2.4)	市町村たばこ税 (0.9) 軽自動車税 (0.3) 等	固定資産税 (9.1) 都市計画税 (1.3) 事業所税 (0.4) 等	
地方	市町村	個人（36.1%） 法人（10.8%）			
地方	市町村	47.0%（10.5兆円）	5.0%（1.1兆円）	48.0%（10.8兆円）	100.0%（22.4兆円）
地方		50.7%（20.7兆円）	21.7%（8.8兆円）	27.6%（11.2兆円）	100.0%（40.8兆円）
計		53.4%（56.1兆円）	32.6%（34.3兆円）	13.9%（14.6兆円）	100.0%（105.0兆円）

（再掲）

	所得課税	消費課税	資産課税等	計
国	63.1%	74.2%	23.3%	61.2%
道府県	18.1%	22.5%	3.2%	17.5%
市町村	18.8%	3.3%	73.5%	21.4%
地方	36.9%	25.8%	76.7%	38.8%
計	100.0%	100.0%	100.0%	100.0%

（注）1　国税は特別会計分を含み、地方税は超過課税分および法定外税を含む。
2　国税は地方法人特別税を含み、地方税は地方法人特別譲与税を含まない。
3　下線を付した税目以外の地方税目は課税標準が国税に準拠しまたは国税に類似しているもの。
4　表中における計数は、それぞれ四捨五入によっており、計と一致しない場合がある。
5　計数は精査中であり、異動する場合がある。

（出所）総務省ホームページ（https://www.soumu.go.jp/main_content/000696129.pdf、 2021 年 1 月 24 日現在）より作成。

設けていない税目もある。また、地方税法に定めのない法定外税も一定の要件を満たせば、自由に設けることができる。その意味では、課税自主権は制度的には整っている。とはいえ、課税客体となるものにはすでに課税がされていることや、超過税率や新税について、住民の理解を得るのは容易ではない。超過課税の規模は2018年度決算額で3,317億円、法定外税収入は2019年度決算で562億円と地方税収全体のごく一部にとどまっている。

5　自治体財政の運営と健全性の確保

5.1　地方債制度

地方債は、地方財政法5条によって、発行対象が制限されている。そこでは、国の財政法と同じく、投資的経費にしか充当できないとする建設公債主義が採用されている。水道や下水道事業、地下鉄などの交通事業などからなる地方公営企業については、その建設改良について、広く地方債の発行が認められている。臨時財政対策債のような特例的な地方債は、地方財政法の附則で特に規定される。そのほか、過疎対策事業債など、個別法に基づく地方債もある。

地方債の発行については、かつては自治体財政の健全性の確保と、投資的経費に対する資金需要に対し、政府による資金割当を効率的に行う観点から、許可制度を採っていた。しかし、日本経済が資金余剰経済に転じたことで、資金割当の必要性が小さくなり、地方分権を進める観点から、2006年度から地方債発行は協議制に改められた。さらに2012年度からは民間資金については事前届出制が導入され[5)]、一段と緩和された。もっとも、財政指標が一定以上であるなど、財政状況が芳しくない場合には例外的に許可制度などが適用される。許可制度の下では、地方債の発行は原則禁止であって、例外として許可するかたちを採っていたが、協議制度移行は原則自由となり財政悪化団体のみが規制対象となる[6)]。

5）　2016年度には、協議不要基準を一層緩和している。

6）　地方債については、市場化も進んでいる。かつて、金融市場で公募債を発行する団体は東京都や大阪市などの大都市圏のごく一部に限られていたが、現在では、公募団体は、都道府県と政令市を中心に、2019年度には56団体に達している。また、36の道府県とすべての政令市が共同発行市場公募債を発行している。その反面で、中小規模の市町村については、公的資金としての財政融資資金（国の財政投融資計画に基づく）と地方共同の金融機関として設立された地方公共団体金融機構による引受けが中心であり、それを補完するものとして、指定金融機関などの金融機関による引受けがある。

5.2　災害財政の枠組み

大規模な自然災害においては、その復旧・復興事業に多大な財政負担が発生することから、特別な財政スキームが適用される。そこでも地方債は大きな役割を負っている。シャウプ勧告は、災害復旧は全額国費で行うとした。通常の地方財源では賄えないからである。しかし、被災団体が財政負担を負わないのは不自然であることから、全額国費としたのはシャウプ勧告の翌年の1年間だけであり、1952年度から、現在の災害財政のスキームが開始された。それは、災害時の初期対応などの経常経費については、主に特別交付税を財源とするとともに、復旧事業については、高率の国庫支出金によるほか、一般財源対応分を地方債で賄うこととし、その元利償還金については95%という高率の事業費補正（起債の元利償還金の一定割合を後年度の基準財政需要額に算入することで財源を保障する手法）で対応される。その後、災害対策基本法（1961年）や激甚災害法（1962年）などで、国による災害復旧への財政援助のスキームが整えられたが、自治体の財政負担のスキームは基本的に変わっていない。

1995年の阪神・淡路大震災では、特別な財政援助法が設けられ、それまでの復旧財政の手法を高速道路や社会福祉施設などに拡充することやガレキ処理の公費負担などを実施した。また、2011年の東日本大震災に際しては、同じく特別な財政援助法を設けるとともに、復旧だけでなく復興事業にも大幅な国費投入がされた。復興財源として、国民全体から復興増税を行うとともに、自治体の財政負担に対しては、従来のように起債と事業費補正という手法に代わり、震災復興特別交付税で賄うこととした。東日本大震災の被災団体に財政的に恵まれない市町村が多く、過去に例のない規模の地方債を発行して、巨額に復旧・復興財源を調達することが難しいと考えられたからである。

5.3　開発財政と地方公営企業

地方債は、投資的経費に対する財源であり、インフラを整備することや公共施設の建設に有効に活用できる。自治体には、地域産業を活性化させて、そこで一定の雇用を生むなどの政策を展開する必要がある。投資的経費の執行に基づく地域振興を支えるのが、国の補助金と地方債を組み合わせる開発財政の手法である。その反面で、返済時の公債費が過大になって財政運営を圧迫することがあるので、地方債による開発財政には一定の財政悪化へのリスクを伴う。

図8-1で示したように、投資的経費が大きく拡大した時期には、政府が自治

体に対して、その執行を促してきた。そこでは、地方債の元利償還金に対する事業費補正が、実質的な借入金の負担を軽減する手法として多用された。しかし、事業費補正では算入率は100%でないので、非算入の公債費は留保財源対応となって、後年度の財政負担を生じさせる。投資的経費は、1990年代半ばをピークに急減しているものの、公債費のピークは遅れる反面で、2000年代の初頭に構造改革によって地方交付税が大幅に縮減された。公債費が高止まりの状態で地方交付税が減額されたことで、自治体の財政状況は一気に悪化した。

地方債以外の開発財政の手法として、1980年代から多用されたのは、土地開発公社によって公共用地を先行取得することでインフラ整備等を推進することや、第三セクター等による地域振興策である。土地開発公社については、法律で例外的に債務保証が認められており、第三セクター等には損失補償契約を結んで事業を推進する手法が採られた。しかし、それらの事業の多くは、1990年代初めのバブル崩壊によって行き詰まり、自治体に大きな財政負担を発生させ、財政悪化を招いた。それらに伴う負の遺産の処理を促したのが自治体財政健全化法である。

そのほか、地方公営企業による開発事業も重要である。水道、工業用水道、交通（軌道、自動車、鉄道）、電気、ガスなどのほか公立病院が、企業的な会計処理が義務付けられる地方公営企業である。交通（船舶）、簡易水道、港湾整備、市場、と畜場、観光施設、宅地造成、公共下水道などは、企業的な会計適用が任意の地方公営企業である。建設改良には、いずれも公営企業債という地方債が多用されている。

地方公営企業は、提供する財貨またはサービスの対価である料金収入によって維持される、独立採算制が原則である。ただし、その性質上、地方公営企業の経営に伴う収入をもって充てることが適当でない経費（下水道事業における雨水処理にかかる費用など）や、地方公営企業の性質上、能率的な経営を行ってもなおその経営に伴う収入のみをもって充てることが困難である経費（僻地医療を支える公立病院への財政支援など）については、地方団体の一般会計等からの財政負担である繰出金等によって支えることとされている。人口減少が進むなかで、中山間地域などの条件不利地域では、地方公営企業の効率的経営には限界があり、その経営環境の整備が課題となっている。

5.4　自治体財政健全化法とその効果

自治体の財政再建を進める枠組みは、1950年代半ばの自治体財政の悪化の

表8-3　自治体財政健全化法における財政指標の設定

	早期健全化基準	財政再生基準
実質赤字比率	都：5.54% 道府県：3.75% 市区町村：財政規模に応じ11.25%～15%	都：8.57% 道府県：5% 市区町村：20%
連結実質赤字比率	都：10.54% 道府県：8.75% 市区町村：財政規模に応じ16.25%～20%	都：28.57% 道府県：15%（注） 市区町村：30%（注）
実質公債費比率	都道府県・市区町村：25%	都道府県・市区町村：35%
将来負担比率	都道府県・政令指定都市：400% 市区町村：350%	—
資金不足比率	（経営健全化基準）20%	—

（注）3年間（平成21年度～平成23年度）の経過的な基準（都道府県は25%→25%→20%、市区町村は40%→40%→35%）を設けており、経過措置期間終了後の財政再生基準は道府県：15%、市町村：30%となる（東京都についても別途経過措置が設けられている）。
（出所）総務省『地方財政白書』（平成23年版）。

下で地方財政再建促進特別措置法として設けられ、その後も、財政悪化団体に対して同法を準用してきた。しかし、近年では、土地開発公社や地方公営企業など、一般会計以外の財政負担が、財政悪化の原因となることが多く、旧法では対応できないことから、新たに2007年に地方公共団体の財政の健全化に関する法律（自治体財政健全化法）が創設された。

同法は、旧法の実質赤字比率に加えて、特別会計との連結ベースでの連結実質赤字比率、債務の重さを毎年度の公債費で測る実質公債費比率、債務残高と基金の差額である純債務で測る将来負担比率を健全化判断比率とし、表8-3で示したように、早期健全化基準と財政再生基準を設けている。財政再生基準に達すると、総務大臣の監督の下で、財政再建を最優先にする予算の編成と運営を余儀なくされる。早期健全化の段階であっても、当該自治体の議会の監視の下で、財政再生に準じた再建規定が適用される。そのほかに、地方公営企業単体についても、資金不足比率によって再建規定が適用される。

自治体財政健全化法は、健全化判断比率が一定以上に悪化した場合には、自由な予算編成という意味での自治権を一部制限してでも健全化の規定を適用するものである。財政再建を最優先にした予算とすることで、地方債の償還等が確実に行われるようにしている。すなわち、財政状況が悪化した自治体に対して、債権放棄等をしないでも債務の返済が可能な範囲にあるうちに、強権的に再建規定を発動させる枠組みである。その仕組みによって、地方債の安全性を守っている。

2021年度現在、唯一の再生団体は、不適切決算などの特別な事情から同法の施行前から大きな赤字を抱えていた北海道夕張市のみであって、同法の施行当初は少数あった早期健全化基準に抵触する自治体はほどなくなくなった。同法の財政悪化への抑止効果が働いた結果といえる。

5.5 自治体の財政運営

自治体は、以上のような地方税財政制度の下で、財政運営を行う。義務付けのきわめて高い事務もあれば、義務付けが弱い事務やまったくない事務は、自治体が裁量的に実施できる。一般に、生活保護費のように自治体の裁量権が認められていない事務については、国庫負担金を除いた、自治体の実質的な負担分は、地方交付税で財源保障されるので、仮に生活保護率が上昇しても、直ちに財源不足に陥るわけではない。

その反面で、義務付けの弱い単独事業や、補助事業でも国庫補助金を除く自治体の負担分は、地方交付税の財源保障がないか、一部にとどまることも多い。一般的に、人件費が多くなったり、社会保障給付でも単独事業分が多くなったりすると、財政逼迫の原因となることがある。近年では、自治体で財政状況が悪化する理由のもっとも多いのは公債費である。

公債費のなかには、その一定割合が、基準財政需要額に算入されることで、自治体の実質的負担にならないものもあるが、その算入率は100%未満が原則であって、自治体の実質的負担は生じる。実質的な公債費負担は財政悪化に直結する。公債費が大きな自治体のなかには、第三セクターや土地開発公社の運営が破綻し、その債務の一部を肩代わりして、公債費として毎年度償還している場合もある。そのほか、地方公営企業は独立採算であることが原則だが、自治体の一般会計からの財政支援に頼っている場合もあり、それらは準公債費と呼ばれ、公債費と同じように財政悪化の原因となる。

自治体財政健全化法は、自治体の債務が大きくなると、実質公債費比率や将来負担比率に反映されるが、早期健全化基準といえども財政運営の自主権を過度に制限しない趣旨で、相当程度まで悪化した状況に設定されている。すなわち、同法の健全段階である自治体でも、公債費や準公債費が過度に膨らむと、単年度の収支が均衡できなくなり、自治体の貯金である基金を、毎年度のように取り崩す状況に陥り、財政の持続可能性が確保できなくなる。

今後、自治体は、人口減少に対応して、公共施設等の老朽化対策が必要となる。水道事業などの地方公営企業でもそのことは深刻な課題である。それらに対応していくためにも財政健全性の確保が欠かせない。

【文献案内】

石原信雄（2016）『新地方財政調整制度論（改訂版）』ぎょうせい

地方交付税制度の歴史的経緯を踏まえて、現行制度の理論的枠組みを明らかにしている。

黒田武一郎（2018）『地方交付税を考える――制度への理解と財政運営の視点』ぎょうせい

地方交付税制度を理解するために必要な知識を、可能な限り平易に解説している。

小西砂千夫（2017）『日本地方財政史――制度の背景と文脈をとらえる』有斐閣

地方財政制度の全般にわたり、その運営についての歴史的経緯を書き起こしている。

【研究課題】

(1) 近年、公共施設等の総合管理の観点でインフラや公共施設の老朽化対策が進められている。その状況について調べよう。

(2) 地方交付税の財源不足を補うための措置である折半ルールについて調べよう。

(3) 消費税率を5%から10%に引き上げる際に実施された社会保障と税の一体改革のねらいや内容について調べよう。

9 地方自治の発展

北山俊哉

summary

これまで見てきた地方自治の制度や現状を理解するためには、今日に至った経緯が存在することを理解し、それを長期的な観点から見ることが必要である。明治新政府のリーダーたちは近代国家を構築するために、江戸の幕藩体制を集権化したが、同時に分権的な制度をも組み込もうとした。その地方制度は、内務省から府県に派遣される知事を結節点とする「内務省―府県システム」と呼ばれるものであったが、市町村には自治の要素が色濃いものであった。

1930代以降の総力戦体制で地方自治のあり方も大きく変化した。さらに、アメリカを中心とした占領改革による変化が加わり、二重の変化を日本の地方自治体は受けることになった。これらの変化に対する逆コースの時期を経て、制度の変化は落ち着き、高度経済成長の時代を迎える。この大きな社会経済変動に対して自治体は適応を迫られた。新しい首長公選制と、戦前から続く包括的授権方式との組み合わせは、さまざまな地方発の政策革新を可能にしてきた。地方における政権交代ともいえる革新自治体も重要な主体であった。経済成長の鈍化とともに、新たな課題に直面した日本の地方自治制度は、分権化への制度改革の時代を再び迎えていく。

keyword

廃藩置県、内務省、市制町村制、府県制郡制、特別市、地方自治法、シャウプ勧告、地方交付税、政令指定都市、革新自治体、地方行革、国と地方の相互依存

これまで、日本の地方自治の制度や現状について学習してきた。これらは、「ポッカリと浮いた真空で生じている物理的現象ではなく、どっぷりと特定の時代・地域の中に入り込んだ人々の行動の結果」（筒井、2020、62頁）として存在する。制度とは白紙のうえに一から描き上げるものではない以上、現在を理解するためには、過去の経緯、すなわち歴史を学ぶことが重要である。特に政治においては、過去の決定や政策が次の時期の政治行政に大きな影響を与え続けることが多い（ピアソン、2010）。これを「経路依存」と呼ぶ。同時に、次の時代に継続的な影響を与え続ける特定の時期が存在する。そこでの政治アクター間の闘争の結果が、その後の政治発展の経路を左右するのである。そのような時期として、1）明治維新から明治地方制度の策定まで、2）総力戦遂行のために行政活動の拡大があった戦時期、3）占領改革による大規模な変革とその後の揺り戻しがあった戦後期がある。これらの時期の政治行政の変化が大きな影響を与えて、社会経済の大きな発展や長期停滞をもたらす。それがさらに政治行政の変化を呼ぶことになるのである。

1　明治の地方自治制度

1.1　集権化と近代的立憲国家の形成へ

近代日本の地方自治制度は、明治維新のリーダーたちが作り上げた。彼らが倒そうとした江戸幕藩体制は、封建領主がそれぞれの地域を支配する封建政体であった。帝国主義がはびこる東アジアで生き残るため、彼らはまず封建体制を否定して集権化し、国民国家を創設しなければならないと考えた。しかし同時に、幕末から公議（広く会議を興し万機公論に決すべし）に基づいた政治が唱えられており、立憲政体、および地方自治制度を組み込む必要があるとしていた（北山、2020）。

1.2　大政奉還、版籍奉還、廃藩置県

最後の将軍、徳川慶喜が大政奉還を行い、王政復古の大号令によって江戸幕府は倒れた。しかし江戸の幕藩体制は、幕府が倒れたことでは終焉とはならなかった。天領と呼ばれていた徳川幕府の直轄領が府県になっただけで、藩には依然として旧藩主が君臨していた。

1869年、新政府が、藩主に土地（版）と人民（籍）の支配権を朝廷に返上

させる版籍奉還を願い出させた。さらに1871年に、廃藩置県が行われ、これによって幕藩体制が名実ともに終わりを迎えた。藩主に代わって知事が任命され、藩主は東京へ呼び迎えられたのである。府県の整理合併が続き、3府（東京・京都・大阪）72県に、さらに3府35県（1876年）にまで減少した。

国民国家の形成を図った明治政府が、次に必要としたのは、国民の把握である。富国強兵のために徴兵・徴税を実施する必要があったのである。廃藩置県と同じ1871年、戸籍法が制定された。この戸籍編成のために全国を区に分け、翌年にはさらに大区と小区に分けた。これが大区・小区制である。江戸時代の町村はあまりに小さく、国政にかかわる政策を実施していくために、このような人工的な地方行政区分が必要とされたのである。

1.3　三新法と内務省

しかし1878年、いわゆる三新法（郡区町村編制法・府県会規則・地方税規則）によって、国民の反発のあった大区・小区制を否定し、旧来の郡町村の区域・名称を復活させた。1880年の区町村会法では、町村会、区会の開催は町村や区の自由に任され、町村の長の公選も認められ、府県会も置かれた。

大久保利通を中心として設立された内務省は、1873年に設置され、大蔵省や司法省から権限を引き継ぎ、大久保の暗殺後も強大な権力を行使した。地方行政のみならず、警察・土木・選挙など内政全般を所管することによって、自由民権運動、そして政党勢力と対峙していくこととなった。

この間、国政においては、自由民権運動が進展し、国会開設が近づいていた。国会開設よりも前に恒久的、体系的な地方制度を整備することが必要だと明治のリーダーは考えた。伊藤博文に継ぐ実力者になった山縣有朋内務卿（1885年より内務大臣）は、ドイツ人法制顧問モッセなどの協力を得て、1888年に市制町村制を制定した。その翌年、大日本帝国憲法の発布があり、1890年、国会開設の年に府県制郡制を公布した。

1.4　明治の地方自治制度――官治のシステム

明治の地方自治制度（市制町村制、府県制郡制）を、官治のシステムと自治のシステムに分けて考えよう。府県の下に市と郡があり、郡の下にさらに町村が置かれる。

まず人的側面では、地方官官制という地方に配置される官吏（国家公務員）の制度が、1886年に勅令で敷かれていた。内務大臣を頂点とし、官選の府県知事を結節点とし、同様に官選の郡長が町村の上部に位置する。彼らがそれぞれ、市町村長を監督するというものであった。とりわけ府県知事の役割は中枢的であり、その人事権を握っていた内務省が内政の総括官庁として背後に控えていた。「内務省—府県システム」と呼ばれることもある（天川、2017）。国と市町村の中間に位置する府県は、自治体というよりも、国の地方総合出先機関の色彩が強かった。第1章でいう「垂直的行政統制モデル」が着目する要素である。

事務の側面に導入されたのが、プロイセンの仕組みに倣った国政委任事務（後にいう機関委任事務）である。特に徴兵という国家の事務を市町村長に実行させる必要があった。市町村長がこれを執行しなければ解職ができるようになっており、それを議会が否決できない仕組みになっていた。また、市町村長が議会に対する監督権限を有しており、知事には原案執行権が与えられた。

また、プロイセンに倣って、「包括授権型」の制度がとられた。日本では、国の立法的な授権をいちいち得ずとも、地方は独自に仕事をすることができた。イギリスでは、国の立法的な授権がない仕事を地方が始めると、それは権限《けんげん》踰《ゆ》越《えつ》となる。地方の仕事は個別に授権されたことに限るという「制限列挙型」なのである（第1章、第10章を参照）。

1.5　自治のシステム

明治の地方制度にも自治のシステムが置かれ、近代地方自治の萌芽はあった。まず、だれが自治に参加できるかである。国民は住民と公民とに分けられ、地租を支払っているか、国税年額2円以上を支払っているものが公民とされ、公民のみが市町村会議員を選挙で選出することができた。参加は、公民の義務であり、名誉とされた。議員もまた無給の名誉職であった。市町村会の選挙は等級選挙制度[1]によって行われた。

市の執行機関は合議制の参事会、町村は町村長であった。町村長は町村会において選ばれ、議長を兼務したが、市長は市会が推薦する3人の候補者の中から内務大臣が選任した。郡会議員、府県会議員は複選制[2]によって選ばれた。

さらに大都市に関する制度があり、東京市、京都市、大阪市については府知

1）　公民をさらに、1級選挙人と2級選挙人（市においては3級まで）に分け、それぞれが同数の議員を選ぶというもの。納税額の多い順に納税者を並べ、町村の納税総額の半分に達するまでが1級選挙人、残りが2級選挙人であった。それぞれが同数の議員を選ぶため、1票の重さに違いがあった。

2）　郡会議員、府県会議員を、公民が直接選挙するのではなく、前者は町村会議員、後者は市会議員と郡会議員とが選挙する仕組み。この制度は、市町村を中央政界の政争の外へ置くという意図を持っていた。

事が市長を1898年まで兼任した。このように、市町村は自治体といえたが、府県は基本的には官選知事を統括者とする国の行政区画としての側面が強かった。

1.6　財政のシステム

明治地方制度の財政のシステムはどうであったか。もともとの目論見としては、市町村の財務は所有する林野などの財産を基本に運用することとなっていた。足りないときに国税である地租や営業税への付加税として、市町村税を賦課できることになっていたが、後者が実際には中心となった。市町村には十分な財政的基盤がなかったために、義務教育（小学校）への支出が重荷となった。そのために行われたのが、町村合併である。従来の自然村を合併して新たに行政村が作られた。このときの合併は後に明治の大合併と呼ばれ、町村数は約7万1,000から1万5,000近くに減った（第11章参照）。

2　明治の地方自治制度の実施と変容

第1章コラムで論じた3つの分権化の観点から考えてみよう。19世紀後半の段階で、地方議会が置かれ、町村長はその議会で選ばれたことで政治的分権化がある程度進んだ。市町村にも事務を負担させるという意味での行政的分権化もまた同様である。ただ、この段階では財政的分権化はあまり進んでいなかった。

まず、市制町村制が施行された。町村は従前の約5分の1になった一方で、郡の範囲の確定に時間がかかり、郡制の実施は遅れた。複選制のため郡会議員が決まらなければ県会議員も決まらなかったので、1899年になっても府県制が実施されていない府県が、3府4県もあった。府県制が実施されたところでも、複選制は問題があった。複選制においては、市町村会選挙が郡会と府県会の行方を決する重要な選挙となるため、政党勢力もこちらに努力を傾けることになり、そもそもの意図とは逆の効果を持ってしまったからである。このため同年、府県制郡制が全文改正され、複選制が廃止された。すなわち公民が、県会議員、郡会議員を選出できることとなったのである。

2.1　大正デモクラシーと地方自治

このように、藩閥勢力と政党勢力はさらに激しい勢力争いを続けていたが、徐々に原敬を中心とした政党勢力が力を増し、大正デモクラシーと呼ばれるほどになった。大正デモクラシーは民主化とともに分権化も進めていった。政党勢力が、内務大臣の、さらには総理大臣のポストを手にすることによって、「内務省—府県システム」は徐々に足元を掘り崩されることになるのである。「水平的政治競争モデル」の着目する現象が見えはじめてきたのである。

大正デモクラシーが成し遂げたことには、第1に郡制の廃止が挙げられる。町村長は、1921年に全国町村長会を結成し、郡役所廃止を要求するに至った。町村長にとって郡とは障害だったからである。政党勢力にとっても、郡長が官僚勢力の拠点となっており、ともに郡制廃止の運動を行った。この結果、1923年には、まず自治体としての郡が廃止され、その3年後には郡長および郡役所も廃止されるに至った。

第2に大正デモクラシーは、衆議院と同様に、地方議会においても選挙権の拡大を成し遂げた。1921年、市制町村制が改正され、国税納税要件が撤廃された。地方税さえ支払っていれば、選挙権が得られるようになったのである。こうして、労働者や小作人も選挙権を持つことができた。また等級選挙制も改正され、町村についてはなくなり、市も3級から2級に改められた。

国政において男子普通選挙権が実現した1925年の翌年の制度改正では、地方選挙においても納税要件が撤廃された。市長は市会が選挙で選任することとなり、町村長選任時の府県知事の認可も廃止された。また、市会の等級選挙も廃止された。

大正デモクラシーはもう一度、分権化と民主化を進めた。1929年の市制町村制と府県制の改正で、地方議員にも議案の発案権が認められ、府県議会に条例制定権が付与されたのである。

2.2　特別市制運動

この大正デモクラシーの時期に、要求としては掲げられたものの、実現はしなかったものがある。1つは、六大市（東京、大阪、京都、名古屋、横浜、神戸）による特別市制運動である。大正期にはすでに都市化が進んでおり、東京の人口は225万人に達していた。この時期の関 一《せきはじめ》大阪市長は、御堂筋やその下を走る地下鉄の建設など、当時としては画期的な都市計画事業を行っており、都市自治体の実力は明らかになりつつあった。六大市は内務省に対して、二重監督の撤廃、権限の移譲、府県からの独立などを要求したのである。しかし、知事を結節点とする明治の「内務省―府県システム」では、いくら大都市とはいえ、市が府県の外に出ることは困難であった。

2.3　両税移譲と知事公選化運動

もう1つは、この時期の政友会の要求であった、両税（地租と営業税）の地方への移譲と知事の公選化である。公選化の要求もまた、特別市と同様の理由から、戦前の日本では困難であった。両税移譲は、主に都市部の要求であった。しかし、税源がそもそも乏しい農村部は、移譲によっても財政難の解決にはならない。ここでとられたのが、国から地方への移転支出である。1918年市町村義務教育費国庫負担法が制定され、農村部の要求を満足させることとなった。これより前に政治的分権化が成立していたからこそ、この財政的分権化が可能となったのである。

以上をまとめると、明治の地方制度には、官治の中ではありながら、自治の要素が、特に市町村に認められていた（政治的分権化）。そのため、戦前の日本においても、大正デモクラシーによって政党政治が浸透していくにつれて民主化と分権化の流れが根づいていったのである。同時に、産業化や都市化が進むにつれて、都市自治体の、とりわけその中の市長の役割も重要なものとなっていった。1911年には市長独任制がとられ、市の執行機関は参事会から市長へと代わった。都市問題解決における市長の重要性を反映したものであった。市町村の統治能力はこの時代から蓄積されていったのである。

2.4　戦時の再集権化と地方財政

しかし、政党の力が軍部との関係で衰退していくにつれ、地方もまた、軍部を中心とした国家の再集権化の力に対抗することはできなくなっていった。最後の分権化が行われた1929年は、世界大恐慌が始まった年でもあった。また、1930年の金輸出解禁は日本経済に冷や水を浴びせ、昭和恐慌をもたらした。この結果、地方財政は非常に厳しい状況となった。特に農村は、危機的な状況を迎え、教育関係に支出することも困難となっていた。義務教育費国庫負担金を増額したものの、苦境は続いた。

1931年には満州事変が勃発した。ここで高橋是清大蔵大臣は、緊縮財政を積極財政へと転換させ、軍事費を増やすとともに、時《じ》局《きょく》匡《きょう》救《きゅう》事業を行った。

これは、日銀引受けの国債発行で財源を調達し、多額の国庫補助金を公共事業の実施のために、地方に交付するものであった。さらに、補助金が得られた事業の、自治体の自己負担分についても、郵便貯金を原資とする大蔵省預金部の資金による地方債を発行することも可能となり、効果的な景気対策となった。このために高橋蔵相は、日本のケインズと呼ばれることもある。不況時の公共事業増発の原型がここに見られるのである。

1930年代、軍部の力は増大していき、1932年の五・一五事件で政党内閣が終焉を迎える。1936年の二・二六事件で軍部の影響力が決定的なものになった。高橋蔵相もこの事件で暗殺されてしまう。

もっとも高橋財政以降、中央から地方への補助負担金は伸びていく。補助負担金に加えて、財政調整制度の模索も始まる。内務省は、1937年には臨時地方財政補給金規則を公布した。そして1940年には、地方分与税の制度ができあがった。これは還付税と配布税からなり、還付税は地租・家屋税・営業税を国税として徴収し、徴収地にこれを全額還付するというものである。地租と営業税を地方に移譲するという政友会の要求がこれにより実質的に実現した。さらに配付税は地方間の財政調整を行うために、所得税・法人税・遊興飲食税・入場税の一部を自治体の課税力、財政需要に応じて再分配する財政的分権化の方式である。戦時体制の確立のため、自治体の業務は拡大していた。「地方自治体を公共サービスの供給主体として位置づけつつ、国がそのために必要な財源を保障する仕組みを導入した」のである（井手、2012、68-69頁）。

この年にはまた、義務教育費国庫負担法が制定されて、義務教育に対する国による財源保障の仕組みが確立した。1940年は地方財政の分野で、戦後にまで影響の残る重要な年となった。この時の財政分権化は総力戦体制によってもたらされたと言えよう。

1938年の国家総動員法では、部落会・町内会の下請化が始まる。1940年には北海道以外の内地を8つに分ける地方連絡協議会が、1943年には地方行政協議会、そして1945年の終戦直前には、地方総監府が設置された。「内務省—府県システム」を迂回しようとする動きである。1943年には、市町村長の選任方法が旧方式に戻され、東京に都制が採用された。六大市の1つであった東京市は、官選の都長官に率いられる東京都に吸収されてしまったのである。

総力戦体制による行政活動の増加は、一方で財政的分権化を生み出したが、この中で、その時までは順調に進んでいた政治的分権化は後退した。

3　第2次世界大戦後の制度変革

第2次世界大戦敗戦後、アメリカによる占領改革が行われた。明治の地方自治制度はヨーロッパ大陸の地方自治制度に影響を受けていた。これに対して、アメリカの地方自治制度の要素が移植されていくことになった。

3.1　地方自治制度の改革と地方自治法

1947年4月、従来までの複数の法律を一本化して、地方自治法を公布し、同年5月に新憲法と同時に施行することとなった。この戦後の改革の特徴は以下のとおりである。

①日本国憲法の第8章には地方自治が規定され、地方自治の憲法的保障がなされた。

②公選知事は公吏（地方公務員）となり、都道府県は完全自治体化された。また市町村、都道府県ともに国からの一般的監督制度が廃止された。

③アメリカに倣った直接民主主義的な制度がいくつか採用された。解職請求（リコール）や条例の制定改廃請求（イニシアチブ）を含む直接請求制度や、住民投票（レファレンダム）の制度である。

④市町村長も公選となり、二元代表制（首長制度）が確立した。地方議会も調査権・意見陳述権等を与えられ、強化された。

⑤警察、教育事務が地方に対して移譲された。同時にこれらの事務は、首長から独立した、行政委員会（公安委員会、教育委員会）が執行機関となった。また教育委員は公選とされた。他にも各種行政委員会が設けられ、アメリカ流の行政的多元主義が採用されたのである。

⑥国税と地方税とが分離・独立されて、地方自治体の財政基盤が安定した。市町村には、従来の地租にあたる固定資産税が与えられ、市町村民税とともに基幹税となった。都道府県では都道府県民税とあわせ、事業税が中心となった。

3.2　改革の位置づけ

第1章で述べたように、GHQは自由主義の観点から、戦前の強権的な体制の分権化を行った。1947年には部落会・町内会が廃止され、同年をもって内務省が解体された。国民の自由にとって重要な、警察と教育の領域において分権化が行われた。1948年には警察法が施行され、市および人口5,000人以上の町村に自治体警察が置かれた。それ以外の自治体には、国家地方警察が置かれ、いずれの場合も公安委員会が管轄することとなった。同年には、教育委員会法も制定され、公選の委員からなる教育委員会が都道府県と市町村に置かれ、「公正な民意により、地方の実情に即した教育行政を行う」こととなった。

戦後の改革で問題とされたのが、完全自治体となった都道府県の知事に対して、従来は市町村長などに行われていた機関委任事務を委任できるかであった。生産地の県から米を強制拠出させるために、知事に対してその事務を委任できるかが緊急の課題であった。結局、公選知事にも機関委任事務を行わせることが可能となった。このように、国と地方との仕事をはっきり分けない、包括授権型の制度には変更を加えなかった。英米流の制限列挙型はとられなかったのである。さらに国の仕事を各省の出先機関を通じて実施するという分離方式は、多くの省庁で採用されなかったのである。

3.3 戦後地方自治の日本型モデル

あらかじめ以下の展開を先取りする形で述べると、この戦後日本型モデルのうち、2つの特徴が大きな意味を持った。まず、戦前からの包括授権型の制度は、国の授権立法をいちいち待たずとも地方が仕事を始められたために、地方自治体が必要と考えた政策を独自に始めることがより容易となり、社会経済の変化に柔軟に対応することを可能にした。制限列挙方式の場合とは異なって、地方自治体が必要に迫られて行う仕事が越権行為とは見なされなかったのである。このようにして、以下で見るように、環境政策や社会政策、都市計画の分野で政策革新、政策イニシアチブを起こしてきた。それらの地方発の政策は他の地方にも普及し、時には国の政策となった[3)]。地方の仕事か国の仕事かを明らかにしないという柔軟な態度が好都合だったといえるのである。

もう1つは、戦後にとられた市町村長や知事などの首長の直接公選制がもたらした変化である。第1に、このために首長は住民の要求に敏感となった。首長は、国からの機関委任事務を通達に基づいて執行せねばならず、財政的なコントロールも国から受けていた。しかし、国の顔色ばかりうかがって地方住民の声を無視していれば、首長の座にとどまってはいられなくなってしまう。それゆえに首長は地方の側に立って国に主張することにもなる。

3）　国の政策となった場合は、それが機関委任事務となって、地方に再び委任されることもある。機関委任事務の増加の背景には地方発の政策革新もあるのである。

第2に、直接公選制という大統領制度にも似た制度が取り入れられたために、地方政治には国政とは異なる力学が働くことになった。すなわち、国政では自民党による一党優位体制が長らく続いていたが、戦後の地方では社会党や共産党などの推薦や支持を受けた候補が当選し、政策転換に大きな役割を果たした。現在もまた、改革派や無党派と呼ばれる首長が新たな実験を、そして国への主張を行っている。戦前のように、知事が国から派遣されたり、市町村長が議会によって選ばれたのであれば、このことは不可能であっただろう。

このように、包括授権型の地方自治制度と、首長の公選制度が組み合わされた結果、地方自治体は社会経済の大きな変化に柔軟に対応できた。

3.4　シャウプ勧告

冷戦が表面化して以降、占領政策の変更が見られた。日本経済の自立を目指したドッジ・ラインによる不況のさなか、アメリカからやってきたシャウプは日本の行財政に対して勧告を行い、大きな影響を与えた。1949年のシャウプ勧告である。地方財政については、地方財源の強化、地方税源の国税からの独立を訴え、翌年の地方税法の改正によりいくつかが実現した。また、地域的な財政力の不均衡を是正するために、地方財政平衡交付金が創設され、個別補助金を解消するという方針を示した。この交付金は、自治体の財源保障という新しい機能を有していた点で、画期的なものであった（小西、2019；北山、2020）。

さらに、彼は行政事務を分配する際の3原則を提唱し、実務界にも学界にも影響を与えた。第1は「行政責任明確化の原則」である。事務の権限と財源を明確にし、その責任を明らかにするという、分離型モデルに基づく勧告であった。第2は「能率の原則」である。規模・能力・財源の整ったレベルの地方政府に行政事務を割り当てることとされた。第3は「市町村優先の原則」であり、地方自治のための事務は市町村に優先的に割り当てるというものである。このような立場から、シャウプは機関委任事務、補助金等を廃止することを主張した。地方行政調査委員会議（神戸《かんべ》委員会）が1950年に出した勧告も、この主張に沿ったもので、責任を明確化すべしということを重視したのである。

しかし、この考え方は日本には根づかなかった。機関委任事務や補助金はなくならず、むしろこの後、増えていく。「能率の原則」からはその後、町村合併の考え方が強調されるようになっていく。1953年の町村合併促進法によって、町村の最小規模を新制中学が1校作られる程度の人口8,000人程度にすることが目指され、市町村数は1万弱から約4,000（1956年）に減った。これがいわゆる昭和の大合併である。市町村優先の原則も実現されたとはいえず、1951年のサンフランシスコ講和条約で独立を達成した後に「逆コース」と呼ばれた諸改革が続き、戦後の分権改革に手を加えることになった。

3.5　逆コース的揺り戻し期の動き

占領改革による制度変革の後、これに対する反作用もあり、いろいろな模索も繰り返された。特に1951年の独立回復後、教育、警察の分野では、アメリカ流の分権化、民主化を快しとしない政治家と官僚とによって、再集権化が図られることになったのである。

1952年の地方自治法改正では、東京都の特別区長の公選制が廃止され、区議会が推薦する候補者を知事が任命する形式となった[4]。また、1954年には自治体警察が廃止され、警察は都道府県警察となった。1956年には教育委員の公選制が廃止され、教育委員は議会の同意を得て首長が任命することとなった。

また、地方財政平衡交付金制度は、国と地方の交渉によって国庫の一般財源から総額を決定する方式であったために、毎年紛糾した。そこで1954年に地方交付税制度が創設された。基本は、国税3税の一定割合を財源とするという地方配付税的要素と、各自治体の基準財政需要額と基準財政収入額とを算定して、財源を保障するという地方財政平衡交付金的要素を共存させたことである（第8章参照）。この制度によって地方の財源保障と地方間の財政調整が、地方財政平衡交付金制度と比べて、より安定した形で行われることとなり、自治体が公共サービスの供給主体として確立された。当時は、国も地方も危機的な財政状況にあり、1955年に地方財政再建促進特別措置法が制定された。この法律に基づき、財政赤字の自治体の再建が国の指導によって行われた[5]。

1950年代には、都道府県と市町村の関係を、前者を強化する形で整備した。1956年の地方自治法改正では、都道府県と市町村の機能分担が整理され、都道府県の機能として、広域事務、統一処理事務、補完事務、連絡調整事務が掲げられたのである[6]。そしてこの段階において、国、都道府県、市町村の関係をめぐって、一方では大都市からの分権化への運動、他方では国家からの集権

4）東京都の区長公選が復活したのは、1975年になってからであった。

5）当初の財政再建自治体は18府県、570市町村にも及んだ。

6）このうち、統一処理事務というのは地方分権にふさわしくないということで、2000年施行の地方自治法では削除された。

化の制度変革の動きがこの時期にあった。

3.6 政令指定都市と道州制

まず5大市からの動きは、特別市制運動である。戦後の地方自治法には5大市の悲願であった、府県からの独立を意味する特別市の規定が新設された。ここで問題となったのは、特別市は法律で指定されるという条項である。特別市を指定するための法律は特別法ということになり、日本国憲法95条[7]に基づいて住民投票が必要ということになった。これが特別市となる地域の市民による投票であれば5大市には問題はなかった。しかし、府県側からすれば重要な税源である特別市が区域外となれば、税金も徴収できなくなってしまう。府県側はGHQに働きかけて、その結果、住民投票は関係する府県の住民によって行われることになった。京都市を除いて、市の人口は府県民全体の半数以下であるため、住民投票で過半数を占めることは難しく、こうして終戦直後の特別市運動は頓挫してしまったのである。

1956年、特別市制度は結局削除され、政令指定都市（以下、政令市）制度が発足した。これは、文字どおり政令で指定するので、特別法も住民投票もいらない。政令市は府県の区域外に存在することとはならず、当初は16項目の事務が府県から移譲され、府県の監督権が緩和されるというだけにとどまったのである。この政令市には、5大市以外にも北九州市、札幌市、川崎市、福岡市などが加わっていった。2021年現在20市を数える。

特別市への運動が失敗に終わったとき、国からの集権化への動き、すなわち地方案（道州制案）もまた失敗に終わった。1957年の第4次地方制度調査会[8]の答申は、両論併記という形で、この案を公にした。この案は、全国を7から9のブロック（地方）に分け、議会と執行機関たる地方長を置くというものである。問題とされたのは、地方長は総理大臣が地方の議会の同意を得て任命する国家公務員であった点である。公選の知事を廃止し、国の地方出先機関を統合するものであったが、知事のみならず各省もこの案に一斉に反対して、このときの道州制案は実現されずに終わった。

こうして大都市からの分権化の運動も、国家からの集権化の制度変革もとも

7）　一の地方公共団体のみに適用される特別法は、法律の定めるところにより、その地方公共団体の住民の投票においてその過半数の同意を得なければ、国会は、これを制定することができない。

8）　地方制度調査会は、総理大臣の諮問に応じて、地方制度に関する重要事項を調査審議し、助言する内閣府（総理府）の付属機関。国会議員、自治体関係者、関係省庁OBを含む学識経験者から30人以内の委員を選ぶ。

に実を結ばなかった。このようにして占領改革以来の制度改革における決着がつき、戦後の制度は一応定着し、以後は制度の運用の時代へと移行した。

4　高度経済成長期以降の地方自治

4.1　地域開発の時代

戦後の経済復興は、四大工業地帯から始まり、徐々に太平洋ベルト地帯へと広がりを見せつつあった。安保闘争の後、1960年に池田勇人内閣は所得倍増計画を掲げ、この地帯に開発の重点を置こうとしていたが、政権党である自民党からは、地域格差を是正して、均衡ある国土開発を目指すべきだという声が高まってきた。社会党からも同様の要求があり、全国を総合的に開発しようという気運が高まってきた。そのために生まれたのが全国総合開発計画（全総）である。この開発方式は拠点開発方式と呼ばれた。この拠点として構想されたのが「新産業都市」であった。

官僚的合理性からは、太平洋ベルト地帯に少数の拠点を設け、重点投資をするのが望ましいと考えられた。しかし政策形成過程において、この構想は修正を迫られて、地域格差是正が主要な目標となった。さらに政策実施段階においても、再び大きな修正が事実上加えられた。すなわち、新産業都市に指定されれば、税制の優遇や産業基盤の集中投資も得られるということで、「史上最大の陳情合戦」が行われたのである。地方自治体、地方議員、与野党国会議員が中央省庁に陳情を行った結果、新産業都市として結局15地域が選ばれた。さらに、これにもれた地域からも工業整備特別地域として6地域が選ばれた。こうして各地域は一斉に、工場用地造成と企業誘致に奔走していったのである。

しかしその後、公害問題など、開発の不利益が明らかになるにつれて、開発反対の運動が盛んになっていく。いわゆる開発紛争である。1964年、工業整備特別地域に指定された東駿河湾地区への石油コンビナート建設計画に対する住民運動が成功し、計画撤回を勝ち取るに至った事例も出てきた。

もっともこの時期にも、道路や河川の領域で、知事権限が省庁に吸い上げられたり（1964年道路法改正、新河川法制定）、省庁の出先機関である地方支分部局が新設されたり、強化されたり、1950年代後半からは各種公団（水資源開発公団、愛知用水公団、道路公団、阪神高速道路公団など）が次々と設立されるなどの動きがあり、これを新中央集権化として批判する論者もあった。集権化としてだけではなく、国の仕事は国の機関で実施するという分離型戦略の動きとしてとらえることも可能である。

4.2 地域開発の政治と行政

新たな地方自治制度が確立していく中で、地域開発の政治と行政はどのような影響を与えたのであろうか。総合開発計画の政策形成の過程で、地域格差是正や均衡ある国土開発が目標となったばかりではなく、新産業都市の指定の実施過程でも、官僚は少数の拠点を選べなかった。これは、地域開発の政治過程において、「官僚的な合理性」に対して、「政治的な要求・圧力」が優位に立ったことを示したのである。地方からの、そして政治家からの活発な要求活動、およびその間での競争が、中央地方間の政治・行政の重要な要素となっていた。政治過程は多元化していったのである。さらに開発紛争は、住民からの要求によって大企業が必ずしも自分の意思を住民に対して押しつけることができなくなっていたことを示した。地域住民もまた重要なアクターになり、政治過程はさらに多元化していった。村松岐夫のいう「水平的政治競争モデル」が着目する現象が次々と現れていったのである。

4.3 革新自治体の時代

さらに戦後の制度変革で、首長公選制が採用されたことは、地方政治と国政とが大きく異なっていく原因となった。地方では戦後すぐから、社会党あるいは共産党、あるいはその両党から推薦、支持された候補が当選していたのである。彼らは革新首長と呼ばれた。魅力ある候補者を選出することによって、地方議会では多数を占めなくても首長を送り込むことができたのは、この公選制度の賜物であった。

1960年代以降、革新自治体が増大していった背景には何があるだろうか。経済成長が日本を豊かにする過程で、急速な工業化、都市化に伴う諸問題が噴出してきた一方で、所得を増やした国民が社会保障を求めるようになった。これに対して、自民党は有効な対策を打ち出すことができずにいた。革新候補は、公害問題、都市問題、そして社会福祉政策において有効な代替案を提出した。この背後にはさらに、野党の運動方針の変更もある。それまでは国政に集中していたものの、安保闘争に結局は敗北し、岸信介の後を継いだ池田勇人自民党政権が所得倍増を謳って支持を回復する中で、地域に目を向ける必要があるとしたのである。さらに、住民による公害反対運動の高まりもあった。政治文化的に従順であると考えられてきた住民、とりわけ農村部の住民も立ち上がって、それまでの地方政治に異議を申し立てたのである。

1963年の統一地方選挙で、かなりの数を得た革新首長は、全国革新市長会を結成した。その次の1967年の統一地方選挙では、都市部を中心として革新首長を擁する革新自治体は、大きな存在感を持つに至った。後に、自民党政府が革新自治体から政権を奪い取る作戦としてT.O.K.Y.O作戦を展開した。それは、東京、大阪、京都、横浜、沖縄の頭文字をつなげたものであった。これらがみな革新自治体となっていたからである。

4.4　革新自治体の政治と行政――抵抗、先導、革新

革新自治体の政治と行政はどのようなインパクトを与えたのであろうか。西尾勝は以下のように整理している（西尾、1977）。まず、第1に「抵抗」である。これは、国政へのチャレンジを意味した。例えば、自衛官の募集をしなかったり、在日外国人の指紋を求めなかったり、という形で機関委任事務を忠実に執行しないということがあった。国政レベルの政策を実施しているという中央地方関係の制度を逆手にとって、国政にアピールをしようというものであった。また、摂津市が、保育所に関する国庫負担金が過少であり、市が超過負担をしなければならなくなっていることについて国を訴えた摂津訴訟という例もある。訴訟自体は敗訴となったものの、保育所への国の交付額が増額され、実質的な効果を持った。

第2に、「先導」である。これは、産業優先から福祉優先への、あるいは中央直結から市民直結への政策転換を国に先駆けて行ったということである。その後、他の自治体にも広がり、さらには国の政策としても採用されるに至った。特に社会政策と環境政策（当時の用語では福祉政策と公害対策）において重要な発展があった。先導の例として、老人医療費無料化、予防接種の無料化、敬老福祉年金の支給など、多くのものがある。

しかも、そのような先導の政策を、既存の権限体系の中で工夫をしながら行った点も注目される。いわゆる「権限なき行政」と呼ばれるものである。法令にも条例にも明確な権限根拠がない中で、行政指導という形で政策を行ってきたのである。例えば、横浜市が企業と結んだ公害防止協定は、横浜方式と呼ばれるようになり、日本各地だけでなく、後にはアジア諸国にも広がりを見せていった。これは、企業に対する規制権限がない横浜市が、企業と合意のうえで協定（民法上の契約）を結び、政策の効果を上げようとする形式である。また、宅

地開発が急速に進む中で、小中学校や公園の用地取得や費用確保に悩む自治体が、条例ではなく、宅地開発等指導要綱に基づいて、開発業者に対して、公共用地や負担金の提供を求めるという方法もとられた。この行政指導は川西市（兵庫県）から始まり、やがて川西方式として知られるようになった。

その他、法令の基準を超えたり、法令にはない項目についても規制したりする「上乗せ横出し条例」も一種の権限なき行政といってもよいだろう。東京都公害防止条例が有名な例である。法令の範囲内で条例を制定するという憲法との関係が問題となったが、結局、国の公害規制法律で、上乗せ横出しを認めるという条項ができることによって、憲法問題は回避された。

第3に「革新」がある。これは、汚職腐敗の市政から公開の市政へという意味で使われている。特にこの時期に著名であったのが、自治体計画づくりの手法としての「シビル・ミニマム」という考え方であった（松下、1971）。これは、生活基盤の必要最低限の保障を、地域の具体的な事情との関連で主体的に確定しようとするものであった。さらに、広報広聴活動の拡充や、市民との直接対話などの手法によって公開の市政が目指された。市民との直接対話手法に対しては、直接民主主義的であるという評価もある一方で、二元代表制の一方である議会を軽視するものであるという反論もあった。

革新自治体の時代は、地方が真剣に国と対抗的な立場をとろうと思えば、かなりのことが可能であることを示した。地方発の革新は「～方式」という形で他の自治体に、そして国にも波及していった。ただ単に集権的な国であれば、これらの革新は不可能であっただろう。地方がやる気を出せば実現できることが明らかとなり、日本が集権的であるという見解には再検討が必要となった。

4.5　実務型・相乗り知事の増加と行政改革

革新自治体の時代は1970年代後半まで続いたものの、やがて終焉を迎えることになった。石油ショックとそれによる低成長経済の中で、福祉の大盤振舞いをいつまでも続けるわけにはいかなくなったのである。宮本憲一が指摘するように、シビル・ミニマム論には財政政策と産業政策が抜け落ちていたという弱点があった（宮本、2005）。革新自治体は、高度経済成長を批判しつつも、それがもたらす財源に依存していたといえるのである。第2次臨時行政調査会が1981年に、増税なき財政再建を訴えて、3公社の民営化に乗り出したとき、地方行革（行政改革）もまた重要なテーマとなった。地方公務員の給与水準を国家公務員のそれと比べるラスパイレス指数も、革新自治体を中心として高くなっていた。この時期、地方財政の赤字を管理できる人材として、官僚出身の、実務型首長が増加しはじめていた。これらの首長はまた、政党相乗り型でもあった。シビル・ミニマムに代わって、都市経営という言葉がこの時期を象徴する概念の1つとなった。

column　公共事業に見る国と地方の相互依存

1980年代には内需拡大策と円高不況対策のため、1990年代にはバブル経済崩壊後の不況対策のため、公共事業を増発することが要請されたが、実際の事業の多くを行っているのは地方自治体であった。

このため、各省庁は補助金によって補助事業を積極的に推進し、自治省（現総務省）もまた、起債緩和と交付税措置（地方債の発行を大幅に認め、その償還に将来年度の地方交付税を積極的に充てていくこと）という手段によって地方単独事業を奨励した。地方もこれを好機ととらえて、事業を積極的に拡大した。またふるさと創生のために、地方単独事業を促進していくという措置もとられた。かくして「土建国家」と呼ばれるまでに至ったが、公共事業の増大は、国と地方の相互依存の所産であった（北山、2003; 2021）。

ところが、後に地方自治体が財政赤字に直面すると、地方単独での公共事業は減少していく。笛吹けど踊らず、という状況であり、単に国が地方をコントロールしているという状況ではなかったのである（北山、2002）。

4.6　行政改革から地方分権改革へ

その後、1980年代には行政改革が本格化して民間活力の導入が主張され、1985年のプラザ合意後、バブル景気を迎えていく。行革を期待された実務型首長は、皮肉にもこの時期には積極的な開発事業を担っていくという構図となった。

国と地方間での保革対決が見られた革新自治体の時代から比べると、この時代は、派手さはないものの、地方自治体が重要性を増した時代であった。地方が重要なアクターとなっていたからこそ、地方行革も叫ばれる必要があった。社会サービスの提供や景気対策においても地方自治体なしには考えることはできなくなっていた。公共支出の3分の2を地方が占めるという財政構造の下では、中央は地方に依存せざるをえないのである。しかしながら、財政危機を背景として、行政改革からさらに政治改革へと改革の規模が大きくなっていくにつれて、地方分権もまた必要な改革であると認識されるようになってきた。地方自治体自体もまた改革を必要としていると考えられた。こうして、1990年代の改革の1つとして、内閣主導体制の構築（前田、2018)、規制緩和と並んで地方分権改革が始まった（第10章第4節参照)。

【文献案内】

天川晃（2017）『天川晃最終講義　戦後自治制度の形成』左右社

戦前の「内務省―府県システム」の説明、そして憲法、地方自治法の制定過程におけるGHQと内務省の攻防などを生き生きと描く。天川モデルの分離・融合を思いついたきっかけの記述もあり、興味深い。

橋本勇（1995）『地方自治のあゆみ――分権の時代にむけて』良書普及会

明治維新から1990年代の地方分権改革までの地方自治の歩みの詳細な過程を追う。著者は自治官僚であり、自治大学校の教授も務めた。細かい過程を調べるときには図書館で本書を探そう。

北山俊哉（2011）『福祉国家の制度発展と地方政府――国民健康保険の政治学』有斐閣

ある時点で起こった事件や政策が、次の時期に大きな影響を与えるという本章の見方で市町村の医療保険制度を論じた書物。市町村が国民健康保険を担当することになり、その後の介護保険、後期高齢者医療制度にも引き継がれた。

【研究課題】

(1) あなたが住んでいる市町村が、いつ合併をしたか、いつ市や町になったのか調べてみよう。市町村史や市町村議会史などがあるか、探してみよう。

(2) 占領改革の中で、その後変化があったもの、そのままであったもの、構想されたものの実現しなかったものが、どういう原因でそうなったのだろうか。

(3) 日本はどのような意味で集権的なのか、分権的なのか、そして自治的である、自治的でないというのはどのような意味なのかもう一度考えてみよう。

10 政府間関係

市川喜崇

summary

日本語の「地方自治体」に相当する呼称は、英語では「地方政府」(local government)である。このように、自治体も「政府」として捉えた場合、一国内には、1つの中央政府と多数の(州政府および)地方政府が存在することになる。政府間関係とは、このような、一国内に多数存在している諸政府間の関係を表す概念である。

本章では、はじめに、「政府間関係」という概念が米国で使われ始めた経緯について説明し、次いで、「階層構造」、日本でいえば中央政府—都道府県—市町村というタテの構造について、諸外国との比較をまじえながら、日本を含む各国の特徴を述べる。また、現代福祉国家における中央政府と地方自治体の関係をどのように理解すべきかについて論じる。

中央政府と自治体は、さまざまなルートとアクターによって結びついている。中央政府といっても1つの主体ではなく、自治体といっても1つの主体ではない。さまざまなアクターが織り成す関係を理解することが重要である。

1990年代以来、地方分権改革が断続的に行われてきた。それぞれの改革の内容を紹介し、その特徴と意義について論じる。

keyword

政府間関係、中央—地方関係、連邦制、2層制、地方六団体、包括授権方式、制限列挙方式、立法統制、司法統制、行政統制、ナショナル・ミニマム、新中央集権、機関委任事務制度、関与の縮小、権限移譲、事務処理特例制度

1　政府間関係とは

日本語の「地方自治体」に相当する呼称は、英語では「地方政府」(local government) である。このように、自治体も「政府」として捉えた場合、一国内には、多数の「政府」が存在することになる。政府間関係 (intergovernmental relations) とは、このような、一国内に多数存在している諸政府間の関係を表す概念である。

政府間関係には、垂直的政府間関係と水平的政府間関係がある。垂直的政府間関係は、日本の場合、中央政府と都道府県と市町村の関係のことである。類似の概念として、中央政府と地方自治体の関係を表す「中央—地方関係」(central-local relations) がある。垂直的政府間関係と中央—地方関係はほぼ同義として用いられることも多いが、都道府県と市町村の関係は、自治体間関係であり、厳密には中央—地方関係に含まれない。水平的政府間関係は、同一階層に位置する諸政府間の関係であり、都道府県同士の関係、市町村同士の関係などである (第11章参照)。本章では、垂直的政府間関係を扱う。

「政府間関係」は、米国産の概念であると考えられている (Wright, 1974)。20世紀前半に進行した政府間関係の「複雑化」を受けて、同世紀の後半になって、この概念は広く使用されるようになっていった。「複雑化」をもたらしたのは、端的にいえば、米国における福祉国家の進展である。ニューディール期に、大恐慌対策のため連邦政府が社会政策や経済政策を積極的に実施するようになると、かつては単純で、また「分離」的であった連邦、州、地方政府の3者間の関係は複雑さを増していった。この変化は、米国では、しばしばケーキに喩えられている。連邦、州、地方政府の3者間の関係は、互いの機能と責任が明確に分離していたかつてのレイヤー・ケーキ型から、機能と責任が複雑に融合したマーブル・ケーキ型へと変容したのである。

政府間関係とは、このような、現代の複雑化し、一筋縄ではいかなくなった一国内の諸政府間の関係を認識するために使用され始めた概念である。この概念はその後、他国にも広がっていき、日本でも、この語は、主として学術的な文脈で使用されている。

2　政府間関係の階層構造、アクター、ルート

2.1　連邦制と単一制

国家は通常、連邦制と単一制に大別できる。連邦制国家の場合、政府間関係は、連邦政府—州政府—地方政府という構成である。これに対して、単一制国家の場合、中央政府—地方政府という構成である。日本も単一制国家であるので、中央政府—地方政府という構成をとっており、地方政府の部分がさらに、都道府県—市町村という2層制の階層構造となっている。

世界には多くの連邦制国家が存在するが、その態様は必ずしも一様ではない。ここでは、最も代表的な連邦制国家と考えられている米国を例に、連邦制の特徴を述べることにする。

連邦制の主要な特徴は、連邦政府と州政府（連邦を構成する政府）の間の立法権の分割が連邦憲法に明記されていることである。米国の場合、連邦憲法で連邦政府の権限が限定列挙されており、残りは州に留保されている。制限的な規定であり、憲法の条文を字義どおりに解釈すれば連邦政府の権限はかなり限定的になるが、現実には、条文を柔軟に解釈することによって、20世紀以降、米国連邦政府はその機能を拡大させてきた。

その他の特徴として、連邦議会の上院が州の代表としての性格を有していることが挙げられる。米国の場合、人口比例で議席が配分されている下院と異なり、上院の議席は、人口規模にかかわらず各州2名となっている。ちなみに、やはり連邦制をとるドイツの場合、上院（連邦参議院）議員は各州政府が任命しており（通常は州の首相または閣僚が議員となる）、連邦参議院は州権擁護の場となっている。このほか、憲法改正手続に州が参加することも、連邦制の特徴の1つである。米国連邦憲法の改正には4分の3以上の州の承認が必要である。とはいえ、連邦制の態様は多様であり、すべての連邦制国家が上記の特徴を備えているとは限らない。

連邦制国家においては、地方自治制度は、通常、州ごとに、州の憲法などで定められている。

連邦制の成立事情は一様ではない。1つのパターンは、近代国家の樹立に際して、一定の自治や統治の経験のあるいくつかの政体が統合して連邦を形作るケースである。米国の場合、独立直後は、当初、「連合規約」が制定され、それぞれが主権を有する諸州（states）による国家連合という形態がとられていた。

ところが、より強力な政治権力が必要とされたため、ほどなくして連邦憲法を制定し、連邦と州の権限の分割を定め、連邦政府を発足させた。

近年の欧州諸国では、単一制から連邦制への移行、あるいは単一制の枠内で連邦制的要素を強める取組みが進められてきた。スペイン、ベルギー、英国、イタリアなどで、このような改革が実施され、また模索されてきた。例えば、かつて単一制であったベルギーは、数次にわたる憲法改正を経て1993年に連邦制に移行した。英国では、ブレア政権以降、スコットランド、ウェールズおよび北アイルランドへの権限移譲が進められ、それぞれの地域を代表する地域議会と自治政府が設けられた。

2.2 地方政府の階層構造

日本の地方政府は、都道府県と市町村という2層制の構造をとっている。日本も、大正末期までは町村部については郡が存在しており、したがって、市部については2層制、町村部については3層制という混在型の階層構造であった。

諸外国を見ると、2層制が多いものの、1層制や3層制、あるいは混在型なども見られる。例えば、フランスの場合、かつては市町村（commune）と県（département）の2層制であったが、ミッテラン政権の下で都道府県よりも広域なレジオン（région）が新たに自治体として加えられ、3層制となっている。英国の場合、歴史的変遷を繰り返してきたが、近年は、イングランド地域については、ロンドン以外の大都市圏は1層制、ロンドンは2層制となっている。非大都市圏は2層制であるが、地域の意思で1層制への移行も選択可能であり、1層制と2層制が混在している。イングランド以外の3地域は1層制であるが、それぞれの地域を代表する自治政府を含めて数えると2層制となる。

2.3 政府間関係をめぐるアクターとルート

垂直的政府間関係を理解するためには、「個別行政」と「一般的事項」という類型が有用である[1)]。

まず「個別行政」であるが、自治体は、教育、福祉、土木、農政等々のさまざまな個別の行政分野にかかわる事務を実施している。そして、例えば、教育であれば文部科学省、福祉であれば厚生労働省、土木であれば国土交通省、農政であれば農林水産省、産業振興であれば経済産業省などが当該分野にかかわ

1） この2類型は、高木鉦作の「個別行政」と「包括的自治体」とほぼ同義である（高木、1986）。

る法律や補助金を所管しており、自治体との結びつきを保っている。実際には、さらに専門化された分野、例えば生活保護、児童福祉、河川管理、都市計画などといった領域ごとに、中央省庁―都道府県―市町村のそれぞれの担当部課を通じたタテの結びつきによる緊密なコミュニケーション回路が成立している。

しかし、中央政府と地方自治体の関係は、このような個別の行政分野をめぐる関係に解消され尽くしてしまうわけではない。自治体の組織や運営に関する「一般的事項」については、総務省（旧自治省）が、地方自治法、地方財政法、地方税法などの法律や地方財政調整制度（地方交付税）などを所管し、やはり自治体との緊密な関係を形成している。

以上の行政ルートのほかに、政治ルートも存在する。地元選出の国会議員や地方自治体の首長や議員などが政治ルートの主要なアクターであり、地元の利益の擁護・促進のため、中央政府に対してさまざまな働きかけを行っている。

このほか、地方六団体（全国知事会、全国市長会等）も重要な役割を果たしている。地方自治制度や自治体が実施するさまざまな政策に関して、国に対して法制度や運用などの制定・改善などに関する要望を行っており、一定の影響力を行使している。

2.4　都道府県と市町村

都道府県は、広域的自治体として市町村の規模と能力を超える行政需要や行政課題に対応する一方で、国と市町村の中間に位置する団体として、中央省庁と市町村の媒介機能を果たしている。中央省庁は、政令指定都市については通知などを直接発するものの、それ以外の一般の市町村については、通常、都道府県を介して発しており、都道府県は、域内市町村の取りまとめの役割を期待されている。市町村からしても、補助金の申請などは都道府県を経由する場合が多い。中央省庁にとって、自らの政策意図を市町村にまで浸透させるうえで、都道府県は重要な位置を占めている（村松、1988、4章1節）。

都道府県はもちろん、媒介機能のみを果たす団体ではなく、さまざまな政策を実施している。しかし、その場合でも、事業によっては、市町村と意見調整を行ったり、市町村の情報に依存するなど、市町村と一定のかかわりをもちながら実施している場合も見られる。他方で、市町村、とりわけ小規模な市町村については、専門知識や人員などの点で、都道府県の支援に依存することも少なくない（市川、2011）。また、都道府県は、国の意を受けて、あるいは独自に、市町村に対してさまざまな指導・助言を行っている。

3　政府間関係の近代と現代

3.1　近代国家の発展と地方自治制度――フランスと英国

本節では、歴史に目を転じ、フランスと英国の近代地方自治制度の発展過程を概観する。先発近代国家であった両国は、他の諸国が近代地方自治制度を導入する際に参考とされた。また、両国はともに、日本と同じ単一制国家であり、日本の地方自治を論じる際に、しばしば比較の対象とされている。

3.1.1　フランス

フランスは、大革命後、中央集権的な近代地方自治制度を創り出した。フランスの特徴は、県の執行機関が国の官僚であったことである。大革命後、人工的に区域設定された県が創出され、国の官僚が地方長官（préfet）として派遣された。県には後に公選の議会が置かれ、県は、国の地方行政区画であるとともに自治体としての性格を併有することになるが、地方長官はその後も官選であり続けた。そして、地方長官は、国の地方行政区画の代表者であり、自治体としての県の執行機関でもあるという二重の性格を保持し続けた。また、基礎的自治体である市町村は、地方長官による「後見監督」（tutelle）を受けていた。

この体制は1980年代前半のミッテラン政権による地方分権改革まで続いた。改革後は、官選の地方長官に代わり、県議会議長（président）が自治体としての県の執行機関となった。後見監督も廃止された。以前は、地方長官は適法性と適宜性（opportunité）の観点から市町村を事前監督していたが、改革後は、行政裁判所を通じた適法性確保のための事後統制のみを行いうることとなった。

合併がほとんど進まず、市町村数は3万を超える（フランスの総人口は約6,700万人）。市町村規模が小さいこともあって、課税権を有する広域連合体が発達している（自治体国際化協会、2020）。

後に見る英国と異なり、地方自治体は一般的権限を有しており、法で明示的に禁止されない限り権限を制約されないという原則的な解釈がとられてきた（包括授権方式）。しかし、最近になって、県とレジオンについては、権限の輻輳と事業の重複を避けるため、一般的権限規定が廃止され、権限を制限列挙する方式（制限列挙方式）に改められた（市町村は従来どおり包括授権方式）。

かつてのフランスでは市町村長と国会議員の兼職が認められており、少なからぬ国会議員が同時に市町村長でもあり、国と自治体の独特の媒介機能を果たしてきたが、やはり最近の法改正で兼職は禁止されることになった。

3.1.2 英国

英国の近代地方自治制度は、産業革命を契機に発達した。中世以来の国王の特許状に基づく都市自治や、治安判事と巡回裁判所によって特徴づけられる独特な形態の広域自治は、1835年の都市団体法や1888年の地方政府法などによって転換し、国会の制定法によって明確に授権され、公選の代表者らによって運営される自治体による自治へと発展していった。当初は、都市化と産業化のもたらす諸課題に対応するため、通常の一般目的自治体のほかに多種類の特定目的自治体が設立され、錯綜を招いたが、特定目的自治体はその後、徐々に整理・解消され、最終的に1929年の改革でほぼ終息している（山下、2015）。

包括授権方式がとられてきたフランスと異なり、英国の自治体は一般的権限を保有していなかったため、自治体の活動には常に国会の制定法による明確な授権が必要とされた（制限列挙方式）。そして、明確な授権がない自治体の活動は、たとえそれを明示的に禁止する規定がなくても、裁判所の判決によって「権限踰越（ultra vires）」として無効とされるという法理が確立していった。官選の地方長官による「行政統制」の方式を発達させてきたフランスに対して、英国は、国会の制定法による個別の授権という「立法統制」と裁判所による事後の判断という「司法統制」の方式を発達させてきたのである。

制限列挙方式は、長きにわたり英国の地方自治制度を特徴づける主要な要素の1つであったが、2011年のローカリズム法の制定により、英国の自治体は一般的権限を有することとなり、包括授権方式に転換された（大塚、2012）。

3.1.3 他国への伝播とその後の展開――アングロ・サクソン型とヨーロッパ大陸型

先発近代国家であった英国とフランスの地方自治制度は、他国の近代化に大きな影響を与えた。影響の受け方に応じて、各国は大きく2つに類型化される。主として英国の影響を受けたのはアングロ・サクソン系の諸国であり、主としてフランス、あるいはドイツの影響を受けたのは、ヨーロッパ大陸系の諸国であった。そのため、前者の諸国は「アングロ・サクソン型」と、後者は「ヨーロッパ大陸型」と類型化されている。

明治期の日本が近代地方自治制度の導入にあたり参考にしたのはフランスとプロイセン（ドイツ）であった。そのため、日本はヨーロッパ大陸型に分類される。ただし、注意を要するのは、このような「歴史類型」は、通常、時代の経過とともにその有効性を低下させていくことである。ある時期までは歴史的特徴を共有していても、各国それぞれのその後の発展に応じて、初期の特徴が次第に失われていくからである。

例えば、戦前の日本では、知事（地方長官）は官選・官吏であったが、このような、かつてのヨーロッパ大陸型（フランス型）の特徴は、占領期の知事公選制の実現（都道府県の完全自治体化）によって解消されている（第9章参照）。

「行政統制」についても同様である。戦前の日本は、内務省が官選知事（地方長官）を使って府県と市町村の自治を一般的に監督するというヨーロッパ大陸型の方式がとられていたが、この方式も占領期の改革で終了している。

なお、機関委任事務制度（後述）は、自治体の執行機関を国の下部機関と擬制する事務処理方式であり、ヨーロッパ大陸型的な特徴を有する制度であったといえるが、この制度も、2000年分権改革で廃止されている（4.1参照）。

そうした中で、現在でもなお残るアングロ・サクソン型とヨーロッパ大陸型の主要な特徴は、国の機能の地域における分担方式をめぐる「分離」と「融合」の違いである（第1章参照）。現代福祉国家の下で、「分離」型のアングロ・サクソン型諸国でも一定の「融合」化が進み、両者の違いは以前ほど明瞭ではなくなっているものの、現在でもなお、一定の意味をもっている。

3.2　現代福祉国家と政府間関係

3.2.1　福祉国家と新中央集権

20世紀における福祉国家の進展は、一般に、中央集権化をもたらしてきた。理由はさまざまであるが、第1に、福祉国家は二度の世界大戦と大恐慌を契機に成立ないしは発展したものであり、いわば「危機」への対応であったことである。恐慌や戦後の混乱期に首尾よく対応するためには、中央政府がイニシアティブをとる必要があった。第2に、福祉国家は、全国規模での所得の再分配を行う必要から、財政の一定の中央集権化が不可避となる。また、国民経済を対象とした効果的な経済政策を行うためには中央政府主導とならざるをえない。

第3に、福祉国家は、国民に等しく最低限度の生活を保障することを責務としている。そのため、中央政府は、さまざまな分野の行政サービスに関して全国的な最低基準（ナショナル・ミニマム：national minimum）を設定し、補助金の交付などをはじめとするさまざまな関与を通じて、それを自治体に遵守させてきた。全国的な公平・平等の観点から、自治体間の違いを統制しようとするため、福祉国家の進展は、一定の中央集権化をもたらすことになる。

このような、現代国家の下で進行する中央集権化は、近代国家形成期に封建割拠を克服して近代主権国家を樹立する過程で進められた中央集権化と対比する意味で、新中央集権と呼ばれる。日本でも、戦前の内務省による一般的監督方式とは異なる、各省庁による個別行政機能別の統制手段の発達が見られた。

3.2.2　自治体の役割

このように、福祉国家の進展は中央集権化をもたらしてきたのであるが、そのことは、自治体の役割の減少を意味しない（西尾、1990b）。自治体もまた、福祉国家におけるサービス供給機関として、その役割と責務を増大させてきたからである。福祉国家のサービスの多くは、住民の身近なところで実施され、地域社会の関心が大きいという特色をもつ。また、機械的な処理が困難で現場の裁量が大きい対人サービスが多く、実施にあたって大量の人員を必要とする。

3.2.3　サービス実施の2つの方式

このようなサービスを実施する方式には、主として次の2つがある（西尾、1990b）。1つは、中央省庁がその出先機関を使って直接実施する方式であり、もう1つは、自治体に授権または委任して実施させる方式である。例えば、英国の場合、困窮者の保護は伝統的に自治体の責務であったが、1948年の国民扶助法で公的扶助が中央政府の責務となり、自治体ではなく国の出先機関が直接実施する事務となった。日本の場合、公的扶助（生活保護）は、自治体が国の基準に従い、国の補助金（国庫負担金）を受けて実施している。スウェーデンの場合も、公的扶助は国の一定の関与の下で自治体が実施している。ただ、日本の場合でも、労働関係の事務の多くは、国の出先機関が直接実施している。

このように、2つのうちのどちらの方式で実施するかは、国により、また分野により異なっている。日本は、他の先進諸国と比して自治体が比較的大きな役割を果たしている国である（第1章参照）。出先機関実施方式よりも自治体実施方式が多用されているからである。

3.2.4　「実施依存」と自治体の裁量、影響力

福祉国家の進展は、行財政制度における中央集権化をもたらしてきたが、福祉国家における中央政府と地方自治体の関係を、実態的にも中央集権的と見るのか、つまり国による一方的な統制と捉えるのか、そうではなく、集権的な行

財政制度の下でも実態的には国と自治体の協調的・相互依存的な関係が成り立っていると理解するかをめぐっては、さまざまな見解が存在している。

協調的・相互依存的と認識する論者は、以下の点を重視する。第1に、自治体は法的権限や財源を国に依存しているものの、他方で中央省庁の側も自治体に事務の実施を依存しており（実施依存）、このことが中央—地方間の影響力とコミュニケーション回路の一定の双方向性をもたらしているという認識である。

第2に、「実施」の段階で、自治体の側が一定の裁量を行使する余地があるという認識である。事務の性質にもよるが、自治体は、国が基準を設定している場合でも、実施に際して一定の裁量を行使することが可能であり、地域の実情や首長の姿勢や意向などを反映させている。また、基準は通常、最低基準（ミニマム）であり、いわゆる「上乗せ」や「横出し」などが可能である場合も少なくない。さらに、このことと関連して、国の補助金を受けて補助事業を実施する場合でも、そこに自治体独自の工夫で単独事業を付加することも可能である。もちろん、一定の余裕財源がなければできないことであるが、補助事業そのものは補助要綱などの制約を受けるにしても、そこに自治体の単独事業を付加し、事業全体のデザインを修正するという手法である。

さらに言えば、国が立案した事業でも、自治体側の要望などが反映されている場合も少なくない。国の立案や自治体側の実施の実態を以上のように捉えた場合、国と自治体の関係は必ずしも集権的とはいえないことになる。

このように、行財政制度が集権的であることが直ちに実態が集権的であることを意味するものとは限らないとしても、不必要で不合理な国の統制がないか、行財政制度のあり方について常に見直しを行っていくことが必要である。国による制約が自治体の自律性を大きく損なうことがないように、国と自治体の関係にかかわる制度を不断に点検し、適切なものに改めていくことが求められている。

4　地方分権改革

日本の近代地方自治制度は明治中期に確立され、その後一定の変容を経たものの、その基本的性格は敗戦直後まで継続した。敗戦後、占領初期の改革により、知事公選制が導入され、官選・官吏の知事を中心とした明治以来の地方行政体制は終焉し、日本の地方自治制度は大きく分権化した。その後、一定の制度変容があったものの、地方自治制度は戦後10年ほどで安定し、以後数十年間、大きな制度改革は行われなかった（第9章参照）。しかし、1990年頃から地方分権を求める議論が盛んになり、2000年4月に地方分権一括法が施行された（2000年分権改革）。占領期の改革を別とすれば、戦後最大規模の地方分権改革であった。その後は、2000年代前半に、中央—地方間の税財政制度をめぐる改革（いわゆる三位一体改革）が実現している。

4.1　2000年分権改革（第1次分権改革）

4.1.1　機関委任事務制度の廃止

2000年分権改革の最大の眼目は、機関委任事務制度の廃止であった。

2000年分権改革以前の制度では、自治体の事務分類として、公共事務、行政事務、団体委任事務、および機関委任事務という4類型が存在していた。このうち、団体委任事務は、委任事務とはいえ、自治体の固有の事務と同様に、条例制定権や議会のいわゆる百条調査権などの対象となるものであった。これに対して、機関委任事務は、あくまでも「国の事務」であり、自治体の長（知事や市町村長）を国の下部機関と擬制して委任するものであった。機関委任事務とされた事務については、長は、主務大臣の指揮監督を受けるものとされていた。長に対する機関委任事務のほか、行政委員会などに対する機関委任事務も存在していた。機関委任事務は、条例制定権や議会による百条調査権の対象外であった。

自治体の公選の長を国の下部機関と擬制する機関委任事務制度は、分権化された戦後の地方自治のあり方にそぐわないものとして、長く批判の対象とされてきた。廃止直前の段階で、生活保護、都市計画決定などをはじめとして全部で561項目に及ぶ機関委任事務が存在していた。なお、都道府県事務の約8割、市町村事務の約4割が機関委任事務であるといういわゆる「機関委任事務8割説」が長く信じられてきたが、現在ではその妥当性が疑われており、ある調査結果によれば都道府県の場合でも3割台であったという（礒崎、2000）。

機関委任事務制度は、戦前の地方自治制度の下では、市町村について存在していた。これが戦後になって都道府県にまで拡大されたのは、以下の事情による。戦前の知事は、府県という自治体の執行機関であるとともに国の出先機関でもあるという二重の性格を有していた。そもそも国の出先機関であった知事が国の事務を処理するのは当然のことであるので、府県については「機関委任」

という手法は必要とされなかった。ところが、占領期の改革で知事公選制が実現し、都道府県が完全自治体になったため、官選・官吏の知事が処理してきた国の事務を、公選の知事の下で引き続き国の事務として処理するために、機関委任事務制度という事務処理方式が都道府県にも導入されたのである[2]。

4.1.2 新たな事務分類と関与類型――法定受託事務と自治事務

機関委任事務制度が廃止され、従来の機関委任事務は、事務自体が廃止されたもの（11件）、国の直接執行事務になったもの（20件）もあったが、大多数は、新たに創設された事務類型である「法定受託事務」（257件）と「自治事務」（398件）のどちらかに振り分けられた（宇賀、2019、129-130頁）。また、従来の公共事務、行政事務および団体委任事務は、「自治事務」になった。

法定受託事務と自治事務の主要な違いは、1つは、前者にはより強い国の関与が認められていることであり、もう1つは、前者に関して、国は「処理基準」の作成が認められていることである。

事務分類と国の関与の類型の対応関係は以下のとおりである。自治事務については、国の関与は、原則として是正の要求までとされ、助言・勧告、資料の提出の要求、協議、および是正の要求が基本的関与類型とされている。これに対して、法定受託事務の基本的関与類型は、助言・勧告、資料の提出の要求、協議に加えて、同意、許可・認可・承認、指示、代執行である。ただし、自治事務に関しても、個別法の中で、上記の「同意」以下に列挙されている強い関与が規定されているものもある（宇賀、2019、403頁）。

従来、機関委任事務は「国の事務」とされていたが、改革後は、法定受託事務も自治事務もともに「自治体の事務」とされ、条例制定権や百条調査権など

2）　機関委任事務制度の下では職務執行命令訴訟による主務大臣の代行制度があり、長が機関委任事務の執行を拒むなど、国にとっての支障が生じた場合（違反又は懈怠が認められる場合）の最終的な対処手段とされていた。

1991年の地方自治法改正以前は、主務大臣は、「職務執行命令訴訟」と「命令違反確認訴訟」を経て知事の機関委任事務を代行でき、内閣総理大臣は知事を罷免できるという制度であった（市町村長の機関委任事務については上記の「主務大臣」と「内閣総理大臣」のところは「都道府県知事」）。２種類の裁判という慎重な手続きを要するものであったとはいえ、公選の長が国によって罷免されうる制度であり、批判が強かった。1991年の法改正後は、「職務執行命令訴訟」のみで代行可能となるとともに、罷免の規定は削除された。なお、現行地方自治法の法定受託事務の各大臣の「代執行」制度（4.1.2参照）も、やはり裁判によるものである。

これらの制度が実際に使われた事例は、砂川職務執行命令訴訟、沖縄代理署名訴訟、辺野古代執行訴訟など極めて少数である。前二者は、いずれも訴えられた長の側が敗訴している。最初の事例は罷免制度下のものであったが、係争中に町長が交代し、新町長が「職務執行命令訴訟」差戻し審の地裁判決を受け入れたことなどもあり、長の罷免へ進むことはなかった。最後の辺野古の事例は、現行制度の法定受託事務の代執行訴訟であるが、和解が成立し、訴訟が取り下げられている。なお、辺野古の事例では、これ以外にも複数の争訟が提起されている。

の対象となった。その結果、現に自治体が実施しているすべての事務に条例制定権が及ぶこととなった（法定受託事務と自治事務については第1章も参照）。

4.1.3　機関委任事務制度廃止をめぐる評価

機関委任事務制度の廃止の意義をどのように評価するかは、それぞれの論者が、戦後の地方自治の中で機関委任事務制度が果たしてきた役割をどう認識してきたかによって異なってくる。この制度の存続によって知事公選制などの占領期の改革の成果が実質的に損なわれてしまったと考えてきた「戦前戦後連続論（温存説）」の論者は、機関委任事務制度の廃止を、当初、明治期から続く戦前の集権体制に実質的な終止符を打つものとして理解し、また期待をかけていた。しかし、その場合、問題となるのは、戦前の集権体制を実質的に温存させてきたと評価されるほどの機関委任事務制度が廃止されたにしては、廃止後に現れた実際の変化や効果が必ずしも大きなものではなかったことである[3]。

以下のように考えるべきだろう。たしかに、機関委任事務制度は戦後の分権化された地方自治のあり方にそぐわないものであり、廃止されるべき制度であった。とはいえ、この制度の存続によって戦後改革の成果が大きく損なわれ戦前の集権体制が実質的に温存されてきたというのは、さすがに過剰な認識であったと考えるべきであろう。

機関委任事務制度は、明治期以来の制度ではあったが、補助金や必置規制（必置機関、必置職員等）などとともに、現代国家型の中央—地方関係に適合的な制度の1つとして積極的に活用されてきた。占領期に廃止された内務省による監督・統制の方式とは異なり、個別行政機能別の統制手段だったからである。

2000年分権改革では、機関委任事務制度は廃止されたが、従前機関委任事務であった事務それ自体についてはそのほとんどが存続し、その過程で、個々の事務に関して国の関与の見直しが行われた。必要とされた関与は存続し、不必要とされた関与は廃止された。中央省庁による関与の必要性と自治体の自律性の兼ね合いについて、個々の事務ごとに再検討され、地方分権の観点に立って見直しが図られたのである。要するに、明治以来の集権体制に終止符を打つというような種類の改革ではなく、これまで徐々に形成されてきた現代の中央

3)　例えば、大森（2003）では、その2節で、自治体の首長・職員を対象とする2つのアンケート調査結果が紹介されているが、それによると、改革後も必ずしも大きな変化は見られないとのことである。ちなみに、この節の標題は「変化少ない自治体の行政現場」となっている。

とはいえ、例えば、半数近い知事が「行政運営や政策・事業形成がやりやすくなった」と回答しているなど、一定の好ましい変化も見受けられる。要するに、変化はあるが限定的で漸進的なものにとどまっているということであろう。

—地方関係を基本的に維持しつつ、機関委任事務制度という方式によらずにそれを編成し直すことで、関与の見直しを果たした改革であった（市川、2012）。戦前の集権体制については、占領期の改革ですでに終止符が打たれていたと理解すべきであろう（村松、1988）。

column　地方分権の２類型——「関与の縮小」と「権限移譲」

第１章第４節でも紹介したとおり、地方分権には2つのタイプがある。1つは、自治体に対する国の関与や統制を減らすことで自治体が自由に活動できる余地を増やす「自由度拡充」型である。ここでは、「関与の縮小」型と呼ぶことにする。もう１つは、国が実施している事務を都道府県へ、都道府県が実施している事務を市町村へというように、住民に身近な団体に事務事業を移譲することによる分権化である。第１章第４節の「所掌事務拡張型」であるが、ここでは「権限移譲（事務事業移譲）」型と呼ぶことにする（西尾、1999；2013）。図10-1では、統制は矢印（↓）の数で、事務事業の量は長方形（□）の面積で表現されている。同じ「分権化」といっても、2つの方向性があることが理解できる。

図10-1　地方分権の２類型

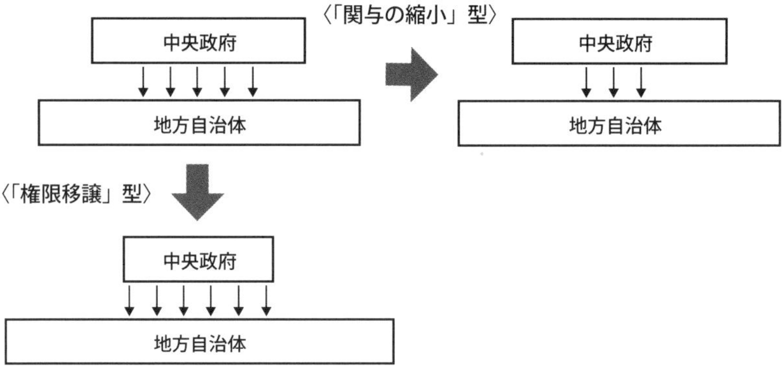

（注）□ の面積は事務事業の量を、↓は統制の量を表す。

4.1.4　機関委任事務制度廃止以外の改革

2000年分権改革の最大の眼目であった機関委任事務制度の廃止は、「関与の縮小」型の改革であった（コラム参照）。機関委任事務制度が廃止され、従前の機関委任事務が法定受託事務と自治事務に振り分けられ、その過程で、個々の事務について国の関与の見直しが行われたからである。

「関与の縮小」とともに、2000年分権改革では「関与の透明化」も課題とされ、関与をめぐる国と自治体間の係争処理に関する第三者機関が創設された。国と自治体の間の紛争については、国地方係争処理委員会が新設され、国の関与に不服がある自治体は同委員会に審査を申し出ることができることになった。同委員会は、審査の結果、国の関与が違法又は不当であると認められる場合は、国の行政庁に対して必要な措置を講ずべき旨の勧告等を行うこととされている。また、都道府県の市町村に対する関与については、同様の機能を果たす紛争処理機関として自治紛争処理委員の制度が設けられた。前者が常設の機関であるのに対して、後者は、事件ごとに随時設置される[4)]。

2000年分権改革では、「関与の縮小」型の地方分権が比較的進んだのに対して、「権限移譲」型の改革は必ずしも十分には進まなかった。日本の自治体の実施している事務量はすでに十分に多く（第1章参照）、地方分権をめぐる課題は国の統制を減らし自治体の自由度を拡充することにあると考えられたからである。当事者である地方六団体も、土地利用規制関係のものを除き、権限移譲に必ずしも積極的ではなかった。そうした中で、一定の「規模別権限移譲」が実現しているが、これについては4.3でまとめて論ずることにする。

権限移譲に関して、もう1点、重要な点を挙げると、この改正で、条例による事務処理特例制度の規定が新たに地方自治法に盛り込まれたことである。都道府県が事務処理特例条例を定めることによって、都道府県の事務を市町村に移譲することが可能になった。この制度は、各地で積極的に活用された。

期待された税源移譲や補助金の一般財源化などは進まなかったが、税財政に関して一定の分権化が見られた。地方債については、かつての起債許可制が協議制に改められた（施行は2006年度。その後の展開は第8章第5節参照）。課税自主権に目を転じると、自治体の法定外税に関して、これまで認められていなかった法定外目的税を設置できるようになったことに加え、法定外税の設置にかかわる国の関与を、従来の許可制から同意を要する協議制へと緩和し、同意要件も従来の許可要件から緩和された。これにより、自治体は新たに法定外税を新設しやすくなり、各地にユニークな新税が誕生した。また、法定税の税率設定権については、2000年の改革ではないが、この前後の時期に、市町村

4）　これらの制度が使用された事例としては、前者については、勝馬投票券発売税にかかわる総務大臣の不同意を不服とした横浜市の申し出、ふるさと納税の対象団体への総務大臣の不指定を不服とした泉佐野市の申し出などがあり、後者については、農業振興地域整備計画の変更にかかわる千葉県知事の不同意を不服とした我孫子市の申し出がある。泉佐野市の事例では、国地方係争処理委員会は泉佐野市側の主張をほぼ認め、再検討を行うよう総務大臣に勧告したが、総務大臣は決定を変えず、泉佐野市の提訴によって訴訟となり、最高裁で総務大臣が敗訴している。

民税や法人事業税、固定資産税などに関して制限税率が緩和ないし廃止されている。

4.1.5　2000年分権改革の政治過程

2000年分権改革の実現をめぐる政治過程については未解明の部分も多いが、さしあたりその概略を述べれば、以下のとおりである（市川、2020)。

改革の最大の眼目は機関委任事務制度の廃止であったが、自治省以外のほとんどの省庁はこの制度の存続を望んでおり、また、当時はまだ族議員も強力で、各省庁の援軍として、この制度の廃止に消極的であった。機関委任事務制度の廃止は、地方六団体や自治省などの地方自治関係者、および地方分権に賛同する地方自治研究者らの悲願であったが、これだけでは改革は実現しなかった。

分権改革の議論は1990年代の初頭から盛んになったが、改革論の興隆をもたらし、これを政治的アジェンダに載せる原動力となったのは、地方六団体などの従来からの分権派ではなく、別の勢力であった。財界とマスメディア、および政治改革と行政改革を旗印に掲げていた当時の新党などが重要な役割を果たした。1990年代になって地方分権改革を唱えるようになったこれら広範な勢力の支援を得て、地方分権改革は実現した。加えて、細川護煕・羽田孜を首相とする非自民・非共産連立政権とその後の村山富市自社さ連立政権という当時の政治状況、またこれらの政治状況の下で族議員の影響力が一時的に低下していたことも、改革の実現を後押しした。

実質的な改革案を作成したのは地方分権推進委員会（諸井虔委員長：1995年7月–2001年7月）であった。地方六団体や自治省および分権派の地方自治研究者がこの審議会で主導権を握ることとなり、以後、改革は機関委任事務制度の廃止に収斂していった。審議会に委員、専門委員、参与として参画した研究者は、中央省庁との夥しい数のグループヒアリングを行い、審議会の勧告は、改革の理念や方向性を提示するだけでなく、改革案の技術的な意味での実現可能性も担保するものとなった。当初4次勧告までの予定であったが、公共事業の分権化を目指して5次勧告の作成に乗り出した。しかし、この分野は、機関委任事務制度と比べて族議員の関心がはるかに強く、自民党公共事業族の反対に遭い、5次勧告は、作成されたものの、当初の意図は事実上挫折している。1999年7月に地方分権一括法案が可決され、同法は2000年4月に施行された。

4.2 三位一体改革

三位一体改革とは、中央—地方間の税財政制度に関する改革であり、税源移譲、補助金改革、および地方交付税改革を一体的に進めるという意味から、この名称がつけられた。2000年代になり、1990年代に見られた地方分権への社会の広範な勢力による支持は、すでに過去のものとなっていた。

改革は、2003-05年（2004-06年度予算）の3年間（いわゆる「芽出し」の年である2002年（2003年度予算）も含めると4年間）にかけて実現した。2000年分権改革で成果が上がらなかった税源移譲や補助金の一般財源化などを推し進めようとする地方分権派と、国から自治体への財政移転（補助金や地方交付税等）を減らすことで国の財政再建を図ろうとする財政削減派の意図が交錯する中で、改革は進められた。

約3兆円の税源移譲、約4兆7,000億円分の補助金改革（削減額は約4兆円）、および約5兆1,000億円の地方交付税の削減が実現した。新自由主義的な小泉純一郎政権が財政削減を重視したため、地方財政規模は全体として大きく削減されることになった。また、補助金削減については、義務教育国庫負担金や児童手当などをはじめとして、補助率削減という手法が多用された。補助金そのものを存続させたうえで国の負担割合を減らすこの手法は、自治体の自律性の向上に全く寄与しない数字合わせの見せかけの改革であるとして批判された。

4.3 その後の地方分権改革（第2次分権改革）

2007年4月、第1次安倍晋三政権の下で、地方分権改革推進委員会が発足した（丹羽宇一郎委員長：2007年4月-2010年3月）。1990年代とは異なり、地方分権を後押しする社会の機運も乏しく、当初この審議会への注目もさほど大きなものではなかった。そうした中で、2009年9月に発足した民主党政権は、「地域主権」を掲げ、政権の最重要課題の1つとして大胆な地方分権改革を推し進めようとした。挫折した試みも多いが、「国と地方の協議の場」の法制化など実現したものもある。また、「義務付け・枠付けの緩和」、「国から自治体への権限移譲」および「都道府県から市町村への権限移譲」については、次の第2次安倍政権にかけて、4次にわたる一括法によって一定程度実現している。

「義務付け・枠付けの緩和」が課題となったのは、次のような事情による。2000年分権改革で条例制定権が拡大し、自治体が現に実施しているすべての事務に条例制定権が及ぶことになった。しかし、実質的な条例制定の余地は、法令の「規律密度」に大きく規定される。つまり、類型上、自治体のすべての事務が条例制定権の対象となったといっても、国による義務付けや枠付けが多すぎると、実質的な条例制定の余地はそれだけ狭まってしまう。そこで、自治体の条例制定の余地を実質的に拡大することを意図して、義務付け・枠付けの緩和が進められることになった。主な成果は、道路構造令、公営住宅の入居基準、市町村の基本構想の策定義務などに関する緩和や廃止であった。

「国から自治体への権限移譲」と「都道府県から市町村への権限移譲」も、同じ改革で一定程度実現している。このうち、後者の最大の特徴は、「規模別権限移譲」だったことである。ここで、規模別権限移譲について、以前の時代のものも含めて、簡単に説明しておきたい。

規模別権限移譲というのは、文字どおり、市町村の規模・能力に応じた権限移譲であり、市町村の段階区分別の権限移譲である。この方式が最初に登場したのは、1956年の政令指定都市制度の制定（第9章3.6参照）によってである。その後、1994年の地方自治法改正（96年施行）による中核市の創設で規模別移譲の方式は本格化し、2000年分権改革による特例市の設置により、市町村の区分（第3章1.2参照）はさらに多段階化した。

民主党政権から第2次安倍政権にかけての4次にわたる一括法では、町村までをも含めた全市町村を対象とする移譲は限定的であり、大半は、市（一般市）以上、あるいは中核市や政令市以上を対象とする規模別権限移譲であった。この改革で市（一般市）以上を対象とする権限移譲が比較的進んだ結果、市（一般市）とその一段階上位の特例市の違いが小さくなり、特例市という段階区分を設けていることの意味が減少した。そこで、2015年施行の地方自治法改正で、中核市になるための人口要件を緩和し、従来の特例市と同じ基準（人口20万以上）にまで引き下げて、両者を統合するとともに、特例市という段階区分を廃止した。なお、中核市に移行しない特例市は、「施行時特例市」として、従来の特例市としての事務権限を引き続き保持している。

その後は、審議会の勧告や答申をもとに改革を進める従来の方式を改め、いわゆる「提案募集方式」が採用され、自治体側からの提案をもとに権限移譲や義務付け・枠付けの見直し等が進められている。農地転用許可にかかわる権限移譲やいわゆる地方版ハローワーク、学童保育の人員配置基準の緩和などが最近の主な実現項目である。

かつての1990年代のような社会の広範な勢力による熱心な後押しは見られないものの、この間の取組みを通じて、「地方分権」という価値が一定の正統性を獲得してきたことは、重要な変化であったといってよいだろう。

【文献案内】

村松岐夫（1988）『地方自治』東京大学出版会

日本の地方自治と中央―地方関係を欧米との比較の視野の中に位置づけ、新たな理論を提示し、その後の地方自治研究に新局面をもたらした1冊。

西尾勝（2013）『自治・分権再考――地方自治を志す人たちへ』ぎょうせい

地方分権推進委員会の委員として、分権改革の理論的支柱を提供した著者が、地方自治の意義や改革の経緯などを平易に語った1冊。

市川喜崇（2012）『日本の中央―地方関係――現代型集権体制の起源と福祉国家』法律文化社

現代日本の中央―地方関係の歴史的形成過程を探究し、従来の「温存説」とは異なる新たな「変容説」を提示している。

【研究課題】

(1) 地方六団体（全国知事会や全国市長会等）は国にさまざまな提言や要望を行っている。各団体のウェブサイトや新聞・テレビのニュースで調べてみよう。

(2) 平成の大合併で市町村合併が大きく進んだ都道府県とそうでない都道府県があった。国は合併を進めようとして同じように指導したにもかかわらず、都道府県による大きな違いが現れたのはなぜだろうか。考えられうる理由を列挙し、政府間関係という視点を踏まえて、分析・考察してみよう。

(3) 三位一体改革の結果、就学援助に関する国の補助金が廃止され一般財源化された。地方分権化が進み、自治体の自由度が増したのであるが、自治体による格差が出たとして批判もされている。この問題をどう考えるべきか、調べてみよう。

11 圏域・自治体間連携

砂原庸介

summary

公共サービスの提供は、必ずしも1つの自治体の中ですべてが完結するわけではない。ある自治体が提供する公共サービスが、他の自治体の住民にとっても利用可能であるような場合、サービスの受益と負担が一致せず、結果としてサービスの供給が過剰になったり過少になったりするという問題が生じてしまう。このような問題の背景には、社会経済的な圏域（都市圏）と政治的な意思決定を行う自治体の範囲との間にズレが生じているということがある。

交通網の発展とともに特に大都市地域で社会経済的な圏域が広がることでこのような問題は顕在化する。日本では、自治体の合併が、この問題に対応する主要な手段であったと考えられる。しかし、合併や自治体の機能分離のみで問題を解決するのは困難である。そのため、一部事務組合や広域連合のような特別地方公共団体の設置、既存の組織を前提とした協議会や機関等の共同設置、事務の委託といった手法、さらには株式会社のようなサービス提供のための組織を作るといった多様な手法で問題の解決が図られてきた。自治体の規模が十分に大きくなった近年では、自治体間の連携によって一定の圏域で最適なサービスの提供が望まれるようになっている。

keyword

公共サービス、スピルオーバー、機能分担、集合行為問題、合併、連携、圏域

1　なぜ地方自治体は連携するのか？

1.1　自治体の領域を超える公共サービス

なぜ地方自治体は連携するのか。無視できない理由として挙げられるのは、自治体の領域を超える政策や公共サービスの存在である。基本的には、それぞれの地方自治体の中で、地域住民が税金や借金の負担をして公共サービスが提供され、住民がその便益を受けることになる。しかし実際には、ある自治体が提供する公共サービスが、費用を負担している地域住民が住む領域を超えて、他の地方自治体にも影響をもたらすことがある。このような現象は、公共サービスのスピルオーバーと呼ばれている。これによって何が起きるかと言えば、その公共サービスの費用を負担していないであろう住民が、その公共サービスを利用できるということである。

公共サービスのスピルオーバーは、典型的には、ある地方自治体に存在する魅力的なサービスを、他の地域の住民が利用したいというようなときに発生する。緑豊かな大きな公園や高度な医療を供給することができる病院、多くの飛行機が発着する空港など、魅力的な公共サービスを提供したとき、他の地域の住民もそのサービスを利用したいとして訪れるようなことが考えられる。あるいは、人々が集まる都心地域で活動したいというときに、鉄道や道路をはじめとした都心の公共サービスを利用するということもあるだろう。そして、交通インフラの発展・モータリゼーションの進展に伴って、人々の移動が容易になっていけば、地方自治体の領域を超えて他の自治体が提供する魅力的な公共サービスを利用することが一般的になっていく。

公共サービスのスピルオーバーが起きると、サービスを提供するための費用を誰が負担するのかが問題となる。ある地方自治体が、そこに住む住民の負担で提供した公共サービスを、他の地域の住民が同じような負担なしに利用することができれば、費用を負担している地域住民としては自分たちの負担に「ただ乗り」されたとして反発するだろう。さらに、他の地域の住民が公共サービスを利用することによって混雑が生じることになると、元々費用を負担している住民がその影響をより大きく受けたり、混雑を解消するためにさらなる費用を求められたりすることになる。結果として、魅力的な公共サービスが提供されないということになれば、社会全体としても望ましくない結果につながってしまう。

他方で、大きな費用がかかる公共サービスについては、隣接する地方自治体の住民に利用されることが好ましい場合もある。特に、規模が大きくなるほどに単位当たりの費用が低くなり、事業の効率性が向上する規模の経済が働くような公共サービスの場合は、1つの地方自治体の住民に限らず、多くの人々に使ってもらう方が望ましい。また、このような公共サービスでは、初期投資にかかる費用が大きくなることが少なくないために、隣接する地方自治体がそれぞれに提供しようとすると、全体として過剰な投資となってしまい、有効に利用されないサービスが生まれてしまうこともある。

このような問題は、住民の負担に基づいて公共サービスの提供を決める地方自治体の領域と、実際に公共サービスを利用する住民が包摂される社会経済的な圏域が異なることで生じる問題だと考えられる。公共サービスの負担者と受益者が一致せず、その結果として、サービスの供給が過剰になったり過少になったりするのである。このような問題は、交通網の発展とともに特に大都市地域において社会経済的な圏域が広がることで顕在化し、同じ圏域に含まれる地方自治体が、連携して対応することが求められるようになるものである。

この問題への初期の対応は、関係する地方自治体の合併による規模拡大というものであった。つまり、人々が移動する社会経済圏域を包摂した地方自治体を作り、その中で全体として受益と負担を合わせていこうという発想である。日本においても、明治期に市制町村制が施行された後、特に当時の大都市地域を中心に市となった自治体は近隣町村を合併して規模を拡大させていった。その中でも大きな都市は6大都市（東京市・横浜市・名古屋市・京都市・大阪市・神戸市）と呼ばれ、多くの人口を抱えて周囲の自治体と比較して高い能力を持つ都市自治体とみなされるようになった。人口が集積するこれらの自治体は、早い段階で他の自治体が供給しない交通インフラなどを提供し、独自の都市計画を策定して発展していったのである。さらに、第2次世界大戦後にはそのような特別な自治体以外でも、求められる基礎的な公共サービスの水準が高まるとともに、多くの自治体が合併して規模拡大を実現し、さまざまな公共サービスを提供するようになっていった。

1.2　自治体の層化による機能分担

1つの自治体の領域を超える公共サービスという問題に対応する方法としておそらく最も単純なものは、住民に身近なサービスを提供する基礎自治体と、そのような基礎自治体の領域を超える公共サービスを担当する広域自治体を別々に設置するという方法である。日本の場合、基礎自治体である市町村と広域自治体である都道府県は別々に設置され、第3章で紹介されているように、都道府県はより広域に及ぶ公共サービスを担当することになっている。広域に及ぶ公共サービスとしては、具体的には大規模なインフラや、より専門性が高い業務、そして定型的で住民を一括して扱うことができるような業務などもその候補に挙げられるだろう。日本の場合、たとえば医療分野については都道府県が大きな役割を果たしている一方で、福祉・介護の分野では市町村が果たす役割が大きいといったことがある。高機能で専門性の高い医療を提供できる病院は利用者が広域で存在するのに対して、福祉・介護はより身近できめ細かいサービスが必要になる、といったように機能で分けることが考えられるのである。

しかしこのように基礎自治体と広域自治体で機能を分けたとしても、その重複が問題になることがある。そもそも、公共サービスの規模や機能で切り分けると言っても、明確な境界線が存在するわけではない。たとえば医療と福祉・介護を考えてみても、両者が重なり合う部分は存在し、基礎自治体と広域自治体のどちらが重複部分を担うのかが簡単に決まるわけではない。さらに、人口が集中する都市では、すでに述べたように合併を通じて基礎自治体の規模が拡大しており、場合によっては広域自治体に匹敵するような能力を有するものも少なくない。典型的には、2010年代に「大阪都構想」として議論された大阪の状況のように、一方で大阪府が広域自治体として大規模なインフラ提供や専門性の高い業務を担い、他方で大阪市が有力な都市自治体として能力を向上させた結果、同様の公共サービスを行う部分が存在し、その重複が「二重行政」として問題視される、ということが考えられる。

このような基礎自治体と広域自治体の公共サービスの重複について、大きく分けて2つの方法で対処することが考えられる。1つは、基礎自治体と広域自治体が頻繁に情報共有を行い、両者の業務に重複がないように調整するという方法である。そのためには、基礎自治体と広域自治体が目的を共有して綿密なコミュニケーションを図ることが求められる。そのようなコミュニケーションが十分ではなく、両者がお互いに競争して類似した公共サービスの供給を行い、それぞれの業績として差別化しようとすると、全体としては過剰な供給となる傾向は否めないだろう。上記の「大阪都構想」において、大阪府と大阪市に「二重行政」が存在すると批判されたのは、必要なコミュニケーションが不足することによる業務の重複であったと整理することができる。

もう1つの対処の方法は、あくまでも基礎自治体と広域自治体の機能の分離を進めるということである。すでに述べたように、機能を分離すると言っても明確な境界線があるわけではないが、基礎自治体が行う仕事に広域自治体は介入せず、広域自治体が行う公共サービスに基礎自治体は働きかけることができない、ということが徹底されれば、業務の重複は起こらないかもしれない。「大阪都構想」において、広域自治体である府と基礎自治体である特別区の機能分離が強く主張されたのは、このような発想に基づいていると言えるだろう。とはいえ、住民の福祉に関して責任を持つ自治体が、他の自治体の業務だから何も口出しすることができない、という取り決めが保証されるかどうかは明らかではない。たとえば、広域自治体によるインフラの整備が地域住民の生活に悪影響を与える、となったとき、基礎自治体がそれを無視することは難しいだろう。結局のところ、重複をすべて情報共有・調整によって解決するのが非現実的であるように、機能を完全に分離して情報共有・調整の必要をなくすというのもまた難しいのである。

1.3 連携の条件と困難

公共サービスの性質によって自治体を複数の層に分けるのではなく、基礎自治体同士の連携を考えるとすれば、連携はどのような条件で起きるのだろうか。1つの説明として有用なのは、それぞれの自治体にとって、連携によって生まれる便益が、公共サービスのスピルオーバーや事業の重複などが生み出す費用よりも大きいときに連携が実現する、というものである（Feiock, 2009；2013）。連携がないときに発生する、受益と負担の不一致や事業の重複による過剰な投資を、地方自治体間の「集合行為問題」として理解したうえで、自治体間の調整・協力での問題に取り組み社会経済的な圏域全体でより効率的な公共サービスの提供を行うことができるという見込みが立てば、連携が生まれるという考え方である。

それぞれの自治体にとっての便益が、連携しないときの費用を上回れば連携が実現する、という発想は単純である。しかし、連携の便益はそれほど簡単に予想ができるわけではない。なぜなら、連携に当たって不確実性が存在するからである。連携に参加する自治体としては、実際に期待していたほどの便益が得られるかはわからないし、また連携自体に想定していたより費用がかかってしまう可能性がある。さらにはパートナーとなる自治体が、期待していたような協力をしてくれない「裏切り」が発生してしまうと、連携によってむしろ多くの費用がかかってしまう可能性もある。

不確実性の問題に加えて、連携したときにどのように公共サービスの水準を決めるか、という問題もある。あくまでも自治体同士の連携であり、必ずしも公共サービスの費用を負担し便益が及ぶ範囲の住民が選挙で代表を選んでいるわけではない。連携している自治体の中で、財政力が強く実際のサービス提供を担うなどの理由で相対的に発言力が強い自治体が、他の自治体を従わせるようなことが起きてしまうかもしれない。結果として、従う側の自治体の住民にとってみれば、期待されていたほどの便益がないにもかかわらず、負担ばかりが求められることになるなど、必ずしも望ましいとは言えないかたちで公共サービスが提供されることになる可能性もある。このような不確実性や代表性の問題を考慮すれば、もともと何らかのかたちで連携が行われているなど、選好が近い自治体の間での連携がより行われやすくなると考えられる。

連携を、自治体間の「集合行為問題」の解決として捉えると、その内容を2つの軸によって理解することができる（Feiock, 2009；2013）。1つの軸は、連携の包括性に関する軸である。2つの自治体で1つの事業について相互的に行う連携は範囲が狭い個別的な連携であるのに対して、3つ以上の自治体が参加して複数の事業について行われるような連携はより包括的であると言える。より個別的な連携の方が、交渉も容易であり不確実性も少なくなると考えられるのに対して、参加する自治体や連携する事業の数が増えると合意に至るのが難しくなると考えられる。もう1つの軸は、合意の拘束性に関する軸である。非公式な情報交換のような連携であれば、連携相手を相互に拘束することはないが、契約によって公共サービスの提供を受けるような場合には、関係者を一定程度拘束することになる。さらに、公共サービスを実施するための組織を合意のもとで設置する、ということになれば個々の自治体が自律的な決定を行う余地は非常に少なくなる。拘束力の低い連携であれば比較的容易に合意することができるのに対して、将来の意思決定を強く拘束するような連携を行う場合には、自治体間で合意に至ることが困難になると考えられる。

包括性と拘束性という2つの軸で連携を捉えたとき、2つの自治体の非公式な情報交換のようなどちらかと言えば容易に実現する連携を一方の極に、そしてもう一方の極として複数の自治体が複数の事業で極めて拘束的に行う連携として自治体の合併を位置付けることができる。合併は、自治体が関連するすべての分野において、元々の自治体としての自律性を認めないかたちで新しい自治体として意思決定を行うことになる。合併に参加する自治体は、その便益や費用を慎重に検討するために、合意に至ることは容易ではない。そして、その

図11-1　連携の2つの軸

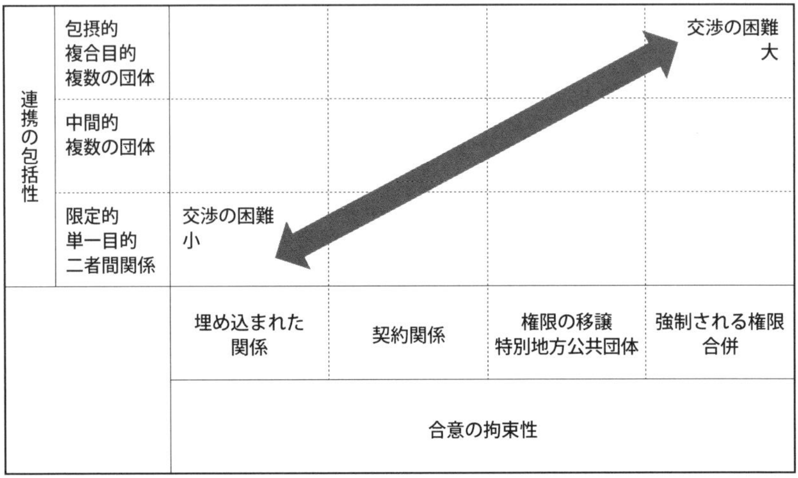

（出所）　Tavares and Feiock（2018）p.303 を一部改変。

2つの極の間にさまざまな連携を位置付けていくことができるのである。

2　さまざまな連携

2.1　組織の再編成を伴う連携

前節で議論したように、自治体間の連携を、そのための費用も便益も小さい日常的な情報交換から、費用も便益も大きい合併まで、幅があるものと考えれば、連携にはさまざまなタイプが存在することがわかる。その中で、まずは組織の再編成という非常に大きな費用を伴うタイプの連携について説明する。

既存の自治体組織を新しい組織へと再編成する自治体同士の合併は、最も極端なかたちの連携である。従来の自治体組織は解体され、意思決定の主体ではなくなる。自治体の規模を拡大することで組織としての能力が高まって効率性が向上し[1]、より広域での公共サービスが提供されることになる可能性はある。しかし、公共サービス改善を求める小地域の声が届きにくくなることや、従来の自治体の政治家などが意思決定への影響力を失うことを理由にしばしば反対

1）　ただし、自治体合併が常に効率性の向上に寄与するかは論争がある。欧米での研究のサーベイでも、その効果については論争的である（たとえばWalker and Andrews, 2013）。

図11-2　第2次世界大戦後の自治体数の推移

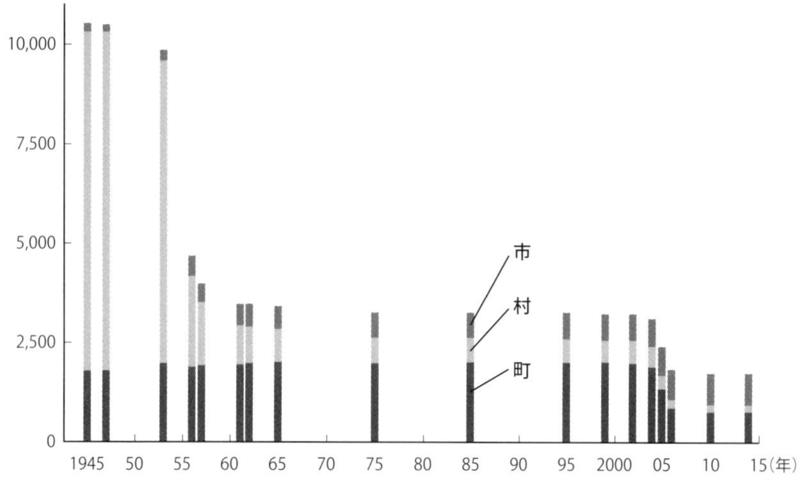

（出所）総務省ウェブサイトより筆者作成。

が起きる。

このような合併について、日本の場合、「明治の大合併」・「昭和の大合併」・「平成の大合併」と3回にわたって、国からの働きかけのもとで幅広く自治体合併が行われてきた。明治期の市制町村制が施行されたあとの明治の大合併では、もともと7万以上あったとされる自治体が1万5,000程度まで減少した。このときの合併では、小学校を運営できる程度の規模で町村が形成されるような規模が目標になったとされる。1950年代後半に進められた昭和の大合併では、新制の中学校を設置運営できる程度の規模への自治体再編が目安とされ、1万程度の自治体が一気に3,000程度まで減少した。図11-2のように、その後40年ほどは、自治体の数に大きな変化はなかったが、1990年代の地方分権改革の一環として、自治体の能力向上を企図して実施された平成の大合併によって、自治体の数は2,000を下回るようになっている。これらの3回の大合併においては、自治体間で問題となる合併の費用を乗り越えることができるように、国がさまざまな手段を使って自治体を合併へと誘導してきたのである。

困難な合併とまではいかなくても、複数の自治体で新たに組織を設置して広域の公共サービスを実施するということもある。日本では特別地方公共団体に分類されている、広域連合や一部事務組合を設置して公共サービスの提供を行う形式がそれにあたる。それぞれの自治体が議会の議決を行って、特別地方公共団体を設置すると、そこに参加する自治体は、自分たちがそれまでに実施してきたサービスをその組織に委ね、そのための費用を拠出することになる。

このうち一部事務組合は、制度自体は明治時代から存在し、市町村の規模が小さく独自に公共サービスを提供するのが難しい中で、協力し合って公共サービスを実施する枠組みとして用いられてきた。日本においてしばしば一部事務組合を用いて提供される公共サービスは、上下水道や廃棄物処理、消防に関わるものである。このような公共サービスについて、一部事務組合では、関係する自治体から選ばれた議員からなる議会で意思決定が行われることになっている。ただしその首長や議員は住民から直接選ばれるわけではなく、参加する自治体の首長や議員が兼職するかたちとなっている。

広域連合は、一部事務組合に比べて新しい制度であり、1994年に制度が作られた。提供する公共サービスは一部事務組合と異なるわけではないが、より多くの公共サービスを包括的に提供するものであることが期待されている。そのために、都道府県と市町村という異なるレベルの間での広域連合の設置も可能であるし、担当する公共サービス以外の関係分野についても構成市町村に勧告や要請を行うことや、国に対して広域連合への権限移譲を求めることも可能である。その意味で、包括性が高いだけでなく、拘束性も高い制度であると言えるだろう。さらに、間接代表で議会が構成される一部事務組合に対して、広域連合では、同様の間接代表だけでなく、住民からの直接選挙で議会を構成すること（なお2020年現在そのようなしくみをとっている広域連合はない）や、住民が広域連合での条例制定や首長・議会の解職を求める直接請求を実施することも可能になっている。あくまでも自治体間で設置される一部事務組合と比べて、住民からの代表性を高める可能性が埋め込まれていると言えるだろう。

2.2　既存の組織を前提とする連携

次に、既存の自治体組織を前提として行う連携について整理する。まず挙げられるのは、協議会と呼ばれるしくみである。協議会には、(1) 事務を共同で管理執行する、(2) それぞれの自治体の事務及び管理執行についての連絡調整を行う、(3) 広域にわたる総合的な計画を共同で参加するというものがある（木村、2019）。事務を共同で管理執行する、というと一部事務組合や広域連合と同じように見えるが、協議会の場合はあくまでも参加する自治体の首長などの名前で事務を処理するものとなる。連絡調整や計画作成についても、協議会での意思決定がすぐに効果を持つものではなく、参加する自治体が決定を受け入れて事務処理をすることで効果が生じることになる。協議会が設置される分野としては、防災・教育・地域開発・消防などで多く、特に事務を共同で管理執行するものとしては、社会教育や小中学校の教育事務、農業用水の管理、宝くじの発行などが挙げられる（木村、2019）。

次に、機関の共同設置と呼ばれるタイプの連携がある。これは、一般的にはそれぞれの自治体で設置される機関を、複数の自治体によって共同で設置することで連携を実現するものである。もともとは行政委員会や附属機関などを対象とする制度であったが、2011年の地方自治法改正によって対象が拡大され、首長の内部組織などにも拡大されている。当初の対象からもわかるように、それぞれの自治体で抱えることが難しい、専門性が高い機関が共同で設置されることになる。実際に共同設置される機関としては、介護認定審査に関する事務、公平委員会に関する事務、障害区分認定審査に関する事務が主要なものとなっており、これだけで全体の7割程度を占める（木村、2019）。

事務の委託は、規約によってある自治体の事務の一部の執行管理を他の自治体に委ねるしくみである。自治体が行う特定の事務を切り出すかたちで委託が行われ、そのための費用が支払われる。受託した自治体は、当該事務に関する責任を持って執行することになる。このような事務のうち最も多いのは、他の自治体で住民票を取得することができるようになる住民票の写し等の交付事務で、全体の2割以上を占める。公平委員会、競艇（場外発売）の事務が続き、この3つで全体の半分を占める。最近では、行政不服審査法上の附属機関に関する事務が増えているという（木村、2019）。

包括性と拘束性という2つの軸でこれらの制度について捉えると、まず協議会は比較的包括性が高い連携のしくみと言うことができる。特に連絡調整や計画作成にあたるものは、複数の分野を包括した連携となっている。共同で事務の管理執行を行うものは、一部事務組合ほどではないにせよ拘束性が高いと言えるだろう。それに対して、機関の共同設置や事務の委託の場合は、基本的に特定の事務を行うために包括性は低くなる。このうち機関の共同設置は部分的に組織再編が伴ってより拘束性が高いものになると考えられるが、事務の委託は、相対的に容易に委託を解除することができるという点で、拘束性が低いものになると考えられる。

2.3　企業を通じた連携

自治体の連携においては、複数の自治体で企業を設立し、その企業を通じてサービスの提供が行われることもある。このような場合は、一般的な公共サービスよりも、サービスによる受益とそのための負担の関係が明確なものになり、設立された企業は効率的な運営によって利益を上げることが求められる一方で、公共的な目的のためにサービスを提供することが求められる。水道事業のような地方公営企業はそれぞれの自治体でこのような企業性を持ってサービスを提供する。それが複数の自治体によって一部事務組合や広域連合を構成してサービスを提供する場合には、企業団として運営が行われる。企業団の場合では、参加する自治体の首長たちによって共同で任命される企業長が運営に責任を持つことになる。

しばしば企業団が活用されている水道事業では、必ずしも水道に関するすべての事業が統合されているわけではないし、また、隣接する自治体同士が企業団を形成しているわけでもない。たとえば、大阪市以外の大阪府全域では市町村に対する給水事業を担当しつつ大阪府北部と南部の離れた地域で一般家庭に水道供給を担当する大阪広域水道企業団のような組織もある。また岡山県の場合は、県下の大部分の市町村が加入する岡山県広域水道企業団が存在する一方で、企業団に参加している岡山市や倉敷市は、独自の水道事業を運営しつつ別の企業団（岡山市は岡山県南部水道企業団、倉敷市は備南水道企業団）にも参加するという複雑な運営となっている。これは、平成の大合併以前に存在した自治体がそれぞれ参加していた企業団を、存続団体である岡山市や倉敷市が引き継いだ結果である。

一部事務組合による企業団ではなく、株式会社の形態をとって広域の公共サービスを提供することも少なくない。典型的には鉄道などの交通事業が挙げられる。公営の鉄道については、東京都や政令指定都市など運営されている都営・市営交通があるほか、大阪府が中心に地元の金融機関や電力・ガスにかかわる公益事業などが参加して運営されていた北大阪急行や泉北高速鉄道がある。そのように特定の自治体が中心となるもの以外にも複数の自治体と地元の企業が参加して、いわば「地元の足」となる中小の鉄道事業を運営することがある。その多くは、経営赤字によって廃止が検討されたJRや私鉄の路線や整備新幹線の開通によって採算が見込めなくなった並行在来線を転換し、いわゆる第三セクターの株式会社として運営しているものである。そもそもの経営状況が厳しく、自治体が協力して鉄道を利用した観光振興に取り組んだり、自治体からの補助を受けるかたちで運営したりする企業は少なくない。

その他にも、自治体が事業として行う観光事業や宿泊事業などに関連して、地域の資源を活用した特産品の開発や、評判になるような観光ルートの開発などを複数の自治体で実施することもある。複数の自治体の観光協会が協議会のようなかたちで協力するところもあれば、共同で観光地域づくり法人（Destination Management Organization：DMO）を設立し、宣伝やマーケティング、品質管理に取り組むところも見られている。

このような企業を通じた取組みは、特定の事業に絞ったものから複数の事業を含む包括的なものまで多様である。また、企業団や株式会社のような新しい組織を作れば参加する自治体への拘束性は高まるが、観光事業のように協議会を作って相互の連絡調整に主眼を置くこともある。いずれにしても多様なかたちの連携が存在するが、組織を軸とした連携というよりもサービスを軸とした連携となっているのが特徴と言えるだろう。

3　日本における連携の変化と課題

3.1　合併中心の連携

ここまで見てきたように、日本における自治体間の連携の特徴として、国が主導するかたちで包括性・拘束性の非常に強い合併が行われる傾向があることが挙げられる。その背景には、明治の大合併における小学校の設置運営や昭和の大合併における中学校の設置運営のように、それぞれの自治体が一定の能力を持ち、必要な公共サービスを実施するための規模への要請があると考えられる。平成の大合併においても、地方分権時代の権限移譲の「受け皿」として自治体の規模拡大が求められてきた（西尾、2007）。もちろん、自治体が実際に合併を行うためには大きな政治的費用がかかる。そこで、合併することによる「アメ」としての合併特例債と、合併しない小規模自治体に対する財政的な圧迫という「ムチ」を用いたことで、多くの自治体がやむを得ず合併を選択したということが強調されてきた（町田、2006）。実際、財政的に厳しく高齢化が著しいことで、十分な行政能力を確保するのが難しい自治体が合併を選択したという傾向は、実証分析によっても示されている（広田、2007；宮﨑、2018）。

しかし現在、このような合併中心の連携は厳しい状況を迎えている。その理由としてまず挙げられるのは、平成の大合併によって基礎自治体の規模が極めて大きくなり、これから先の合併が困難となっていることである。図11-3に

図11-3　基礎自治体の平均人口の比較

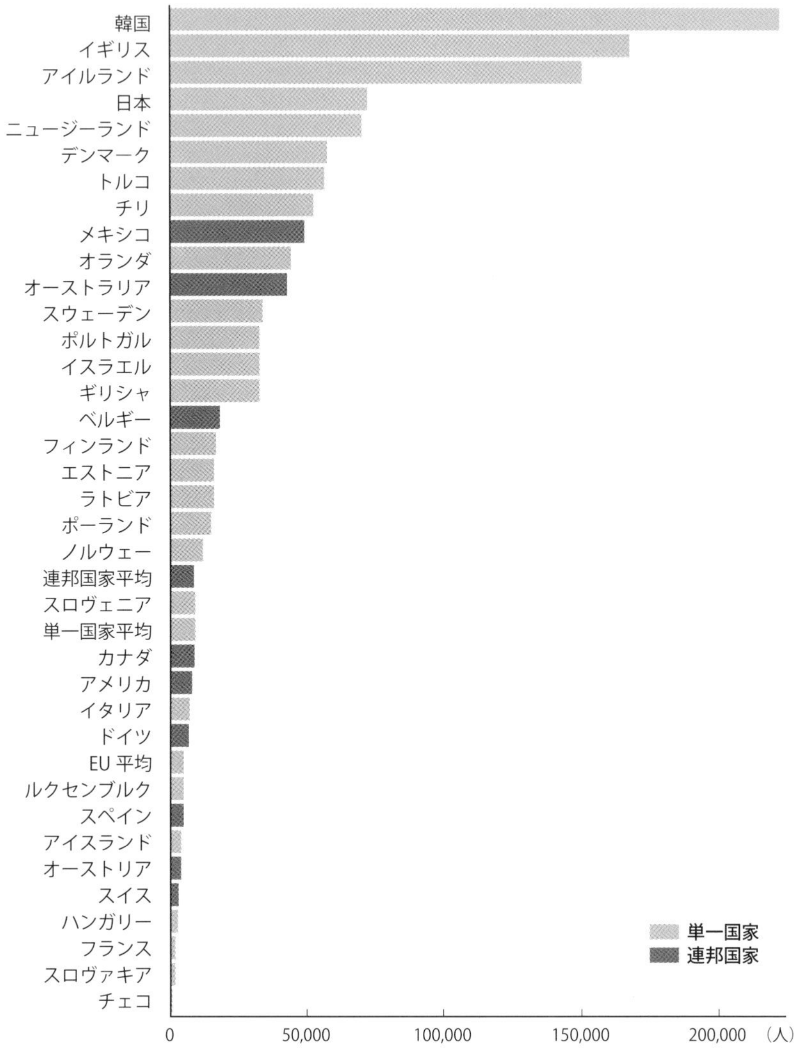

（出所）OECDデータベースより筆者作成。

示されるように、OECD諸国の中で比較してみると、日本はすでに相当程度に規模の大きい自治体を抱えている。これ以上自治体の規模が大きくなると、もはや「身近な」意思決定を行う組織として扱うのは難しく、住民からの距離が遠すぎるように感じられるだろう。さらに、合併を行うに当たって国が介入することが歪みをもたらしたという批判もある。財政的な圧迫によって小規模な自治体で自主的な運営が困難になるとともに、国が提供した合併特例債による公共施設の建設が自治体に対して新たな財政負担をもたらしたという指摘もある（中澤・宮下、2016）。

3度にわたって大合併が行われてきたのに対して、合併ではないかたちの連携は、日本においては必ずしも活発とは言えなかった。制度自体は、一部事務組合の制度が戦前から存在し、協議会・機関等の共同設置・事務の委託については昭和の大合併以前の1950年代にすでに存在していた。しかし、それぞれの自治体が独自に公共サービスを提供するべきという発想のもとで、必ずしもこれらの連携に関する制度が十分に活用されてきたとは言えない。前節で確認したように、どちらかと言えばそれぞれの自治体にとって負担感のある、周辺的な事務において連携が進められてきた傾向がある。

さらに、1990年代に入ると、地域住民の代表性の問題を意識した広域連合制度が創設されたが、この制度についても十分に活用されているとは言えない。関西の府県で作る関西広域連合のように、災害時の応援派遣についてイニシアティブを取ったり、国からの権限移譲の受け皿としての役割を積極的に果たそうとしたりするものもある（大西、2017）。しかし、広域連合の首長・議会の直接選挙などのしくみを採用しているところはなく、一部事務組合と異なる制度としての特徴が十分に活用されているわけではない。長野県のように広範に活用しているところもあるが、結果として、各都道府県に設置されている後期高齢者医療制度についての広域連合以外に広域連合を設置していない都道府県が、現在でも20に上っている。

3.2 「圏域」の形成

自治体間の連携が低調であると指摘したが、連携についての試みが行われてこなかったわけではない。複数の自治体を含んだ「圏域」を創り出して、その中で広域的な意思決定を行っていくべきだという発想は、以前から盛んであった。1969年には広域行政圏の制度が導入されており、人口10万程度の広域市町村圏と人口40万程度の大都市周辺地域広域行政圏という、生活の需要が一定程度完結するような圏域を設定することが奨励されてきた。この広域行政圏の中では、一部事務組合や協議会という制度を軸として複数の自治体で公共サービスを提供することが想定されており、当初は協議会によるサービス提供が多かったものの、それが次第に一部事務組合というより拘束性の高い制度へと移っていったことが指摘されている（木村、2019）。

2000年代の平成の大合併では、必ずしも広域行政圏と一致するわけではないかたちで合併が進められ、広域行政圏自体は形骸化した。さらに、合併を行っても人口減少・少子高齢化は続き、それぞれの自治体が単独で十分な公共サービスを提供し続けることが難しい中で、新たな圏域の構想が打ち出されていった。まず2009年以降に進められているのが定住自立圏構想である。これは人口5万以上の中心市と周辺市町村が圏域を形成し、国からの支援を受けながら中心市と周辺市町村がそれぞれ1対1の関係を築いて連携を行うものである。中心市は「中心市宣言」を示し、圏域の「共生ビジョン」を公表して連携に取り組むことになっており、2020年10月現在で140市が中心市宣言を行っている。連携の内容は多様で、医療・福祉や産業振興、地域交通が中心であるが、複数の分野を含めた包括的な連携を行うことも可能である。また、県境を越えて圏域の形成が行われたり、他の圏域と一部重複するかたちで圏域が設定されたり、2つの市が中心市となるようなかたちで設定されたりすることも認められ、柔軟な運用になっていることも特徴だと言えるだろう。

さらに、2014年に導入された連携協約を活用した連携中枢都市圏構想の取組みも進められている。連携中枢都市圏としては、政令指定都市・中核市を中枢都市として社会的・経済的に一体性を有する近隣市町村とで形成する都市圏が想定されており、2021年4月時点で34の連携中枢都市圏が存在する。定住自立圏と同様に、連携中枢都市を中心に「都市圏ビジョン」が公表され、連携中枢都市と周辺市町村がそれぞれに連携協約を締結して、国からの財政支援を受けながら連携に取り組むことになる。連携協約では、複数の自治体の間で圏域全体の方向性や政策、連携に関する実施方法や役割分担が定められる。定められた役割分担に基づいて、協議会・事務の委託といった従来の連携手法だけでなく、条例の制定や事務の代替執行、民法上の請負など多様な手法を使って柔軟に連携を進めることとされている。

このような圏域の取組みの特徴は、その包括性にあると考えられる。それぞれの圏域でビジョンを策定して、それに基づいて連携が行われるために、圏域ごとに必要な連携を柔軟に取り込むことができる。他方で、定住自立圏や連携中枢都市圏では、複数の自治体が連携して圏域全体として公共サービスを実施するというよりは、中心自治体と周辺自治体が1対1の関係で連携するために、それ以外の自治体を拘束するわけではない。圏域を強調するとともに、公共サービスの提供が難しい周辺的な自治体に対して、国とともに中心市が包括的に支援をするという性格も持っていると言える。

3.3　課題としての大都市地域

合併というかたちで連携を進めてきた日本において、合併の限界が見える中で近年では圏域の形成による連携に力点が置かれつつある。その中で、明確な道筋が見えないのが、大都市地域における自治体間連携のあり方である。

もともと、大都市地域については、基礎自治体である市が責任を持って運営するか、経済の中心地として国が積極的に介入するかという異なる発想が存在する。たとえば日本で地方制度が始まった当初は、当時の大都市であった東京市・大阪市・京都市では、特例として国の直轄のようなかたちで府知事が市長を兼務していた。その後、特例が廃止され、自治体としての市が都市計画を策定し、大都市運営の中心となっていった。社会の発展とともに大都市の自治体は周辺の町村を合併して拡張し、より自律性の高い特別な地位を求めるようになる。このような運動は、戦前の1910年代から戦後直後の1950年代ごろまで、特別市制運動として展開されてきた（砂原、2012；北村、2013）。特別市制運動は、周辺自治体を含めたさらなる合併の困難や広域自治体である府県の反対で挫折し、1956年には、大都市自治体を府県内にとどめたままで、一部特例的な権限を与える政令指定都市制度の導入によって一応の解決が図られる。

大都市の自治体が、府県から独立した特別のものではなく他の基礎自治体と基本的には同等のものと扱われる中で、戦後は大都市に対する国の影響力が強まっていく。特に、「国土の均衡ある発展」を掲げる全国総合開発計画以降の地域開発によって、大都市への集中抑制と地方中小都市の振興が強調されていく。大都市の経済開発は、国による大都市圏整備法（首都圏整備法・近畿圏整備法・中部圏開発整備法）の枠組みの中で行われ、道路・鉄道や港湾・空港、住宅や都市公園、水資源開発なども含めて、国の主導性が強まっていくのである。大都市の自治体は、首都圏・近畿圏・中部圏といったより広い圏域の中で限定的な役割を与えられるにとどまった。

1980年代の安定成長期を経て、全国総合開発計画のような国主導の経済開発の実効性が弱まり、1990年代以降に地方分権改革が進められる中で、大都市地域において新しい制度を求める主張がしばしば見られるようになった。大都市地域では、政令指定都市と府県の業務に重複があるだけではなく、周辺の自治体もそれぞれに都市計画を策定してまちづくりを行っている中で、大都市圏域という枠組みで意思決定を行うしくみが欠けているのである[2]。2010年代に大阪で論争となってきた「大阪都構想」は、いわば大阪府という府県に基礎自治体の役割を吸収させるかたちで大都市圏を担当する自治体を創り出すことで、この問題に解決を与えようとしたものであると考えられる（コラム参照)。

広域自治体である府県と大都市自治体の権限配分を大きく変更しようとする大阪都構想は、2020年の住民投票で否決された。とはいえ、大都市の自治体と周辺自治体を合併して特別市のような新たな制度を作るという議論にも困難は多い。いずれも拘束力のある新たな制度であり、関係する自治体にとって変更のコストが非常に大きくなってしまうのである。そのような困難を踏まえれば、新たな制度を作る前に、関係者が大都市の将来についてのビジョンを共有しながら自治体間連携が機能するような環境を整備することがまず重要になるだろう（砂原、2020)。

column 大阪都構想

2010年代、大阪の政治は「大阪都構想」というキーワードを中心に展開していたことは疑いない。「大阪都構想」は時期によって強調されるポイントに違いがあり、完全に一貫したものとして考えることは難しいが、本章の説明を踏まえると2つの重要な特徴を指摘することができる。

まず、しばしば大都市としては狭いと指摘されてきた大阪市の領域について、周辺自治体を合併することで拡張するのではなく、いわば大阪府全体を1つの大都市であるかのように扱うことで拡張しようとしていた点である。大阪市内にとどまらず広がる社会経済的な圏域に近づけるかたちで周辺自治体を合併しようとすると、政治的な費用は非常に大きくなる。独自にまちづくりをすすめる周辺自治体が反発するだけでなく、合併によって南北に分断される可能性が高い大阪府も反対するからだ。それに対して大阪都構想では、そのような周辺自治体との境界には手を付けず、すでに存在する大阪府という領域を利用して、合併なしに大都市圏域を担当する自治体を作ろうとしたと言える。

もちろん、その中で特別区をどのように設定するかという問題は大きい。最初期には周辺自治体も包摂して特別区にするという議論があったし、当初は大都市としての機能を重視して、広域自治体である大阪府への集権が強調される傾向があったと考えられる（砂原、2012)。しかし時間の経過とともに、「中核市並みの権限を持つ」とされる特別区への権限移譲が強調されるようになり（砂原、2014)、それに合わせて主に一部事務組合のかたちで公共サービスを広域化するという主張もなされるようになった。このような変化が大阪都構想について「わかりにくい」という評価が付きまとった1つの理由とも考えられ

2） OECDのレポートでも、日本が他のOECD諸国の都市と比べて大都市圏内の自治体間の調整メカニズムに乏しいことが指摘されている（Ahrend and Schumann, 2014)。

る。

もう１つの特徴は、広域自治体である大阪府と基礎自治体である特別区の間での厳格な機能分担を強調したことである。本章でも議論したように、日本ではどちらかと言えば情報共有を進めるかたちで広域自治体と基礎自治体の業務の重複を調整してきた。それに対して大阪都構想では、一貫して機能の分離によって重複問題が解消することが主張されてきた。制度が実現したときに、実際に問題が解消するかはあらかじめわかることではないが、従来とは違う問題解決の方法の提案が、違和感や反発の原因となった可能性はあるだろう。

【文献案内】

砂原庸介（2012）『大阪——大都市は国家を超えるか』中央公論新社

自治体内の首長と議会の関係、東京という首都とその他の大都市の関係、国と地方の関係を軸としながら、大阪市を中心に、大都市が抱える都市問題や大都市制度のゆくえについて議論したものである。

北村亘（2013）『政令指定都市——百万都市から都構想へ』中央公論新社

政令指定都市という制度に注目して、圏域の経済発展と周辺地域への利益の還元というジレンマを抱える大都市のあり方について検討を加え、将来の制度設計に向けた含意を提供しているものである。

宮﨑雅人（2021）『地域衰退』岩波書店

自治体間の財政格差が広がる中で、もう回復が難しいくらいに衰退してしまう「地域」について議論し、基幹的な産業を失ってしまった地域が合併のような「規模の経済」による解決で食い止めることが難しいと主張する。

【研究課題】

⑴ スピルオーバーが問題になる公共サービスとしてどのようなものが考えられるだろうか。具体的なサービスを挙げて、なぜスピルオーバーが生じるのか考えてみよう。

⑵ 平成の大合併のとき、あなたが住んでいる自治体では合併が検討されただろうか。なぜ合併をしたか、あるいはしなかったのかについて調べてみよう。

⑶ あなたが住んでいる自治体は、連携中枢都市圏や定住自立圏に参加しているだろうか。参加の有無を調べたうえで、参加している、あるいはしていない理由を考えてみよう。

12 公と民の境界線

稲継裕昭

summary

行政の守備範囲は大きな時間軸で見ると確定したものではない。また、国による多様性もあり、公と民の境界線は時代により国により異なったところに引かれる。行政の守備範囲内のものについて中央政府と地方政府との間の分担も時代により国により違いがある。日本の自治体でも、その守備範囲には変遷がある。

自治体の業務の担い手として民間を活用するものとして、業務の民間委託、業務そのものの民営化、公共施設を民間資金を活用して提供する手法であるPFI、公の施設を民間事業者等に管理してもらう指定管理者制度、行政組織と民間企業等が特定公共サービスに関して競争入札を行う市場化テストを紹介する。

また、新たな組織を創設して公共サービスを提供するものとして、第三セクター、地方独立行政法人、について順に見ていくこととする。

以上は自治体による直轄方式を減らす方向だったが、逆に、行政が民間の領域と思われる分野に積極的に介入する例も見られる。この動きを行政ビジネスととらえる考え方について紹介する。PFIや指定管理者制度はPPP（公民連携）と呼ばれることもあるが、同様のものに分類され得る、近時登場したシビックテックの動きについて最後に見ることとする。

keyword

行政の守備範囲、NPM、民間委託、民営化、PFI、指定管理者制度、市場化テスト、第三セクター、地方独立行政法人、行政営業、行政ビジネス、シビックテック、Code for X、オープンデータ

1　自治体行政の守備範囲

1.1　行政の守備範囲概観

時代とともに行政の守備範囲は大きく変容してきた。単純化すれば、近世の殖産興業政策の時代に守備範囲を拡大し、近代国家の自由放任主義の時期にはその範囲を縮小した。しかしその後、職能国家・福祉国家の道を歩むにつれ再び拡大の一途を辿った。20世紀はほぼ拡大局面が続いたが、オイルショック以降、大きな転換期を迎えていると総括できる。イギリスを例に見てみよう。

18世紀から19世紀半ばにかけて、資本主義が最も発達していたイギリスにおいては、政府の行政活動をできるだけ制約して市場の自動調節作用に委ねることが重要だという風潮があった。しかし19世紀後半に産業化や都市化に起因する諸問題を抱えるようになり、それを解決するために政府の機能が拡大していく。貧民救済、上下水道の整備、病院の建設、さらには住宅の改良や労働者保護などを政府が担っていくようになる。その後の2度の世界大戦とその間の大恐慌は、行政の守備範囲をさらに拡大させた。とりわけ1929年の世界大恐慌以降、ケインズ政策がとられ、また、重要セクターの国営化などが正当化された。第2次世界大戦後、先進各国ではおおむね経済成長が続き、より高度化・複雑化する行政需要に政府が対応することも財政的に可能であった。19世紀末以降の流れを見ると、福祉国家化現象の中で行政の守備範囲は拡大の一途を辿っている。有権者の選好を考えた場合、すでに提供されている行政サービスの縮小は政治家が取りにくい選択肢であり、経路依存的に従来の行政サービスは継続してきたともいえる。

ところが、1970年代になると2度のオイルショックに見舞われて不況期に入り、多くの国は財政危機に直面することとなる。肥大化した行政部門への批判として「政府の失敗」が強調され政策転換が行われた。イギリスでは、1980年代にサッチャー政権下で国営企業の民営化などが次々と進められるとともに、公的部門の業務見直しも相当行われた。類似の改革を行う国も多く見られ、日本でも1980年代前半に第2次臨調[1)]が設けられ、三公社（国鉄、電電公社、

1）鈴木善幸内閣の時代、元経団連会長の土光敏夫を会長として、官・財・学・言などの有識者を集めて1981年に発足した行政改革を審議する会議。通称、土光臨調。行政管理庁長官だった中曽根康弘が途中から首相に就任している。1983年まで5次にわたり答申を行った。1961〜64年に池田勇人内閣のもとに置かれた臨時行政調査会を第1次ととらえ、土光臨調は第2次と表現される。

専売公社）の分割・民営化や自治体における行財政改革が進められた。それまでは行政の守備範囲内で行政が提供していたサービスも、あるものは行政の守備範囲から手放され、また行政の守備範囲に残ったものでも民間によって担われるものが多く登場してくることとなり、官（公）と民の境界線が引き直され、また、曖昧になってきた。ただ、このような流れは国により多様性があり、北欧諸国のように今でも政府が多くのサービスの供給主体である国々もある。このように、行政の守備範囲は、時代により、また国により異なる。

さらに、その守備範囲を中央政府と地方政府がどのように分担するかという点も多様性がある。現代日本では義務教育は私学を除けば自治体が提供しているが、中央政府が提供している国も少なくない。病院や診療所は、日本では公立（都道府県立、市立、町立）のものもあれば、国立のものもあり、また、民間病院も多数存在する。日本の病院総数約8,300のうち、公立病院は約900余（都道府県立約200、市町村立約610、地方独立行政法人が約100）で約11％を占めるに過ぎない[2)]。日本の国立病院は約320で総数の4％弱を占めるに過ぎないが、イギリスのように国内の病院の大部分を公的な病院（NHS[3)]病院）が占めている国もある。

1.2 日本の自治体行政の守備範囲の変遷

日本国内でも国と自治体の役割分担は時代により異なる。戦前の道府県は国（内務省）の出先機関でもあり、例えば警察行政は内務省（警保局）の所管であるなど、現在都道府県が行っている業務の一定割合は国の業務であった。

市町村について見ると、明治初期にはごく限られた業務しか行っていなかったが、その後、産業化・都市化に起因するところの諸問題に対応するため、徐々にその守備範囲を広げていった。戦後の復興期は新たな行政需要が生み出され、また、機関委任事務が増えたこともあり業務拡大が続く。高度経済成長への対応、成長がもたらした歪みへの対応と、次々と自治体の業務は増えていく。ゴミ処理、住宅問題など噴出する都市問題、公害・環境問題への対応も、住民に最も身近な行政組織である基礎自治体の業務拡大を要求しつづけた。だが、拡大しすぎた行政サービスへの反省から1970年代以降「行政の守備範囲論」が展開され（地方自治研究資料センター、1978；大藪、2018）、オイルショック

2） 厚生労働省「2019年医療施設調査」。

3） National Health Service: イギリス政府が運営する国民医療サービスのこと。1948年に創設され、イギリスの国家予算のおよそ4分の1が投入され、歯科などを除き、原則無料で提供されている。

以降の世界的な流れも受けて第2次臨調以降、業務見直し局面に入った。民間活用が主張され、自治体は人員削減と経費削減に取り組んだ。さらに、バブル経済が崩壊した1990年代以降、地方財政難を大きな引き金として、全国の自治体で「より一層」の行政改革が進められた。その中には1.3で見るNPM型改革と呼べるものもある。この流れについて、大阪市を例として少し詳しく見ていこう[4)]。

1899年（明治32年）に誕生した大阪市政の重点は、当初は人命にかかわる伝染病対策（医療体制強化、上下水道整備）に置かれていた。1900年代に入ると、それに加えて築港工事、「市営」電鉄である市電の創設など運輸・交通事業も重視されるようになった。その後、都市部の人口急増が様々な都市問題をもたらし、社会政策が重要な課題となってきた。1918年の米騒動がきっかけとなって、大阪市では社会部を発足させ、公設市場設置、失業対策、市営住宅、児童保護、保育政策などの社会政策を充実させていった（1900年に1,000人に満たなかった市職員数は1925年には約5,200人へと増加している）。

1910年代から20年代にかけては、都市基盤の一層の整備が進められた時期でもあった。上水道の近代化、御堂筋の建設、地下鉄建設など、都市の基盤整備を目指す諸施策が実施された。市営事業も次々と拡充している。1923年には大阪電灯㈱を買収して、大阪市電気局を設置、大阪市が電気事業と電灯事業を兼営することになった（関西電力の前身）。市営バスの運行も開始した（これらの事業拡張により、職員・従業員総数は1940年には約3万3,400人へと急増している）。

1945年3月から8月にかけて8度にわたる大空襲を受けて中心部が焼け野原となった大阪市にとって、戦後「復興」が最優先事項となった。また1950年には市域の2割が浸水するジェーン台風の被害もあり、港湾地帯のかさ上げ整備、防潮堤工事、小河川の下水道暗渠化などが進められるとともに、地盤沈下対策などが重点的に進められた。

1950年代半ば以降、人口の都市部への集中が再び顕著になった。人口集中はゴミ問題をはじめとする新しい都市問題と行政需要を生み出した。また国の国民皆保険制度[5)]、国民皆年金制度[6)] のスタートはその実務の担い手である市

4） 以下の記述は、大阪市編（1965、1980）に基づく。職員数の数値は、「大阪市統計書」各年版（第1回は明治32年）に基づく。

5） 国民健康保険法（1958年）により、1961年までに全面実施された、すべての国民が何らかの公的医療保険に加入して互いの医療費を支え合う制度。企業の健康保険組合等に入っていない自営業者等は市町村が運営する「国民健康保険」に入ることになった。それ以前は、国民の3分の1が無保険者で社会問題化していた。

の業務を増加させた（業務拡大に伴い、1958年に約3万3,600人だった職員数は1965年には約4万8,300人となっている）。

高度経済成長は大規模な行政需要を引き起こし、さらにその歪みの中での弱者対策、福祉政策による行政需要増をもたらした。だが、オイルショックに引き続く経済不況下で、大阪市では職員数は1977年の約5万3,000人を上限としてそれ以上は認めないこととしている。

その後、2000年代に入り、財政難と職員厚遇批判などの世論のバッシングを受ける形で大胆な行政改革が急ピッチで進められた。職員数も激減し、2009年には4万人を割るまでに至った。市内に24ある区役所における住民登録、住民票の交付、印鑑登録の受付、印鑑証明の交付、税務関係諸証明書の交付などの窓口業務については、全区役所において、パソナ等の民間事業者に業務委託をしている。また、大阪市交通局で運営してきた市バスの民間バス事業者への管理委託・譲渡、市営地下鉄の民営化などが進められ、市行政の守備範囲が大きく見直された。大阪市における2000年代に入ってからの改革はNPMの考え方に影響されているものが少なくない。市政改革の指南役としてNPM型改革を標榜するコンサルタントなどが顧問として入っていたことなどがその背景にある。

以上見てきたように、大阪市という自治体の守備範囲、公と民の境界線は時代により揺れ動いている。

1.3　1980年代以降の改革動向 ――NPM（New Public Management）

1.1で触れたように、イギリスでは、サッチャー政権のもと、大規模な民営化政策などの各種行財政改革が進められた。自治体業務についてもCCT[7]が導入されその対象業務を拡大していき、それを国レベルまで拡大する市場化テスト、PFI（後述2.2参照）などが次々と導入された。このような動きはイギリスにとどまるものではなく、ニュージーランドやオーストラリア、カナダと

6）1961年に国民年金が発足し、20歳以上60歳未満の国民全員に年金適用が開始された。それ以前は、公務員の共済年金や企業の厚生年金はあったものの、自営業者が加入できる公的年金制度はなく、また小規模事業所では任意加入となっていたため、全就業者の3分の2は公的年金制度に未加入の状態だった。

7）Compulsory Competitive Tenderingの略。強制競争入札と訳される。イギリスで1980年に導入されたもので、自治体の一部の業務について、自治体と民間が競争入札を行うというもの。民間が落札した場合、自治体の当該部門は解散となる。勤務していた公務員の移管が問題となった。1997年に誕生した労働党ブレア政権のときに強制的側面については廃止された。

表12-1　NPMの教義上の構成要素

	教義	意味	典型的な正統化根拠
①	専門家による行政組織の実践的な経営	トップには可視的なマネージャー（匿名ではない）。委譲された権限により自由に管理（free to manage）。	アカウンタビリティは権限の拡散ではなく、責務の明白な割り当てを要求する。
②	業績の明示的な基準と指標	成功の物差しとして定義され測定可能なゴールやターゲット。	アカウンタビリティは明確に述べられた目的を要求する。効率性を追求するには、ゴールを鋭い目で観察することが必要。
③	結果（output）統制をより一層重視	業績にリンクした資源の割り当てと報酬。	手続きよりも結果を強調する必要性。
④	公共部門におけるユニット（組織単位）分解への転換	公共部門を製品ごとに組織され、委譲された予算を持つ、互いに対等な関係で処理される傘下のユニットに分散する。	ユニットを管理できるものにする。供給と生産の分離、公共部門の内外の契約・フランチャイズを用いて効率化を図る。
⑤	公共部門における競争を強化する方向への転換	期間契約、公共入札手続への動き。	より低廉な費用、よりよい水準の鍵としての競争関係。
⑥	民間部門の経営実践スタイルの強調	伝統的なヒエラルキー形式のもとで公共サービス倫理を離れ、より柔軟な給与、採用、規則、広報などへ。	すでに民間部門で証明済みの経営ツールを公共部門へ適用する必要性。
⑦	公共部門資源の利用に際しての規律・倹約の一層の強調	直接費用削減、労働規律の向上、組合の要求への抵抗、ビジネスへの応諾費用の制限。	公共部門の資源需要をチェックし、より少ない資源でより多く行う（do more with less）必要性。

（出所）Hood（1996）などの諸論文より筆者作成。

いった英連邦諸国へも波及していった。こうした流れは、NPM（New Public Management：ニュー・パブリック・マネジメント）と総称される。NPMの概念は多義性を帯びているが、ここでは引用頻度の高いクリストファー・フッド（Christopher Hood）に依拠する。

彼はNPMを「多くのOECD諸国における1970年代末からの官僚制改革アジェンダを特徴づけてきた、広範囲に類似している行政原理の傾向を表す簡略な名称」であるとし、その特徴について表12-1のようにまとめている。

このような諸特徴を持つNPMをあえて短く要約するなら、「ビジネス・メソッド（の特定の概念）に近い経営・報告・会計のアプローチをもたらす公共部門の再組織化の手法」（Dunleavy and Hood, 1994）ということになる。従来の行政から見ると、公共部門と民間部門の（人事、構造、経営手法の）差異を少なくし、資金やスタッフ、契約をつかさどる担当者の権限に関する規則などのしばりを少なくして裁量を増やす半面、評価をしっかり行って責任を明確にするという方向へのシフトと見ることができる。

日本は1980年代まではOECD諸国の中でも最も経済パフォーマンスの良い国の1つだったこと、諸外国に比べ政府の規模が小さく、大規模な政府を抱える国に比べれば改革の動機は少なかったことなどから、（三公社の民営化を除けば）NPM型改革の流れは顕著ではなかった。

だが1990年代後半には、まず自治体でNPM型改革が始まった。1995年に誕生した三重県の北川正恭県政のもとで継続して実施された事務事業評価等のNPM型改革は、他の自治体へと普及していき、中央政府をリードした。自治体の方が、NPM型改革の導入が容易だったともいえる。大統領型の首長制度をとっているため、強い政治的な意思を持つトップがそれを支える政治的基盤（例えば、複数政党による相乗りなど）を得たときに実行は容易になる。また、足による投票[8]のメカニズムがあるので、擬似市場に近い環境下にあり、近隣自治体と競争関係に置かれているともいえる。

1990年代後半以降の10年間で、政策や施策・事務事業の評価制度をスタートしたり（表12−1の②）、地方独立行政法人（後述3.2参照）が制度化されたり（同①②④）、バランスシートで資産の洗い出しを行う試みがなされたり（同⑥）、指定管理者制度（後述2.3参照）が創設されて公の施設の管理について一定の競争が促されたり（同⑤）するなど、従来の自治体行政にはなかった種々の概念が入ってきている。

中央政府においても行政の非能率の指摘がNPM型改革の起動因を提供した。橋本龍太郎内閣で設けられた行政改革会議（1996〜98年）の最終報告でもNPM型の改革を目指す主張が述べられており、2001年の省庁再編に続いて政策評価制度の導入、独立行政法人制度の導入などが進められた。

他方で行き過ぎたNPMに関しては、成果が必ずしも明確ではない、弱者切り捨てになっている、効率性のみが至上命令とされ公平性や公正性といった他の行政の価値がないがしろにされている、などといった批判的な意見も見られるところである（例えば、外川、2004）。

8）　提唱した財政学者の名前を用いてティブー（Tiebout）モデルとも呼ばれる。市場メカニズムの考え方を、住民が居住する自治体の選択や自治体による行政サービス提供などに応用するもの。負担と受益を考えて、住民はサービス水準がより高い自治体に移動するという考え方。

2　自治体業務の担い手としての民間活用

第1章で学んだように、自治体は実に様々なサービスを提供している。地域における総合商社と言ってもいいかもしれない。ただ、自治体行政の守備範囲内にあるものが、すべて自治体の予算で公務員を雇用してサービス供給されているというわけではない。自治体行政の領域にある行政サービスの提供方法として、民間を活用する手法について見ていこう。

2.1　民間委託、民営化

1970年代頃までは県庁や市役所庁舎の清掃は、清掃スタッフを当該自治体の公務員として雇い入れて直営で行っている場合が多かった。その後民間委託が進み、現在ではほとんどの自治体では受託者である民間企業の従業員が清掃スタッフとして庁舎清掃を行っているのが通例である。ほかにも守衛業務、公用車の運転などの民間委託はかなり以前から見られた。ちなみに公共工事について考えてみると、明治期以降戦前の大規模工事（特に土木分野）では、内務省をはじめとする官（公）の直営工事が主体であって、近代的な建設技術も多くは技術官僚に属していた。戦後になり建設業界が発展を遂げたこと、国家公務員の定員削減、自治体における業務量の増大による人手不足などから、民間企業への委託が進んでいった。

1990年代以降進んだ民間委託はゴミの収集・処分と学校給食調理、そして保育所等である。一般廃棄物、すなわち家庭から出る「ゴミ」の収集・処分については「廃棄物の処理及び清掃に関する法律」で市町村の義務と定められているが、それを直営で行うか、民間企業等に委託するかは各自治体の選択に委ねられている。だが、1990年代後半以降、学校給食調理業務とともに、これまで技能労務職員（単純労務職員、第7章1.1参照）を雇用して行っていた直営業務について民間委託する例がかなり見られるようになる。1993年時点で約31万7,000人だった技能労務職員数は、2007年には17万6,000人へと14年間で約44％減少している（総務省「地方公務員給与実態調査結果」平成19年版14頁）。保育所については、特に小泉政権以降、民間委託、民間移管（民営化）が進められている。

市バス、町営バス等の公営バス事業者は、公営であるがゆえの制約から累積赤字を抱えているものが少なくない。赤字の原因として、雇用するバス運転手の給与が高いとの指摘があげられることが多いが、議員や市民からの要望で、採算を度外視した政治的なバス路線が設置されたり、バス停が左右されたりということも赤字に影響している。そのため、公営バスなどの民間事業者への運営委託や譲渡（公のバス事業からの撤退）も進められている。全国で50近くを数えていた公営バス事業者は、現在ではその半数程度に減少している。

その他、地方管理空港等の民間委託も、但馬空港（兵庫県）、神戸空港（神戸市）、鳥取空港（鳥取県）、静岡空港（静岡県）、南紀白浜空港（和歌山県）などで進められている。

2.2　PFI（Private Finance Initiative）

PFIは、国や自治体が公共施設を直接整備するのではなく、民間資金を活用して民間事業者に施設整備と公共サービスの提供を委ねる手法である。公共施設等の設計、建設、維持管理及び運営に関して、民間の資金や経営能力、技術的能力等を活用することにより、国や自治体等が直接実施するよりも効率的かつ効果的に公共サービスの提供を図ろうとするものである。PFIの事業主体はあくまで国や自治体などの公的機関であり、この点で民営化とは異なる。

日本では、PFI法（民間資金等の活用による公共施設等の整備等の促進に関する法律）が1999年に制定され翌年「基本方針」が策定されて、PFI事業の枠組みが設けられた。

PFI法の制定を受けて、自治体においても導入が進められている。羽島市の市民プール、桑名市の図書館等、越谷市の斎場、市川市のケアハウスや余熱利用施設、八尾市の市民病院など、数多くの事例が出てきている（民間資金等活用事業推進機構編著、2019）。国レベルでは、刑務所（矯正施設）についてPFI方式をとる例も出てきた。「美祢社会復帰促進センター」（「民活刑務所」とも呼ばれる）が設置され、セコムを中心とした民間会社が運営業務のうちの受付、見張り、巡回、教育、清掃、給食の業務を担当している。

2011年、PFI法が改正され、コンセッション方式が追加された。公共施設等運営権を与えられた民間事業者が、公共施設の運営や維持管理を行い、利用料金を自らの収入として受け取ることのできる方式である。対象事業は、空港事業、有料道路、上下水道事業など利用料金を徴収するものに限られている（日本政策投資銀行地域企画部編著、2017）。

有料道路では2016年から愛知県の8路線が「愛知道路コンセッション」（建設会社が主体となって設立）により運営されている。道路については法律（道路整備特別措置法）で民間事業者の料金徴収が認められていなかったが、愛知県は構造改革特区制度でコンセッション方式を提案し、2015年に特区認定されて法律の制約をクリアした。

下水道事業では、浜松市が2018年に全国で初めて、下水道運営の一部（市内からの排出下水の約6割を処理する施設）を20年間、「浜松ウォーターシンフォニー」（フランスの水関連大手ヴェオリア社等が出資）にコンセッション方式で委ね、運営がスタートしている。水道事業についても、2018年の水道法改正によりコンセッション方式が認められ、宮城県で全国初のコンセッション方式の導入が目指されている（2022年4月から導入予定）。

2.3　指定管理者制度

福祉会館、市民ホール、体育館、プール、公園、駐車場、駐輪場など自治体が様々なサービスのために提供する公の施設は、行政財産であるという理由から2000年代初めまで自治体または外郭団体や社会福祉法人等の公的団体のみが管理主体になれた（(旧）管理委託制度)。

しかし、プールや駐車場などは民間企業の経営も多く、それなりのノウハウを持っている事業者も多い。多様化・複雑化する住民ニーズへ的確に対応し、市民サービスの向上と効率的な運営を目指すためには、民間事業者の能力やノウハウを幅広く活用することが有効であると考えられるようになってきた。また、諸外国でも民間やNPOが運営主体になっている例が紹介されるようになった。このような背景もあり、2003年に地方自治法が改正され指定管理者制度が創設された。公の施設をノウハウのある民間事業者等に管理してもらうことを意図した制度である。

制度創設により、民間企業その他の団体（法人格は必ずしも必要でない。NPO法人も可）でも公の施設の管理運営ができるようになった。その際、改正法施行（2006年）時点で管理運営を委託している施設については、3年以内に指定管理者制度に移行するか直営に戻すかを選択しなければならないと規定された。

当初、全国の自治体は試行錯誤を繰り返した。指定管理者の選定に関して公募方式をとる自治体、従来の外郭団体等の受託者を指定管理者（特命指定）とする自治体など様々であった。また、公募をしたが応募してくれる民間団体等がほとんどないという中山間地域の例も見られた。その後公募方式に新たに切り替えた自治体も見られるようになったものの、公募方式をとらず従来の外郭

表12-2　指定管理者制度導入施設の状況（全国計）

（単位：施設、%）

種別＼区分	1 株式会社	2 特例民法法人、一般社団・財団法人、公益社団・財団法人等	3 地方公共団体	4 公共的団体	5 地縁による団体	6 特定非営利活動法人	7 1〜6以外の団体	合計
1．レクリエーション・スポーツ施設	4,982 32.7%	4,523 29.7%	79 0.5%	909 6.0%	830 5.5%	1,553 10.2%	2,339 15.4%	15,215 19.8%
2．産業振興施設	1,839 28.2%	928 14.2%	17 0.3%	1,367 21.0%	971 14.9%	254 3.9%	1,138 17.5%	6,514 8.5%
3．基盤施設	7,297 27.6%	10,133 38.3%	112 0.4%	1,459 5.5%	2,106 8.0%	437 1.7%	4,893 18.5%	26,437 34.4%
4．文教施設	1,520 9.8%	2,383 15.3%	39 0.3%	1,092 7.0%	8,398 54.0%	661 4.2%	1,470 9.4%	15,563 20.2%
5．社会福祉施設	704 5.3%	1,603 12.1%	21 0.2%	7,314 55.3%	1,877 14.2%	876 6.6%	839 6.3%	13,234 17.2%
合計	16,342 21.2%	19,570 25.4%	268 0.3%	12,141 15.8%	14,182 18.4%	3,781 4.9%	10,679 13.9%	76,963 100.0%

（注）種別については複数回答可。
（出所）総務省「公の施設の指定管理者制度の導入状況等に関する調査結果」（2019年5月17日公表）。

団体等に引き続き委託する例も少なくない。外郭団体等で働く職員の雇用確保などの配慮がそこには働いている。

指定管理者制度のメリットとして、利用時間の延長など施設運営面でサービスが向上し利用者の利便性が高まるという点や、管理運営経費の削減による自治体の負担軽減といった点が指摘できる。

他方で、指定期間を3年程度で公募にかける自治体が多く、民間企業側から見ると長期的視野の投資が困難で応募に躊躇する例も見られた。また、管理コストを下げるために、施設の管理水準が最低基準にはり付いてしまっている例が見られるなどの弊害も指摘されている。なお、指定期間については、5年に延ばす例がその後増えている。

2018年現在、約7万7,000の導入施設がある（表12-2参照）。公共的団体や公益社団・財団法人以外にも、株式会社、地縁団体、NPO法人によって担われているものも数多く存在する。

2.4　市場化テスト

2006年5月、小泉純一郎内閣のもとで、公共サービス改革法（競争の導入による公共サービスの改革に関する法律）が成立し、市場化テストが制度化された。行政組織と民間企業等が、ある特定の行政サービスに関して競争入札を行うことにより、行政コストの削減、効率化を目指すものである。イギリスのサッチャー政権下で自治体に導入されたCCT及びそれを国レベルに引き上げた市場化テストがモデルとなっている。

国の場合、行政処分を除く行政サービス全般が対象となり得る。自治体の場合は法律の定める「特定公共サービス」が対象となる（同法34条）。例えば、戸籍法に基づく戸籍謄本等、住民基本台帳法に基づく住民票の写しや戸籍の附票の写しの交付請求の受付と引渡しなどの業務がこれに当たる。官民競争入札を行った上で民間事業者が落札した場合は、自治体の当該部署が民間企業の運営となる事態もあり得る。なお、入札に自治体は参加する必要はなく、その場合は、民間事業者同士の競争となるので、通常の業務委託の入札と大差ない。

市場化テストについては、コスト削減だけでなく人材の有効活用や公務員の意識改革が図れるなどのメリットがあるとされるが、他方で、官製ワーキングプアを生み出す（非正規雇用のアルバイトや派遣社員が多くなる）、サービスの質が低下する可能性があるなどの指摘もある。そういった慎重論もあることから、2010年時点では窓口業務等13か所で市場化テストが実施されていたが、それ以降、導入数は鈍化している。

3　行政とは別形態での行政サービスの遂行

行政が業務を遂行するに際しては、会計年度独立の原則や、議会による統制など種々の縛りがある。業務を円滑に遂行するためには、年度をまたがった事業遂行や、企業的な会計システム等の仕組みが必要な場合がある。行政の守備範囲を狭めるわけではないものの、その範囲の一部を切り分けて、上記の制約をはずして柔軟な業務遂行ができるような形態をとるものがある。第三セクター、公営企業会計、地方独立行政法人などがあげられるが、ここでは第三セクターと地方独立行政法人を取り上げる。

3.1 第三セクター

自治体が行う行政ではないが、自治体が資本を出して関与する法人として第三セクターがあげられる。公（第一セクター）と民間（第二セクター）の連携・協力の上で、どちらか一方だけでは実現できないような事業に取り組むことを目的として設立されたものである。2018年3月31日現在、7,325の法人がある（地方三公社［地方住宅供給公社、地方道路公社、土地開発公社］を含む）。出資総額は約6兆3,000億円で、そのうち自治体出資は約3兆8,000億円と6割に及ぶ。業務分野別に見ると、農林水産（1,174）が最も多く、次いで地域・都市開発（1,132）、観光・レジャー（1,095）、教育・文化（1,013）となっている（表12-3参照）。

第三セクターは民間企業、行政それぞれの長所を取り入れる目的で制度ができたもので、比較的順調な事業運営がなされている法人も少なくない。だが、逆に、ガバナンスの欠如、危機意識の低さ等それぞれの悪いところが取り入れられることにより倒産に至る事例も一定程度見られるところである。

バブル経済期には、都市開発やリゾート開発など、（後知恵で冷静に考えると）必ずしも公の関与が必要でない大規模プロジェクトの実施を目的とする法人が多数設立された。背景には、民活法、リゾート法[9]などを制定した国の後押しがあった。これは「公共性の高い事業」に関して行政の持つ信用力と、民間企業の経営手法や資金力を併せて活用し、官民双方の長所を生かそうというものだった。しかし、現実を見ると、その後経営が悪化し、実質的な倒産に追い込まれる事例も多く発生した。具体例として1993年に宮崎県、宮崎市、民間企業が出資して設立された第三セクター「フェニックスリゾート」の例を見てみよう。

観光県宮崎の復興を目指して、リゾート法の第1号指定である「宮崎・日南海岸リゾート構想」を受け、その中核施設として、「宮崎シーガイア」が総事業費約2,000億円をかけて建設された。約700ヘクタールの黒松林に囲まれた

9）　民活法（民間事業者の能力の活用による特定施設の整備の促進に関する臨時措置法）は、民間事業者の能力を活用して経済社会の基盤の充実に資する特定施設の整備を図ることにより、内需の着実な拡大と地域社会の活性化等に寄与することを目的として1986年に施行された。事業主体に対する政府系金融機関からの無利子・低利子融資、税制の特例措置がある（2006年に廃止）。リゾート法（総合保養地域整備法）は、リゾート産業の振興と国民福祉の向上、国土・国民経済の均衡ある発展に寄与することを目的として、スポーツ、レクリエーション、休養など多様な余暇活動が楽しめる場を、民間事業者の活用に重点を置いて総合的に整備することを目指して、1987年に施行された。

表12-3　第三セクター等の数及び業務分野

業務分野	公益社団法人	公益財団法人	一般社団法人	一般財団法人	特例民法法人	株式会社	その他会社法法人	地方住宅供給公社	地方道路公社	土地開発公社	合計
地域・都市開発	1	102	5	71	1	293	3	0	0	656	1,132
住宅・都市サービス	0	9	0	20	0	47	1	40	0	0	117
観光・レジャー	5	46	43	166	0	788	47	0	0	0	1,095
農林水産	113	179	108	116	1	521	136	0	0	0	1,174
商工	2	176	14	91	0	358	16	0	0	0	657
社会福祉・保健医療	5	229	7	102	2	16	1	0	0	0	362
生活衛生	4	112	2	41	0	74	7	0	0	0	240
運輸・道路	0	8	4	14	0	386	12	0	32	0	456
教育・文化	14	726	11	198	0	61	3	0	0	0	1,013
公害・自然環境保全	3	51	2	9	0	6	0	0	0	0	71
情報処理	0	1	2	4	0	74	0	0	0	0	81
国際交流	0	90	1	9	0	1	0	0	0	0	101
その他	3	166	11	50	0	582	14	0	0	0	826
合計	150	1,895	210	891	4	3,207	240	40	32	656	7,325

（出所）総務省「第三セクター等の出資・経営等の状況に関する調査結果」（2018 年 3 月 31 日現在）。

敷地に、世界最大級の室内プール「オーシャンドーム」や、ゴルフコース、43階建てのホテル、国際コンベンションセンター、コンドミニアム、アミューズメント施設などが、1994年に全面開業した。しかしながら、集客は予測を大きく下回り、毎年200億円以上の赤字が続いて、2001年には3,200億円余の負債を抱えて会社更生法の適用を申請し、事実上倒産した。その後を引き継いだ会社により、オーシャンドームなどは解体され、ホテルやゴルフコースは営業を続けている。

甘い需要予測に目をつぶった第三セクターの経営陣や融資銀行にすれば、県や市がバックについているという安心感もあっただろう。純粋な民間企業なら認められないような経営計画がそのまま認められ、初年度から赤字が続いたにもかかわらず、抜本的な対策をとらずに経営が続けられた。赤字が累積した段階で早急な清算が必要だったにもかかわらず、公による援助や債務保証などがあることから、事業が継続したとも見られる。破綻しても責任の所在が明確とならず、知事や市長が責任をとって辞職するということにもならなかった。ある意味、「政府の失敗」の典型例とも見ることができる。

このような例も多く見られるようになったため、総務省からは第三セクター等の経営健全化等の取組についての先進事例を紹介したり、総務大臣通知（「第三セクター等の経営健全化の推進等について」）を発出したりするなどして、財政的なリスクの計画的な解消に向けて一層の経営健全化に取り組む必要性について注意喚起をしている。

3.2　地方独立行政法人

中央省庁再編に向けて議論がなされた際に、イギリスのエージェンシーのようなものを日本にも設けることが決まり、2001年に国の独立行政法人制度がスタートしている。この仕組みを地方にも導入するものとして、地方独立行政法人法が2004年に施行された。

制度のねらいとしては、①目標による業務管理（中期目標・中期計画・年度計画に基づき、計画的に業務を運営・管理）、②適正な業務実績の評価（評価委員会が法人の業務実績を定期的に評価して、必要に応じて勧告）、③業績主義の人事管理（法人の実績、職員の業績を反映した給与の仕組み等を確立）、④財務運営の弾力化等（原則として企業会計原則により業務を運営。経営努力で生じた毎事業年度の利益は、中期計画で定めた剰余金の使途に充当可）があげられる。

対象業務としては、①試験研究、②大学の設置及び管理、③公営企業に相当

表12-4　地方独立行政法人の設立状況（2020年4月現在）

区分＼対象業務	大学	公営企業型	試験研究	社会福祉	博物館	合計
都道府県	48	21	10	1	0	80
指定都市	8	9	1	0	1	19
市町村	17	29	0	0	0	46
一部事務組合・広域連合	3	2	0	0	0	5
合計	76	61	11	1	1	150

（出所）総務省「地方独立行政法人の設立状況（2020年4月1日現在）」。

する事業（水道、工業用水道、軌道、自動車運送、鉄道、電気、ガス、病院事業等）、④社会福祉事業、⑤公共的な施設の設置及び管理、となっているが、2020年4月現在設立されている150の地方独立行政法人のうち、公立大学が76と半数強を占めている。

4　行政が民間領域のビジネスに乗り出す

第2節で見たのは、自治体が行ってきた業務を民間が担うようになる、つまり、自治体行政の守備範囲の縮小または守備範囲内のサービス提供が公から民へ移るという流れだった。だが最近では逆に、私的領域だと考えられてきた領域に自治体が乗り出すことも見られるようになってきた。例えば、お見合いというのは純粋に私的領域だが、最近では村役場がお見合いの機会を設けたり、若い男女で田植えをする場を提供して出会いの場を創設したりする事例が続出している。

行政が私的領域に関わるというのは、これまで見てきた文脈からはとっぴなことに見えるかもしれないが、実は、国家も自治体も営業をしていることが多く見られる。いずれも国家経済のためあるいは地域活性化のため等の理由からである。近年の中国や新興国の経済の急成長は、国家自らプレーヤーとなった市場主義とも言える。今や世界では、航空機、鉄道、電気自動車、水などの分野で、国家が民間企業とともに自国の製品の海外への販売を強化しており、まさに国家レベルでグローバル市場の戦いが起きている。

日本も国家レベルでのビジネスに力を入れ始めている。アジアを中心に、新幹線の敷設などに対する旺盛なインフラ需要を官民一体で受注し、輸出を進めていこうとしている。自治体も地下鉄、浄水場をはじめとする水ビジネスや下水道事業のパッケージ輸出に取り組むなど、同じくプレーヤーとなっている。行政がビジネスの一翼を担っているということから行政ビジネスと呼んでおきたい（稲継・山田、2011）。

自治体が地元の中小企業と一緒になって商品開発や販売、宣伝活動を行うこともある。自治体と地元企業が一緒にバイヤーなどのところへ出向いて商品の売り込みをするのである。また、地元の特定産業を支援するために、企業団体などとともに営業活動を行うこともある。東京の有楽町や日本橋に、全国各県のアンテナショップが展開されているし、東京や名古屋、大阪の百貨店で○○

県フェアを開催してもらい県産品の販売を支援するのもまた、行政の仕事の1つとなっている。

column 行政営業

福井市の中心部から内陸部に車で1時間少しの所に位置する福井県勝山市では、全国の恐竜化石の8割以上が発掘されている。ここに、福井県立恐竜博物館が2000年開館した。恐竜骨格が40体以上展示されている巨大な博物館で世界三大恐竜博物館の1つに数えられる。来館者はその迫力に圧倒され、大人も引き込まれる。だが、交通不便な場所にあることもあり、入館者数は2年目以降20万人台と低迷していた。

県の持つ資源を利用して地域活性化ができないかと考えた担当者は、積極的に営業に出ることとした。「行政営業」と彼らは呼んでいる。恐竜博物館をブランド化して福井を全国に売り込んでいく営業活動である。「恐竜」をキラーコンテンツとして様々な営業活動を行った。①テレビ局へ営業をかけて全国ネットのクイズ番組や情報番組に取り上げてもらうパブリシティ営業、②企業に売り込みをかけて、恐竜Tシャツを製造販売してもらったり、宅急便の段ボール箱に恐竜の図柄を印刷してもらったりする、といった企業コラボ営業、③映画やドラマで取り上げてもらうフィルムコミッション営業などを展開していった。しかも従来の行政スタイル（予算を使って広告をする）ではなく、行政ビジネスの手法を用いた。

一般に行政においては、許認可やサービス給付、補助金交付などと並んで、「何かを注文して対価を支払う」ケースが多い。地域ブランドを売り出すという仕事であっても、その手法は同じだった。予算を付けた上で、アドバイザーを雇ったり、イベントを企画会社に委託したり、雑誌やテレビに「有料」広告を出したりしていた（発注行政）。

行政ビジネスの考え方は、「発注行政」からの転換が大きなポイントである。メディアに対して情報提供をして無償で記事を書いてもらったり、テレビ番組などに取り上げてもらったりすることを目指す。資料や写真を提供したり、取材時のサポートなどを行って、記事に取り上げてもらう。第三者が無償で紹介、評価するがゆえに情報価値が高い。ターゲットとなるのは、雑誌を発行している出版社（編集担当）、新聞社、テレビ番組製作会社などである。また、企業コラボ営業では、企業に対してコラボのメリットを訴えかける必要がある。恐竜Tシャツは、当該企業の利益となった。そうしたビジネス上の利益をどのように提案できるかが行政営業活動のポイントになる。

これらの行政営業活動の成果もあり、恐竜博物館の知名度は急上昇した。年間入館者数も2010年には50万人を、2013年には70万人を、2015年には90万人を突破し、第2恐竜博物館を建設するという議論も起きているようである。

5　シビックテックという動き

前節まで公と民の境界線上の話を見てきたが、最後に行政のデータを用いて民間がテクノロジーの力で行政サービスを提供する新しい取り組み、シビックテックについて見ておこう。

2020年3月初旬、東京都は「新型コロナウイルス感染症対策サイト」をリリースした（https://stopcovid19.metro.tokyo.lg.jp/）。このサイトは、Code for Japanという非営利団体が中心となって、多くのプログラマーたちがオンライン上で協力してわずか1週間ほどで開発したものだ。プログラムは「GitHub」[10)]上で公開されており、オープンソースであるため、誰でも協力できる。台湾の若きIT担当大臣であるオードリー・タン氏も参加し大きな話題となった。

国民誰もが新型コロナウイルス感染症等についての正確な情報を求めているのに、従来の政府の広報サイトは十分ではなかった。国や自治体のHPでの公表はPDF形式で行われており、データ集計は困難であった。そもそも感染者に関する情報のやりとり（クリニック・病院と保健所の間、保健所と各都道府県の対策本部との間）がFAXで行われていたり、その集計が手作業で行われていたりするなど、前近代的なシステムに焦燥感を持っていたエンジニアたちが東京都の呼びかけに応じて協力してできあがったのがこのサイトである。東京都のサイトのソースコード[11)]はオープンであったので、他県においても同様のサイトがプログラマーたちの協力により次々とリリースされていった。

この流れは、近年急速に日本にも浸透してきたシビックテックに分類されるものである。

アメリカではPPP[12)]の延長とも考え得る、シビックテックの動きが盛んになってきた。公共の利益のために個人、民間企業、NPO法人などがテクノロジーを使って地域課題を解決しようとする動きである。「自分たちで自分たちの必要なものを創り出すという精神」（Civic）と「テクノロジーの利用」（Tech）

10）　共同作業をするためのプログラムの置き場で、現時点の開発状況や残る課題などが自動で表示される。

11）　プログラミング言語で書かれた、コンピュータプログラムを表現するテキストのこと。通常は開発者の権利保護のために非公開となっている。

12）　Public Private Partnership。公民連携、官民連携、官民パートナーシップなどと訳されている。民間と行政が連携して公共サービスを行うという幅広い概念だが、日本ではPFIの議論をするときに多く使われる。しかし、本来は、連携全般を指す広い概念と考えられ、第2節、第3節で見た手法の多く、そして、シビックテックもPPPの一形態と理解しうる。

との掛け合わせである（稲継編著、2018）。

2009年、アメリカで「Code for America（CfA）」という非営利組織が誕生した。「21世紀における政府は市民のために働き、市民によって運営されるべき」という理念のもと、テクノロジーを利用して行政サービスを変えようとしている。CfAが展開するフェローシップ・プログラムは、全米から優秀なITエンジニアを募集・選抜して地方都市の行政機関に派遣し、その地域の課題解決の取組みを支援するものである。エンジニアが開発したアプリやサービスなどが当該地域の課題を解決している例も多く見られる。地域課題の解決を公務員ではなくプログラムに参加しているITエンジニアたちが担っている。全米各地には、Code for America Brigade（ブリゲイド）と呼ばれるシビックテックコミュニティがある。Code for BostonとかCode for SFなどである。

2013年には日本でもCode for Xが誕生した。最初に生まれたのは金沢市で、Code for Kanazawaが設立された。その後、Code for Japanと、各地のブリゲイドが次々に設立されている（2021年現在40を超えている）。各地のCode for Xは、自治体が提供するオープンデータをもとにして、地域課題を解決するようなアプリを提供し始めている。5374.jp（ゴミナシアプリ）や、保育園マップなど、活用の進むアプリも少なくない。後者は待機児童が多い札幌市で保護者が保育園を探すことができるようにすることに特化したアプリである。その後、全国で利用されるようになってきている。

現代社会では、自治体と住民の距離は遠くなってしまった。人口10万の自治体の住民は、市の政策を決定する市長や市の幹部と接することはほとんどない。だが明治初期はそうではなかった。1888年の時点で全国に7万1,000余の（町）村があり、当時の人口は約3,300万人と推定されているので、1村当たりの人口は500人弱である。村役人と村人との距離は近く、日常的に様々な情報のやりとりが可能だった。しかしその後の人口増、市町村合併により、2020年には1市町村当たりの人口は8万人近くになっている。村人たちが自らの課題を自ら解決していたのに比べ、現代では一部の人々によって行政課題が議論され、決定されるという形が定着した。自治体は遠くなってしまったのである。4年に1度の選挙のとき以外に、仕事を持った市民が市政に関わるには、協働に関わるにはどうすればよいかのヒントがシビックテックである。ブラジルのある市では自治体予算の一定割合をネットで参加する市民が決定できるようになる仕組みがあるという。ICTを駆使すれば、10万人の市でも市民が直接市政に関わることも可能になるかもしれない。

【文献案内】

外山公美・平石正美・中村祐司・西村弥・五味太始・古坂正人・石見豊（2014）『日本の公共経営——新しい行政』北樹出版

民間委託、第三セクター、PFI、市場化テスト、指定管理者制度、独立行政法人制度、道路関係四公団民営化、日本郵政公社の民営化など、公と民との境界線の問題について詳しく分析している。

稲継裕昭・山田賢一（2011）『行政ビジネス』東洋経済新報社

コラムで取り上げた行政営業について、福井県が行った様々な実例に基づいて紹介している。山田氏は執筆当時福井県の担当者。行政ビジネスを役所が行う上での障害（従来の行政システムとの相克）などにも言及されている。

ギャビン・ニューサム著、稲継裕昭監訳、町田敦夫訳（2016）『未来政府——プラットフォーム民主主義』東洋経済新報社

著者はサンフランシスコ市長を経験したあと、カリフォルニア州知事となった。サンフランシスコ市におけるICT化の失敗談と、全米各地での成功事例を紹介する。本書で著者は、シビックテックは行政を市民の手に取り戻す手段だという。

【研究課題】

(1) あなたの身近な自治体にはどのような第三セクターがあるか、また、公の施設の管理運営はどのようになっているのか調べてみよう。

(2) 図書館の中には指定管理者制度をとっているところも多く見られるようになってきた。あなたの知っている図書館でそのようなところはどこか。それは直営図書館と比べてどう違うか。長所と短所を調べてみよう。

(3) 2018年水道法が改正されて、水道事業のコンセッション方式が認められるようになった。水道事業に民間企業が入ることについて賛成か、反対か。その理由とともに考えてみよう。

13 情報化

羅　芝賢

summary

自治体における情報化は、情報技術の発展への対応として実施されてきた。1960年代にコンピュータが普及しはじめると、自治体では、行政内部の情報処理体制を整えるための行政情報化が行われた。1990年代に入ると、今度はケーブルテレビやインターネットなどの新たなメディアの活用を目指す、地域情報化という課題が自治体の情報化計画に加わるようになった。

情報技術の性質上、情報化の進展は中央集権化を志向する動きにも見える。ところが現実には、自治体が独自に導入した情報システムが政府全体における情報管理の一元化を妨げるなど、集権化とは逆の展開もしばしば見られた。そこで、国と自治体は、組織間連携を目指して対策に取り組んでいる。

しかし、そのような取り組みが目指す行政の合理化は、果たして市民が望む行政の姿を実現するものなのだろうか。シビックテックやデザイン思考といった新たな概念の登場は、市民をデータとして処理し、情報インフラの受動的な利用者として位置づけてきた従来の情報化とは異なる方向性を感じさせる。こうした潮流は、少しずつではあるものの、自治体の情報化に関わる主体や視点の多様化をもたらしているのである。

keyword

電子計算組織、電子政府、デジタル・トランスフォーメーション（DX）、個人情報保護、マイナンバー、オープンデータ、シビックテック、デザイン思考

1　自治体の情報化

「茨城の魅力を伝えたい」。これは、茨城県営業戦略部のプロモーション戦略チームが運営するFacebookページのタイトルである。そこでは、テレビなどで紹介された地元の名産品の動画、アンテナショップの情報、筑波山梅まつりや茨城県ゆかりの演奏家のコンサートなどのイベント情報が定期的に配信されている。写真や動画を用いたタイムリーな情報が配信されているため、県民だけでなく、県に魅力を感じた2万人を超える人々がこのページをフォローしている。

広報、行政情報の発信、災害対応などの目的で、FacebookやTwitterといったソーシャル・ネットワーキング・サービス（SNS）を利用する自治体は年々増えている。例えば、2016年には、災害対応にSNSを用いる自治体が全体の半数を超えた。ところが、茨城県のように、SNS利用者と自治体との間で活発な交流が見られているのはごく少数の事例に限られる。多くの自治体はSNSの活用に苦戦し、閲覧数の低迷に悩まされているのである。これは、情報技術に対する自治体職員の理解不足から生じる現象なのだろうか。そうとは限らないだろう。そもそも自治体の情報化は、その始まりからして行政と市民の双方向性を意識しているとは言えないものであった。それでは、自治体の情報化は何を意味するものとして開始され、どのように展開してきたのだろうか。

1.1　情報化の意味

自治体における情報化の動きは、1960年代から始まっていた。日本でも早い時期から情報化を進めていた自治体として、ここでは東京都中野区に注目してみよう。1997年に情報化推進計画の改定を行った際、中野区は、それまでの情報化の歩みを次のように振り返っている。

> 「情報通信技術の発展に対して計画的な対応を図るため、昭和48年（1973年）以降3次にわたり『中野区情報処理基本計画』（以下「基本計画」という）を策定し、……積極的な情報化施策を実施してきた。その一方で、個人情報の保護など適切な情報管理に配慮してきており、その趣旨は、平成2年（1990年）制定の「中野区個人情報保護条例」に受け継がれている。このように計画的、体系的に行政内部の情報化（行政情報化）の

> 推進を図ってきたが、これまで指針としてきた「基本計画」は、中央電子計算組織の計画的運営を主眼としたものであり、情報通信技術や機器のめざましい発達、今日求められている区民、地域の視点に立った情報化（地域情報化）を十分に予想したものではなかった。……このような背景から、区は「基本計画」を全面的に見直し、平成5年（1993年）3月、地域情報化と行政情報化を体系化した「中野区情報化推進計画」を策定した」(中野区企画部情報システム課、1997)。

この文章は、次の3つのことを明らかにしている。第1は、中野区が、情報技術の発展に対応するための活動を、情報化という言葉で表現していることである。第2は、情報化の進展が、個人情報保護条例の制定を促したということである。ただし、この動きは、行政情報に対する個人の自由なアクセスの権利を保障する意味での情報公開を進めるという方向には発展しなかった。第3は、1990年代以後に情報化の新たな取り組みが始まったということである。情報化の初期段階では、もっぱら行政内部の情報処理体制を整える「行政情報化」が進められてきたとすれば、1990年代以後は、区民に対する情報の提供を意識した「地域情報化」という課題が加わるようになった。

1.1.1　電子計算組織

自治体において情報化という言葉が登場するようになった背景には、デジタル・コンピュータ、当時の言葉で言えば「電子計算組織」の登場があった。1960年代以後、電子計算組織の導入を進めていた自治体は、それまで紙で保管していた情報を電算化し、機械で処理できるような状態にしなければならないという課題を抱えるようになった。

図13-1を見ればわかるように、当時のコンピュータは、さまざまな装置を1つの筐体にまとめて収納す

図13-1　電子計算組織室

（出所）東京都中野区（1965）。

図13-2　1980年の中野区のパンチ室

（出所）中野区企画部事務管理課（1992）。

る現在のコンピュータとは、ずいぶん異なった形をしている。その基本的な構造は、本体装置と入出力装置に大きく分けられており、それぞれの装置をネットワークでつなぐことで、1つの電子計算組織となる。このように、当時のコンピュータは、複数に分離している装置を、1つの目的のためにまとめたものである。それが人間社会における組織を連想させるため、電子計算組織という名称が用いられるようになった。

1.1.2　電子計算課

電子計算組織の導入に伴い、多くの自治体ではその担当部署として「電子計算課」と呼ばれるような組織が新たに設置された。組織の規模は定員20名程度。その中に課長、主査、プランナー、プログラマー、スーパーバイザー、キーパンチ・オペレータ、庶務などの人員が含まれていた。人員の平均年齢は20代後半と若く、男女比はおよそ3：2（男：女）。一見、当時の社会状況からすれば女性の比率が多いように見えるのだが、女性の役割は、図13-2のように、キーパンチ・オペレータや庶務といった単純作業にほぼ限定されていた。

キーパンチ・オペレータの業務は、精神的・肉体的に苦痛であるという理由で忌避されることが多く、ほとんどの場合は「計算業務」枠で採用試験を受けた高卒の女性の新規採用職員がその業務に就いていた（特別区協議会、2011）。計算業務の職員は、約2年程度で別の業務に異動することが通例だったものの、なかには予定よりも長期にわたってその業務に従事せざるを得ず、それが原因で心身を病んでしまう職員もいた（コラム参照）。従来、行政の情報化における女性たちの役割にはほとんど関心が向けられてこなかったが、実は、「コンピュータ」という英語の用語自体、第2次世界大戦中に対空砲の弾道計算を行う女性たちの呼称であった（エドワーズ、2003）。

column　合理化の本質

「一部、行政方針の策定を行う部分をのぞけば、ほとんどの職員が事務処理作業員なのです。『事務工場』の作業員。行政にたずさわるにはよっぽど、出世しなければならない。これが区役所の職員のほんとうの姿です。一つ一つの事柄から内容がはぎとられ、機械化が進めば、ただ几帳面に手足を動かし機械を動かすのみとなります。作業が単純化されると、仕事量が増やされるのが現在の社会の習わしです。頸肩腕症候群という新しくはやり出した病気が示すように、身体の一部のみを使い過ぎるということが恐ろしい病気を引き起こします」(前迫、1968)。

1960年代にキーパンチ・オペレータを務めていた東京都の女性職員は、「事務事業合理化の本質」をこのように述べていた。それから半世紀が経過したが、合理化がもたらす現実は、その「本質」をどこまで遠ざけることができたのだろうか。

2019年に「自治体行政スマートプロジェクト」を開始した総務省は、生産労働人口の減少局面において従来よりも少ない人数で生産力を高める手段として、RPA（ロボットによる業務自動化）の導入を自治体に促している（第7章第5節参照）。そこで自治体現場の職員は、RPA導入補助事業に応募するために書類を作成するように求められ、導入後は、RPAの効果を測定した資料を作成し、報告することを求められる。補助事業が終了した後も、しばらくの間、RPA導入状況などについて毎年度第1四半期に行うフォローアップに回答する必要がある。

RPAという言葉が登場するはるか以前から、人々は、単純労働から解放され、クリエイティブな仕事に集中できるようになることを期待して技術を導入してきた。しかし、いまだに「事務工場」の作業員はあらゆるところに存在している。人々は、依然として、就業時間の大半を事務作業に、メールのやり取りに、必要のない会議などに費やしている（グレーバー、2020）。合理化が常にこうした現実に帰結するのならば、人間を「事務工場」から解放するための情報化は、何によって実現するのだろうか。今一度立ち止まって考えるべきであろう。

1.2　情報化の展開

1.2.1　行政情報化の思想

自治体における行政情報化の取り組みが、コンピュータという新たな技術の登場によって促されたのだとすれば、そもそも当時の自治体は、コンピュータをいかなる技術として認識していたのだろうか。

中野区が1965年に刊行した「中野区と電子計算組織」には、コンピュータの3つの特性が述べられている。その3つとは、間違いを起こさないこと、仕事が驚くほど早いこと、もとの素材（データ）を変形せずに何通りもの資料を作成できることだという。この刊行物の最後のページには、R・G・キャニングや南沢宣郎など経営のオートメーション（自動化）を提唱する人々の著書が参考文献として紹介されており、それがコンピュータに関する中野区の認識のもとになっていることが見て取れる。

ところが、このような認識は、人間と機械の違いを強調するあまり、サイバネティックスという数学理論がコンピュータの基礎理論となっていることの背後にある政治的な力学を看過している。情報処理の道具として、言語ではなく数学記号の使用が促進されたことは、戦争の影響を抜きに語れない。世界大戦における総力戦の遂行は、国民生活の全体を戦争に巻き込んだ。生産と消費から戦意に至るまで、無数の変数を迅速に処理しなければならないという圧力がなかったら、コンピュータ技術はずいぶん異なった道をたどって発展したかもしれない。戦争の中で、さまざまな事情や願望を持つ人間を、単に勝敗を決める「人口」として捉えるという価値の単純化が生じたことも、サイバネティックスの普及を支えた（清水、1966）。

戦争とともに発展したコンピュータ技術は、中央の司令塔において大量のデータを迅速に処理し、それに基づく意思決定を助けるという機能からして、本質的に中央集権化を志向する。その本質は、戦争が終焉した後も、中央集権化に対する期待を為政者たちに与え続けた。アメリカの国防長官を務めていたロバート・マクナマラが企画計画予算制度（PPBS）を考案したのはその代表的な例であろう。大量のデータをコンピュータに打ち込み、費用便益分析を行えば、現場の判断に依存する必要性はなくなるという発想を政策に適用したのである。実現には至らなかったものの、日本政府も一時期はPPBSの導入を真剣に検討していた。

その後も国は、情報システムの一元化を通じた中央集権化の実現を、長らく情報化の課題として認識し、自治体に対しても標準化や統一化を要求してきた。その意味で情報化は、地方自治の考え方との間で緊張関係をはらんでいる。教育や社会保障のように、近代国家が出現する以前から地域のさまざまな担い手によって展開されてきた活動とは異なり、情報化は初めから集権的なのである。

1.2.2　自治体間の相互参照

しかし、中央集権的に展開するはずの行政情報化は、かなりの部分において自治体の自律的な活動を通じて進行した。

自治体の行政情報化を促した1960年代の行政改革は、行政の合理化という理念よりもコンピュータの物理的な普及を目指すものへと次第に重点が移っていった（奥村、2008）。そこに、国産コンピュータの育成に力を注いでいた通産省の産業政策も重なり、コンピュータの導入は、行政改革の手段ではなく目的に変わっていく。このように国の政策は、新たな技術を普及させることに焦点が置かれていたため、その技術の使い道に関しては自治体現場で判断を行う必要があった。さらに、中央省庁よりも大量の住民情報を管理する自治体は、国に先立つ革新的な方法でコンピュータを活用できる主体でもあった。

中野区が1967年に刊行した「中野区における電子計算組織のあゆみ」によれば、1967年の1年間で、73の団体がコンピュータの導入状況を視察するために中野区役所を訪れていた。ほとんどの自治体が税務計算、給与計算などの計算業務のみにコンピュータを利用していた当時において、中野区は「中野方式」と呼ばれる総合的な管理システムを作り上げていたからである。視察団体の種別ごとの比率は、市区町村が約60%、都道府県が約20%を占めていた。

中野方式は自治体の間で徐々に広がりを見せ、例えば、山形県米沢市は、1968年にコンピュータの「トータル・システム」を利用して住民情報を処理する体制を整えた。住民基本台帳法に規定された基本事項（住所、氏名、性別、生年月日、続柄など）と個別事項（国民健康保険、国民年金、選挙など）、任意事項（生活保護、身体障害など）、税関係情報（住民税、固定資産税など）を統一的に把握するために作成された「住民マスターテープ」は、名称と機能ともに、中野区の区民マスターテープを踏襲している。さらに米沢市は、「住民個人コード」を用いて個々の情報をマッチングする仕組みも採用していた（吉池・佐藤、1969）。

1.2.3　地域情報化の展開

行政情報化に取り組んできた自治体が、地域情報化という課題にも目を向けるようになったのは、ケーブルテレビ（CATV）からインターネットに至るまでの新たなメディアの登場をその主なきっかけとする。1980年代における郵政省の「テレトピア構想」や通産省の「ニューメディア・コミュニティ構想」から、2000年代における「e-Japan重点計画」のさまざまな補助金事業に至るまで[1)]、常に新たなメディアの登場が、新たな事業の展開を促してきたのである。

興味深いことは、新たなメディアを普及させるためのインフラの整備が、一

1）「e-Japan重点計画」は、2000年のIT基本法の制定に伴うIT総合戦略本部の「e-Japan戦略」に対応した事業である。

種の公共事業として捉えられてきた点である。そこで、自治体における情報化は、「地域活性化」というキーワードと結びつくこととなった。地域の人口減少を念頭に置いた国の補助金事業が、地域情報化政策という名の下で展開されるようになったのである。そのため、補助金を注ぎ込んで建設したテレワークセンターがほとんど利用されないという問題が生じたり、補助金のおかげで地域のネットワークシステムは構築できたものの、その運営費用がかえって自治体の負担となっていることが指摘されたりもする（田畑、2005）。少子高齢化というよりは過疎化に対する対応として展開していた点で、今日の地域活性化事業とは若干異なる性格を持つものの、自治体が中央省庁に依存するようになる点では、地域情報化から今日につながる連続性が見出せる。

2　情報化が生み出す課題

情報化を遂げた社会は、これまで2つのまったく異なる視点から描かれてきた。

その1つは、情報化が実現するユートピアを描くものである。ダニエル・ベルの脱工業化社会論の後を追う形で流行した情報化社会論は、経済格差の解消や価値の多元化といった未来予言を次々と提示した。その一方で、情報化によるディストピアの到来を懸念する見方もある。ジョージ・オーウェルの小説『一九八四年』は、多くの人々に監視社会の恐怖を伝えた。この小説に登場する「テレスクリーン」と、今日のソーシャルメディア、交通ICカード、携帯電話の位置情報などを同一視する考え方も浮上している。

この2つの見方は、真逆の結論を導出しつつも、ある点において共通している。それは、技術の進歩が世界のどこでも同じ帰結を導くだろうと考えている点である。だが、現実世界は、完全なるユートピアでも、完全なるディストピアでもない。社会の変化は、技術の進歩だけによってもたらされるものではないからだ。現実では、新たな技術を開発し、利用していく中で、さまざまな政治的な駆け引きが展開される。また、そうした展開は、さまざまな形で意図せざる結果を生み出す。

以下では、自治体における情報化の過程でも、さまざまな場面において意図せざる結果が生じてきたことを示し、それが国と自治体にいかなる課題を与えたかを考察する。

2.1　標準化と一元化

情報化に対する国の方針は、標準化や一元化を非常に強調している。2010年代以降の展開を見ても、政府CIO（内閣情報通信政策監）の設置、デジタル庁の新設、マイナンバー制度の活用といった施策は、システムの統合を進め、情報化の予算を集約することを念頭に置いている。しかし、そうした取り組みが展開されているということは、それまでの情報化が標準化や一元化とは異なる方向に進んできたことの裏返しでもある。その原因としては、ITベンダーの影響力を指摘する意見もあれば、組織間連携を妨げる行政内部の仕組みを問題視する見方もある。

2.1.1　ITベンダーの影響力

1960年代に自治体がコンピュータを導入し始めて以来、コンピュータの調達先であるITベンダーは、契約した自治体との関係において優位な立場にあり続けてきた。特に、大手ITベンダーは、政府調達市場を分割して寡占構造を作り上げただけでなく、技術面でのノウハウを利用して自治体の情報化推進体制を主導することとなった。

そこでよく指摘されてきた問題として、安価な初期費用で受託し、高額の運用費用を提示して儲ける「1円入札」の問題がある。例えば、2001年に行われた東京都の文書管理システムの調達に際して、公正取引委員会は、750円の応札額を提示して落札した日立製作所に警告を出した。その応札額が、開発および販売にかかる原価を著しく下回るため、独占禁止法違反にあたる恐れがあるという判断が下されたのである。こうした問題は、自治体に限らず、中央省庁のIT調達においても、今日まで頻繁に発生し続けており、適切な価格による質の高い情報システムの構築を妨げてきた。

ITベンダーの影響力がもたらすもう1つの問題は、「ベンダーロックイン」という形で現れている。国産コンピュータ産業の育成を目指して1960年代から展開された国の政策は、少数の大手ITベンダーによる政府調達市場の寡占状態という結果を生み出した。一度獲得した顧客を手放さないために独自のシステム開発を施す大手ITベンダーの戦略は、将来のシステム統合を困難にする働きを持つ（羅、2019）。

こうした状況を受け、2013年には政府全体のIT戦略の司令塔の機能を果たす政府CIOが設置された。IT調達の改善とIT政策の遂行における組織横断的な対応を実現することなどがその目的である。2020年から進められたデジタル庁の新設の背景にも、組織間の縦割りが政府のIT戦略を進める上で障害になっているという問題意識がある。政府全体で効率的なIT調達を実現するのも、デジタル庁のミッションとして掲げられている。

2.1.2　NPMの方向転換

1990年代後半以後、主にアングロサクソン系諸国の政府と、OECDや世界銀行といった国際機関に後押しされる形で、電子政府（e-government）という概念が流行するようになった。そこでは、電子政府の実現による行政組織の垂直的・水平的統合と、行政のワンストップサービス化が目指された。

こうした動きが見られるようになったのは、新自由主義の思想に基づく一連の改革が、その見直しを迫られた時期と重なる。NPM（ニュー・パブリック・マネジメント）と呼ばれる改革によって、行政組織と業務が細分化すると、政策目標の共有が困難になったり、責任の所在が不明確になったりするといった問題が浮上した。ガバナンス、ネットワーク、パートナーシップ、透明性、信頼といった概念は、市場競争を重視する新自由主義の理念を継承しつつも、NPM改革の代案を模索する中で浮上したものである。

そんな中で、行政組織の統合を促す電子政府への期待も高まった（Pollitt and Bouckaert, 2004）。とりわけ、NPM改革によって行政の企画部門と実施部門の分離が行われたイギリスでは、IT契約を精査する財務省の能力が著しく衰退し、大規模ITプロジェクトが次々と失敗に追い込まれたため、それに対する反省から、行政を再統合するための「デジタル時代のガバナンス」の構想が浮上した（Dunleavy *et al.*, 2006）。

日本では、イギリスのように組織の細分化が徹底的に進められたとは言いにくい。だが、世界最高水準の「デジタル国家」を目指す日本政府は、海外の事例を積極的に取り込むようにしている。例えば、2016年に官民データ活用推進基本法が制定されると、翌年にはそれに基づいて「世界最先端デジタル国家創造宣言・官民データ活用推進基本計画」が閣議決定、それを政府部門に関して具体化する改革方針として2018年には「デジタル・ガバメント実行計画」が発表された。2019年にはデジタル手続法が制定され[2]、それに基づいて「デ

2）　デジタル手続法の正式名称は「情報通信技術の活用による行政手続等に係る関係者の利便性の向上並びに行政運営の簡素化及び効率化を図るための行政手続等における情報通信の技術の利用に関する法律等の一部を改正する法律」。

ジタルファースト」「コネクテッド・ワンストップ」「ワンスオンリー」という3つの原則が示された。行政手続きをデジタルですべて完結させ、行政機関ごとの複数の手続きを1つに集約し、一度提出した情報は二度提出することを不要とするのがその狙いである。

ところが、日本における早期の情報化がもたらした意図せざる結果として、同法を施行する以前に解決しなければならない課題が山積している。そこで、デジタル手続法に合わせて「デジタル・ガバメント実行計画」の改定が2019年に閣議決定され、政府全体で共通利用できるシステムの整備が進められることとなった。さらに、2020年の改定では、新型コロナウイルス感染症対策の過程で浮上した課題に対応するべく、行政手続きにおける書面・押印・対面規制の見直しや緊急時の迅速な給付の実現などの方針が決まった。それと時を同じくして、総務省は、「自治体デジタル・トランスフォーメーション（DX）推進計画」を発出し、マイナンバー制度の活用やデジタル基盤の抜本的な改善などに向けて、自治体全体として足並みを揃えて取り組むことを求めた。

2.2　個人情報保護制度の整備

行政のワンストップサービス化を実現する上での課題として浮上しているのは、技術面における情報システムやデータの標準化だけではない。「個人情報保護法制2000個問題」と呼ばれる制度上の問題も、解決すべき課題として取り上げられている。日本における個人情報保護法制は、国レベルで定められている法律のほかに[3]、都道府県、市町村、東京23区などがそれぞれ定めている2,000個ほどの個人情報保護条例によって構成されている。これにより、個人情報の定義やその利活用の条件がばらばらに解釈され、自治体間と官民の間の連携がしばしば困難に直面しているという声が上がってきた。この問題は、2011年の東日本大震災と2020年の新型コロナウイルス感染症の拡大時に、行政機関の対応を遅らせる要因として注目の的となった。

2.2.1　2000個問題の背景

情報化社会にふさわしい新たなプライバシー権利の概念を、日本社会において最初に普及させようとしたのは、自治労をはじめとする労働組合であった。それまで日本では、表現の自由と対抗する「ひとりにしてもらう権利」として

3)　国レベルの法律としては、個人情報の保護に関する法律、行政機関の保有する個人情報の保護に関する法律、独立行政法人等の保有する個人情報の保護に関する法律が存在する。

プライバシー権利が理解されていたものの、1970年代に展開した労働運動の中で、海外における新たなプライバシー権利の概念が受け入れられ、「自己に関する情報の流れをコントロールする権利」としてのプライバシー権利の概念が定着していった。

当時の労働組合がプライバシー権利に関心を寄せるようになった理由は、反合理化闘争の文脈で理解することができる。コンピュータの導入が進むことによって、人員削減や労働条件の悪化といった事態が生じることを懸念した労働組合は、「情報の民主的管理と運営」「プライバシー保護」といった原則を掲げて、闘争に対する市民の賛同を求めたのである。

こうした労働組合の活動への対応を迫られた各自治体は、国に先立って個人情報保護制度を整備していった。例えば、東京都杉並区では、自治労の組合員が住民を集めて「杉並の会」という約100人規模の組織を結成し、区の情報化計画の見直しを迫る運動を繰り広げた。その結果として1978年に成立したのが、杉並区の個人情報保護条例である（堀部、1980）。国レベルで現行法の前身である「行政機関の保有する電子計算機処理に係る個人情報の保護に関する法律」が制定されたのは、それより10年後の1988年である。

2.2.2　制度の一体化の動き

個人情報保護制度の一体化を目指す動きが本格化したのは、内閣官房に「個人情報保護制度の見直しに関するタスクフォース」が設置された2019年12月からである。

その最終報告によれば、個人情報保護制度の見直しが要求されているのは、次の3つの理由からである。第1に、デジタル・ガバメントの実現を強力に進めようとする政府の方針、第2に、官民と地域の枠を超えたデータ利活用の活発化、第3に、EU一般データ保護規則（GDPR）の十分性認定への対応など、国際的な制度調和への要求の高まりが背景にあるという。プライバシー権利という市民の権利よりも、政府や企業による個人情報の利活用を容易にすることが強く意識されていることを否めない。

個人情報保護制度の一体化が予定どおり完了するとすれば、自治体に残される課題は、いかに市民の権利を尊重する形で法律を運用していくかであろう。法律の運用に関しては、国のガイドラインが策定される予定であるものの、これまでの多くの事例が示してきたとおり、実際の運用に際しては自治体現場での判断が大いに求められ、自治体間の相互参照が行われるに違いない。

2.2.3 個人情報保護の今後

個人情報保護法制の整備を促したプライバシー保護の論理は、統一的な番号制度の成立を阻止する根拠にもなってきた。自治体や企業など、さまざまな主体が社会保障制度の担い手となり、分散型の福祉国家を築いてきた日本では、プライバシー保護の論理が国民番号制度の導入に反対する多様な政治主体に力を与えたのである。

健康保険、年金、運転免許などが個別の番号制度で管理されてきた日本では、行政情報化の流れの中で、番号制度の統一化が模索された。1970年代の「統一個人コード」と1980年代の「グリーンカード」の失敗を経て、2000年代以後は利用範囲を制限した住民票コードやマイナンバーが導入された。こうして日本の番号制度は一定の統一化を達成したものの、これは韓国や台湾に存在するような国民番号制度とは大きく異なる性格を持つ。例えば、韓国では、住民登録番号と呼ばれる国民番号制度が導入された後に行政サービスの拡大が生じたため、すべての行政サービスに住民登録番号が用いられている（羅、2019）。

重要なのは、番号制度の完全な統一化を阻止したからといって、監視社会化が進まないわけではないということだろう。インターネットが普及した後の世界において、もっとも多くの個人情報を保有するようになったのは、民間のデジタル・プラットフォーマーである。例えば、人々がGoogleの検索エンジンやAmazonの通販を利用するたびに、個人情報は蓄積されていく。その個人情報がどのように利用されるかによって、監視社会の性質も変わっていくのである。

金融や交通など生活全般においてデジタル・プラットフォームの利用が日本より活発な中国では、その影響力がより鮮やかに表れている。地方政府における信用情報の管理が形式的な運用にとどまっているのに対して、デジタル・プラットフォーマーの1つであるアリババグループが展開した「芝麻信用（Zhima Credit）」は、モバイル決済履歴、ネット上の人間関係、その他サービスの利用履歴などをもとに個々人の信用スコアを算出し、金融サービスの提供の際にそれを用いている。従来の金融制度の下では融資を受けられなかった学生やフリーターなども、信用スコアを上げれば金融サービスを享受できるようになるため、多くの個人情報を管理されるようになるにもかかわらず、そのサービスを肯定的に評価する人々が現れている（梶谷・高口、2019）。

こうした状況に鑑みれば、今後、財政難に直面した先進各国で社会保障の切り下げと格差の拡大が進むことにつれ、監視社会を許容する人々も増えていくことが予想される。それは、日本も例外ではない。そうなった場合、デジタル・プラットフォームによって集められた個人情報が、政府に提供されることはないと断言することは難しいだろう。個人情報保護制度を整備する際には、こうした点にも注意を払う必要がある。

3　新たな展開

行政情報化であれ、地域情報化であれ、これまで自治体が進めてきた情報化は、市民に対して一方向的に実施され続けてきた。行政情報化において個々の市民はデータとして処理され、地域情報化が巨大な情報インフラを整備した時も市民はその利用者に過ぎなかった。だが、そうした情報化のあり方を変えようとする動きは、少しずつだが、見えてきつつあるのかもしれない。情報化を進めて合理的な行政を実現することにこだわるのではなく、よりよい行政サービスを実現する上で、情報技術がいかに役に立つかを見極めることに、人々の関心が移っているのである。そうした傾向は、中央省庁に比べて、市民に直接サービスを提供する立場にある自治体において、より明確に現れている。

よりよいサービスという言葉は、多様な意味を含んでいる。個々の自治体職員によって、個々の市民によって、描いている行政の姿はさまざまであり、よりよいサービスを実現したいと思う動機も多様化している。つまり、そこには、合理性には還元できない、政治的価値の問題が関与しているのである。

3.1　主体の多様化

行政の情報化を進める主体の多様化を促した重要な要因として、オープンデータ政策がある。オープンデータとは、行政が保有する情報を単に公開するのではなく、誰もがそれに手を加えて加工できるように開放するという概念である。その意味で、市民を受動的に捉えてきた従来の情報化とは異なる性格を持つ。この概念には、行政が市民や企業とともにデータを作り上げて活用する取り組みも含まれる。

アメリカのオバマ政権が、「透明性・参加・協働」の原則を掲げてオープンデータ政策を進めて以来、日本を含む他の国でも似たような政策が広く見られるようになった。日本では、IT戦略本部が2012年に「電子行政オープンデータ戦略」を策定したことで取り組みが本格化し、2016年には官民データ活用推進基本法が制定された。同法は、官民データ活用の推進に関する基本的な計画の策定を都道府県に義務づけ、市町村にも同様の取り組みに努めることを求めている。

オープンデータ政策は、透明性、信頼、ネットワーク、パートナーシップといったアイデアが反映されている点で、新自由主義の思想と共鳴するところがある。新自由主義が、党派的な立場ではなく、合理性を強調して幅広い支持を獲得したように、オープンデータ政策も党派を越えて賛同を得ている。それが既存の行政にどれだけ変化をもたらすかは未知数だが、興味深いのは、オープンデータ政策が党派を越えて関心を集めた結果として、新自由主義にとらわれないさまざまな目的を掲げる主体が、オープンデータを活用した取り組みを展開することとなったということである。

3.1.1 地方豪族企業

オープンデータ政策の展開を研究してきた庄司昌彦は、「地方豪族企業」という用語を用いて、地域情報化のカギを握る主体への注意を促している。地方豪族企業とは、「特定地域に立脚し、消費者の生活に密着した事業を行い多角化する一方、状況によって素早く事業内容を転換することもある企業」を指すという。この類いの企業は、公的な補助金の活用に長けていて、行政との距離が近いだけではなく、地域社会に密着した事業を長年にわたって繰り広げているため、人々の消費活動や取引状況に関するデータなど、地域の経済活動を分析するのに欠かせないデータを蓄積してきている。このことは、地方豪族企業が、グローバルなIT企業には見出せない可能性を持っているということを意味する。

例えば、2004年に福井県鯖江市に開発センターを設置した株式会社jig.jpは、福井高専や福井大学との産学連携教育プロジェクトを立ち上げ、その地域の産業人材と技術者の養成に努めてきた。2017年には、鯖江市およびさくらインターネットとの共同開発を通じて、「バス乗客リアルタイムオープンデータシステム」の運用を開始し、バスの混雑状況などの情報をアプリで提供している。

他の自治体においても、例えば、1910年の西大寺軌道の創立にはじまる両備グループは、ICT、住宅、物流などさまざまな分野において岡山市の地域密着型の事業を長年にわたって展開し、現在は、行政、医療、社会保障分野のシステム構築や情報技術教育なども行っている。近年、複数の移動サービスを最適に組み合わせ、検索や予約などを一括で行うMaaS（Mobility as a Service）というサービスが注目を集めているが、そうしたサービスを実現する際には、両備グループのような地域の日常生活を支える企業と自治体との連携が何よりも重要になるという（庄司、2017）。大手プラットフォームを利用する時と比べて効率性が落ちるとしても、地域の人々の生活を反映することで生み出される面白さが、サービスの価値を高めることもある。

3.1.2　シビックテック

企業に限らず、一般市民の間でもオープンデータの活用に関する関心は高まりつつある。とりわけ、2013年にCode for Kanazawaという日本初のシビックテック団体が設立されてからは、一般市民の参加を呼びかけるイベントも多数開催されるようになり、行政ではなく市民自らが考える地域の課題を、情報技術を活用して解決しようとする人々が増えてきている。「シビックテック」という言葉の普及と、Code for X（地域名）と呼ばれる団体の設立は、今では日本全国で見られるようになった。そこには、自らのスキルを活かして地域の課題に取り組みたいと考えるエンジニアをはじめ、明確なニーズと動機を持つ人々が集まっている（第12章第5節参照）。

シビックテックに参加する市民たちの姿は、まるでラジオの黎明期におけるアマチュア無線家の若者たちのようである。より民主的な形で世論を喚起するという理想を掲げていた若者たちは、ワイヤレス・クラブといったグループを形成し、双方向方ラジオのさまざまな可能性を試していた（水越、1996）。そうした若者たちの活動は、大量・体系的な情報通信技術の投入とともに展開した一方向的なラジオ放送事業に塗り替えられてしまったものの、シビックテックの登場が示しているように、双方向的なメディアの可能性は、人々の想像力とともに生き続けているのかもしれない。

3.2　視点の多様化

オープンデータの活用を通じて、さまざまな主体が地域の問題に関わるようになると、従来は必ずしも注目を集めてこなかった課題が浮き彫りになることがある。行政の外側に、地域の人々が自らのニーズに応じて作り上げたサービスが出現すると、行政もそのサービスに適用せざるを得ない状況にしばしば直面するのである。

3.2.1　当事者の視点

市民が作り上げたサービスによって行政が変化を迫られるのは、そのサービスが地域課題の当事者たちの声を反映しているがゆえに、積極的な利用者を獲得しているからである。

例えば、コンテスト形式のシビックテックである「チャレンジ‼オープンガバナンス（COG）」がきっかけとなって立ち上がった団体「チャレンジ中野！Grow Happy Family and Community」は、養育里親の当事者たちが抱えている問題の解決に取り組み、児童相談所など行政の協力も促している。里親制度の運営側である行政は、それまで里親となった人々が直面する困難に気づかず、十分なサポート体制を整えていなかった。同団体が、里親体験発表会をはじめとする勉強会や交流会などを繰り広げてきたことには、行政に頼るだけでは満たされない当事者たちの切実な思いがその背景にあったと言わざるを得ない。

こうした動きは、社会におけるマイノリティの立場にある人々が、自らのニーズや自らが直面している状況などに勘案したサービスを実現させる可能性を開くものとして、これからもさまざまな展開を見せることが期待できる。

3.2.2　デザイン思考

従来の行政サービスに、それを利用する当事者の視点が反映されていなかったことに関しては、行政職員の間でも問題意識が共有されつつある。「デザイン思考」への注目が集まっているのも、そうした問題意識が背後にあるからであろう。デザイン思考とは、提供者ではなく利用者の視点に立ち、反復的な検証と見直しを通じて、既存の組織の枠を越えたサービスを実現する手法だと理解されている。前述の「デジタル・ガバメント実行計画」においては（2.1.2参照）、デザイン思考の導入によって、利用者の体験が最良となるようなサービスを実現することが求められた。

デザイン思考を取り入れた自治体の事例としては、滋賀県職員の若手有志によって結成され、2017年に活動を開始した「Policy Lab. Shiga」の活動がある。その活動のもっとも大きな特徴は、ウェブサイトとSNSを活用してワークショップの参加者を募り、インタビューやディスカッションを通じて滋賀県に暮らすさまざまな人物像を描いてきたことである。そうした人物像を作っていくことで、行政職員も個々の市民が抱えている問題に気づくことができ、さまざまな立場から解決策を見出せるようになるという思いがそこにある。その成果をまとめた冊子「『県民の本音』を起点にしたこれからの政策形成――デザイン思考の活用について滋賀県職員若手有志からの提言」には、図13-3のような人

図13-3　滋賀に暮らす4つの人物像

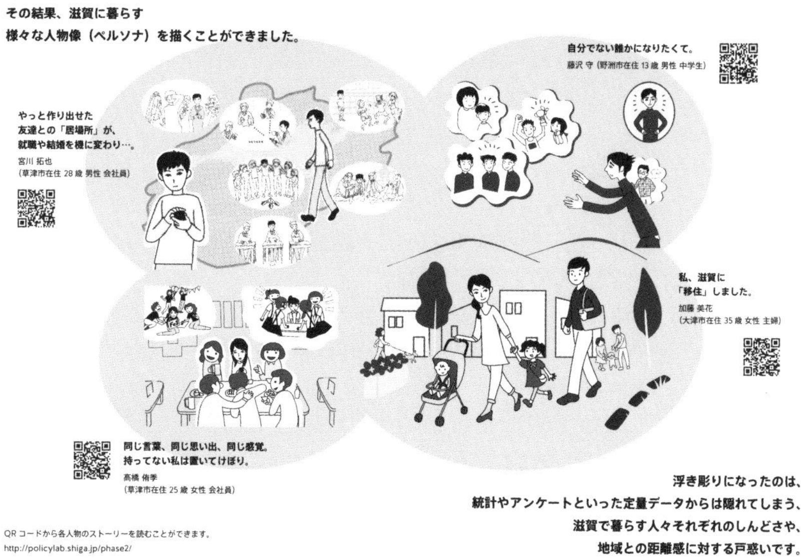

（出所）　Policy Lab. Shiga「『県民の本音』を起点にしたこれからの政策形成――デザイン思考の活用について滋賀県職員若手有志からの提言」。

物像が掲載されている。

オープンデータやデザイン思考といった言説を取り入れる過程で、行政職員たちは、協働、効率、信頼といったキーワードを用いることがある。先に述べたように、そうしたキーワードは、もともとはNPM改革の方向転換が模索されていた時期に、新自由主義的な路線を維持するべく普及させられた言葉である（2.1.2参照）。しかし、行政の現場で働く職員たちの動機は、そうした思想的な流れだけでは必ずしも説明がつかない。Policy Lab. Shigaを結成した若手職員たちも、「こんな仕事がしたいつもりじゃなかった」という思いから、新たな取り組みを模索するようになったという。既存のサービスを改善するアイデアがあっても、組織の中では事務分掌が優先され、理解を得られなかったという経験が、プロジェクトを進める大きな動機になったのである。

デザイン思考を取り入れようとする試みは、滋賀県に限らずさまざまな自治体において見られている。それらの活動には、その活動の数だけの動機が潜んでいるだろう。合理化を目指す動きとしては必ずしも説明できないさまざまな動機が、多様性に富む自治体行政を実現していくことに期待したい。

【文献案内】

羅芝賢（2019）『番号を創る権力——日本における番号制度の成立と展開』東京大学出版会

日本の番号制度を歴史的にたどることを通じて、情報化政策が意図せざる結果を生み出す過程を明らかにしている。技術決定論の限界を考えるのに役立つ。

稲継裕昭編著（2018）『シビックテック——ICTを使って地域課題を自分たちで解決する』勁草書房

テクノロジーを駆使し、自らの望む社会を創り上げるための活動を繰り広げる人々のさまざまな事例を紹介している。

デヴィッド・グレーバー著、酒井隆史訳（2017）『官僚制のユートピア——テクノロジー、構造的愚かさ、リベラリズムの鉄則』以文社

官僚制に対する従来の批判が、かえって膨大なペーパーワークを生み出したのはなぜか。本書は、行政の合理化や効率化を目指してきたこれまでの情報化政策を考え直すための理論的な視点を提供する。

【研究課題】

(1) あなたの住んでいる自治体のウェブサイトを訪れてみよう。市民にとって必要な情報が掲載されているか、どうすればより便利なウェブサイトになるか、考えてみよう。

(2) 自治体の発行している情報化関係の資料を探し、情報化の定義や活動の内容がどのように変化してきたかを確認してみよう。

(3) 自治体が取り組んできた情報化の内容が、自らの考える情報化とどう違うのかを考えてみよう。

14 危機管理と災害対応

西村　弥

summary

「危機管理」には様々な定義があるが、本章では地震や風水害などの自然災害に対する自治体の準備と対応について説明する。公助がその真価を発揮するのは、大規模災害による被害を未然に防止あるいは最小化する「事前準備」の場面、さらに、被災後における「復旧・復興」の場面である。その基本的枠組みを定めている法令は「災害対策基本法」（災対法）である。同法は1961年に制定後、繰り返し改正されてきた。

地域の実情を最も細かく把握しているのは市町村であり、災対法では、平時にはない私権の制限を市町村長に認めるなど、域内での災害に最前線で対応する役割と責任を市町村に与えている。これに対して都道府県や国は、市町村の対応と併行して市町村間の連絡調整、応援、さらに補完といった役割を担う。

近年では、「被災市区町村応援職員確保システム」など、災害時における連携についての制度化が進められつつある。また住民と市町村との連携、あるいは地域住民の自助と共助を市町村が支援するタイプの公助も進められてきている。近年の災対法の改正により、町内会単位で提案できる「地区防災計画」に法的根拠が与えられた。市町村には域内の住民とのさらなる連携も求められている。

keyword

自治体危機管理、災害対応、災害対策基本法、市町村防災会議、地域防災計画、災害対策本部、業務継続計画（BCP）、災害時相互応援協定

1　危機管理と公助

1.1　多様な危機管理

「危機管理」という用語が包摂する範囲は非常に広いが、自治体との関連でいえば「危機管理（emergency management）とは、自然災害や人為的な災害に社会が耐えられるよう、また、それらの災害によってもたらされる被害に対応できるように危険性を管理すること」（Waugh, 2000）といえるであろう。この定義では「人為的な災害」にも触れているように、自治体は大規模工場火災や近海で座礁したタンカーからの石油流出事故などの人為災害にも対応しなければならない。さらには本稿執筆時点において世界で猛威を振るっている新型コロナウイルスのような新型感染症のパンデミックも対応すべき危機の1つである（本章コラム参照）。また2011年の東日本大震災では、原子力発電所の被災による放射性物質の飛散という原子力災害によって全町・全村避難を強いられる自治体があった。このほか、やや特殊な人為災害としては、1995年に新興宗教団体が東京都内の複数の地下鉄車内で猛毒のサリンを一斉に流出させ14人が死亡した地下鉄サリン事件のようなテロ事件を挙げることができる[1)]。また、ミサイル飛来への対処といった防衛、軍事に関する危機管理もある[2)]。

あるいはリスク管理（risk management）という用語を使用する場合には、そこで想定される「リスク」は災害や軍事にとどまらない。市場でのリスクや広報の失敗等で損害を被るリスク、訴訟を起こされるリスクなど、企業や自治体等を経営するうえで想定されるあらゆるリスクが含まれていることが多い。

このように非常に危機管理は多様な危機への対処を意味し、実際に自治体や国は多様な危機への対処を求められている。とはいえ本章では、これらすべてを網羅的に取り上げるのではなく、自治体にとって最も対処する頻度が高い、自然災害への準備と対応について取り上げることとする。

1.2　公助と自助、共助の関係

地震や水害等の自然災害が発生したとき、その対応にあたるのは国や自治体

1）　こうした核（nuclear/atomic）、生物（biological）、化学（chemical）による災害をNBC/ABCと総称していたが、近年では核と放射性物質（radiological）を区分したCBRN、さらに爆発（explosive）を追加したCBRNE（シーバーン）という総称が使用される傾向にある。

2）　本章では詳しく取り上げないが、2004年に成立した「武力攻撃事態等における国民の保護のための措置に関する法律」（国民保護法）などがこれに該当する。

だけではない。突然自宅や学校で大きな揺れに見舞われたとしたら、まずは住民各自で自分自身を守る「自助」が否応なく求められる。地震の規模が大きければ、近隣の住民とも協力して事態に対処する「共助」も必要になる。事実、阪神・淡路大震災（1995年）の後に実施されたアンケートでは、倒壊した家屋等の下敷きになりながらも生還した被災者のうち、34.9％が「自力で脱出」し、さらに31.9％が「家族」によって、28.1％が「友人・隣人」によって救助されたとの結果が出ている（日本火災学会、1996）。このアンケート結果によれば、公助にあたる「救助隊」によって救助されたのは1.7％に過ぎず、たまたまその場に居合わせただけの「通行人」の2.6％よりも低い値となっている。

このように見てくると自治体や国による公助は無力のようにも思われるかもしれない。しかし大地震発生直後、多数の倒壊した家屋から瞬時に被災者を救出できるだけの救助隊員を予め準備しておくとするならば、いったいどれだけの人数が必要になるであろうか。阪神・淡路大震災の当時、神戸市消防局には1,329人の職員が在籍しており、発災した早朝の時点では消防署に292人、管制室に13人が勤務していたそうであるが（高橋、1995）、守るべき神戸市の人口は152万人にも及んだ。非常参集によって、ほどなくほぼ全職員が救助活動等に従事することになったが、被災した神戸の市街地全域に対して1,300人では、どれだけ懸命に救助に当たってもごく一部の被災者にしか対応できなかったのである。神戸市に限らず、消防隊は平時に発生する火災や救急を想定して整備されており、大規模災害への対応で限界が生じるのはやむをえない。防災においてまず自助や共助が強調されるのは、こうした事情によっているのである。

ただし、自助と共助、そして公助の関係は単純ではない。たとえば自身が所有する家屋をリフォームして耐震化・難燃化することは自助の範囲といえるが、近隣への延焼や倒壊家屋による道路の閉塞を未然に防止できる点では共助の要素を有している。また、こうした自宅の耐震化・難燃化工事に対しては、多くの市町村が助成金を交付する制度を整えている。あるいは、近年では住民自身が避難所運営を行うようになりつつあるが、避難所に指定されることの多い公民館や体育館は公的な施設であるし、多くの場合、備蓄物資にも市町村からの支援が実施されている。このように自助、共助、公助の関係は簡単に切り分けられるものではなく、重層的かつ相互補完的な関係にある。

1.3　危機管理の三段階と公助の拡大

危機管理には、様々な場面や段階があるが、一般的には次の三段階に区分す

図14-1　自然災害における死者・行方不明者数

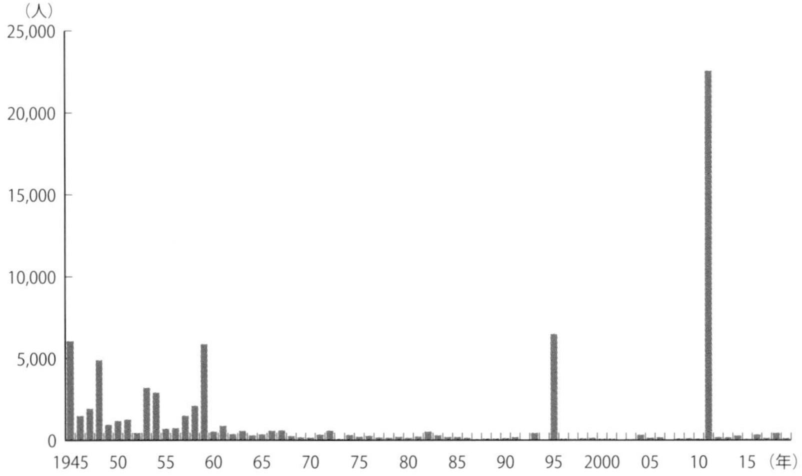

（出所）内閣府『令和２年版　防災白書』附属資料、７頁。

ることができる。第一に、平時から将来発生しうる災害とその規模や被害を想定し、それに備える「事前準備」の段階である。第二に、いざ災害が発生した緊急時において被害の最小化に努める狭義の「災害対応」（応急措置）の段階。最後に、災害による直接的被害の拡大が止まり、再建に向けて活動する「復旧・復興」の段階である。これらいずれの段階においても自治体と国は重要な役割を果たすことが求められており、その内容は拡大の一途を遂げてきた。

たとえば「事前準備」における公助の役割が見えてくるのが、戦後における自然災害による死者・行方不明者数の推移である（図14-1）。この図を見ると1960年より前の時期は、ほぼ毎年のように1,000人を超える死者・行方不明者が出ているのに対し、1960年以降は全く異なる傾向を見せている。戦後すぐ昭和南海地震（1946年）や福井地震（1948年）など大型の地震が相次いだこともあるが、多数の人命を毎年のように奪っていったのは風水害であった。とくに南紀豪雨（1953年）や洞爺丸台風（1954年）、伊勢湾台風（1959年）があった年は犠牲者も数千人に及んだ。つまり1960年以降、犠牲者数が大幅に低下する傾向を見せているのは、豪雨や台風の襲来を受けても人命に危害が及ばないようダムや堤防などの治水設備が強化されていったことが大きい。加えて、強い地震を受けても建築物が倒壊しないよう、耐震基準の設定とその厳格化といった様々な事前準備が取られてきた成果なのである。

ただし1960年以降において、極端な死者・行方不明者数を出している年が2つある。阪神・淡路大震災のあった1995年と東日本大震災のあった2011年である。このグラフは、事前準備では対応しきれないレベルの巨大災害が発生したとき、それまでとは比較にならない膨大な犠牲者が出てしまうという厳然たる事実があることも示唆している。

1.4　多様な災害への対応

戦後すぐから今日までの間、公的に対応する災害の種類や対応の在り方についても変化してきた。戦後すぐの段階では主に風水害と地震災害への対応が中心であったが、やがて石油コンビナート等災害防止法（1975年）、原子力災害対策特別措置法（1999年）といった人為災害に対する法令や、いわゆるゲリラ豪雨で都市が浸水する事態を想定した特定都市河川浸水被害対策法（2003年）などが整備された。また防災の内容について見てみると、戦後まもなく実施されたダムや堤防の整備といった大規模な「ハード」の整備に加えて、1995年の阪神・淡路大震災以降は「密集市街地における防災街区の整備の促進に関する法律」（1997年）のように「防災まちづくり」といった「ソフト」についても重視されるようになってきた。被災者への支援という点でも、「天災による被害農林漁業者等に対する資金の融通に関する暫定措置法」（1955年）のような事業者を対象とした支援から、「被災者生活再建支援法」（1998年）のように被災者全般を対象とした支援へと対象範囲を拡大させてきている。

このように日本は大規模な災害や新たな災害を経験するたびに、既存の法令を改正するか、新たな法令を制定するなどして災害対応の改善を図ってきた。それは災害対応の内容を拡大・多様化させ、また、被災住民への対応もきめ細やかになりつつあるといえるが、それでも大規模災害のたびに新たな課題や問題点が指摘されてきた。被害の防止・最小化に向けての取組みは今後も継続されていくことになろう。

2　災害対策基本法と自治体の役割

2.1　災害対策基本法

前節で概観したように、戦後の日本では多様な災害とその被害に対応するため、多数の法令が整備されてきた。これら災害関連法令のなかでその最上位に位置するのが「災害対策基本法」（以下、災対法）である。同法は1959年に5,098人もの死者・行方不明者を出した伊勢湾台風による風水害対応への反省をもとに、1961年に制定された災害分野の基本法である。同法が制定されるまでは共通のルールがなかったため、大規模な災害が発生しても自治体ごとに対応がまったく異なる結果となっていたほか、国の官庁においても府省によって補償に関する基準や被害の定義が統一されていなかった。その結果、対応の遅れやばらつきにより被害が拡大し、復旧・復興の妨げとなったことに鑑み、同法が制定されたのである。災害対策基本法が制定されたことによって、はじめて自治体と国の組織体制、権限、各主体の役割分担と連携、整備しておく計画等について、事前準備、災害対応、そして復旧・復興にいたる全段階が1本の法律によってカバーされることになった。

また、伊勢湾台風による風水害が制定の直接のきっかけではあったが、同法における「災害」とは2条で「暴風、竜巻、豪雨、豪雪、洪水、崖崩れ、土石流、高潮、地震、津波、噴火、地滑りその他の異常な自然現象又は大規模な火事若しくは爆発その他その及ぼす被害の程度においてこれらに類する政令で定める原因により生ずる被害をいう」と定められているように、自然災害と人為災害の別を問わず、ほぼオールハザードに対応する内容となっている[3)]。

2.2 市町村防災会議と市町村防災計画

災対法では、災害が発生する前の平時における事前準備の段階と、災害発生後の災害対応の段階とをはっきりと区分して、市町村の組織編成と業務を規定している。そこでまず、平時の組織と業務を見ておきたい。

平時から市町村はそれぞれ防災会議（市町村防災会議）を設置し、「市町村防災計画」（地域防災計画）を作成するほか、防災に関する重要事項を審議することとされている[4)]（災対法16条）。市町村防災会議の組織や所掌事務は各

3） 「政令で定める原因」については、災害対策基本法施行令１条において「放射性物質の大量の放出、多数の者の遭難を伴う船舶の沈没その他の大規模な事故とする」と規定している。災対法は自然災害や人為災害においてはオールハザードといえるが、感染症を原因とする被害は対象に含まれていない点には留意が必要である（本章コラム参照）。
なお同法では、たとえば「暴風」を災害としているのではなく「暴風により生ずる被害」を災害と定義している点に留意が必要である。人的・物的な被害が生じるから災害なのであって、誰もいない大海原で暴風が吹き荒れたとしても災害ではないということである。

4） 市町村防災会議は複数の市町村が協議により規約を定めることで、共同して設置することも可能である。その場合、各市町村は独自の防災会議を設置しなくてもよい。なお、本文中では市町村としているが、東京都の特別区も防災会議を設置し、区ごとに防災計画を策定している。

市町村が条例で定めることとされているが、多くの場合において市町村長が会長となり、その市町村の各部局の幹部が委員として参加する形式をとっている。また、こうした庁内関係者のみならず、都道府県の職員、その地域を管轄する警察署、消防署、インフラ事業者や医療関係者など、非常時において密接な連携が求められる組織の責任者に加え、地域の住民、学識経験者などが委員に含まれていることが多い。

市町村防災会議が策定・修正する市町村防災計画は災対法42条第2項において、いざ災害が発生した後の災害対応だけではなく、防災のための調査研究、教育及び訓練等の事前準備から復旧・復興まで、およそ災害に関するあらゆる事項について当該市町村がどのような行動をとるか予め定めておくことが求められている。一般的には、「震災編」や「風水害編」、「大規模事故編」あるいは「火山災害編」など、その地域で起きうる災害の種類ごとに市町村防災計画を策定することが多い。

もちろん膨大かつ専門性の高い地域防災計画を市町村防災会議で1つひとつ議論して策定・修正することは困難である。そこで市町村の危機管理担当部局（危機管理課や防災課など）は、コンサルタントの協力などを得ながら原案を作成するのと並行して、市町村防災会議において当該原案に対する意見を反映する、という作業を重ねたうえで最終案を市町村防災会議で議決するという手順をとることが多い。また、市町村防災計画は災対法42条第1項において「防災業務計画又は当該市町村を包括する都道府県の都道府県地域防災計画に抵触するものであつてはならない」とされており、都道府県の防災計画との間で矛盾が生じないようになっている。

こうした市町村防災会議としての活動のほか、市町村はハザードマップの作成や指定避難所の指定、避難行動要支援者名簿の作成[5)]、物資や資材の備蓄あるいは防災訓練の実施など、平時から災害への備えを進めている。しかしそこで想定されている災害は、明日起きるかもしれない反面、数十年後まで発生しないかもしれないという性格を有している。これに対して自治体が日々直面する教育や介護、医療、あるいは地域おこしなどの政策分野は常に行政需要が高止まりしたままであると言っても過言ではない。「備えあればうれいなし」とは言うものの、緊急性の高い政策課題との間でどのように人的コスト、財政的コストのバランスをとるかという問題は常に市町村を悩ませているのである。

5)　避難行動要支援者とは災対法では「自ら避難することが困難な者であつて、その円滑かつ迅速な避難の確保を図るため特に支援を要するもの」（災対法49条の10）とされる。

2.3　市町村災害対策本部

災害が起きても公務員は職を失わなくてうらやましい、という意見もあるかもしれないが、災害発生時には組織的な対応が求められるがゆえに、災害発生前後の市町村の業務は膨大なものとなる。通常、市町村防災計画には災害の種類や程度に応じて職員の参集レベルが定められている。たとえば東京都内のある市を例に挙げると、地震であれば、震度4で予め定められた災害対応関連部署の職員と各部の部長及び次長が、震度5弱で各部の課長補佐以上が、震度5強で各部の係長以上が、震度6弱で全職員が庁舎等に参集することを市防災計画で規定している。当然ながら、深夜や土日だからといって非常参集、災害対応を休んでよいということにはならない。これでもうらやましいと思うかどうかは個人の自由である。

また、通常、市町村防災計画では「災害対策本部」の設置についても基準を設定している[6]。非常時に設置される災害対策本部こそが、当該市町村における危機管理の司令塔の役割を果たす。市町村長を本部長とすることが災対法23条の2第2項で定められているが、本部員の構成については市町村に一定の裁量が与えられている。一般的には本部員は市町村の部長級職員などの幹部職員が務めることが多いようである。様々な指示や他の機関との調整事項はこの本部において決定される。

2.4　災害時における市町村の役割

大規模な災害が発生すると総理大臣や内閣官房長官がテレビに映され、政府の動向が注目されるようになる。災害時における国の役割は重要ではあるが、現地でまず災害対応にあたる責任と権限は当該地域の市町村長にある。風水害や土砂災害、高潮などほとんどの自然災害では、現地の地形的な特徴を把握しているかどうかが被害の防止・最小化の程度に直結することや、当該地域の地域社会についての理解や、地域の防災組織とのコミュニケーションなども対策の成否に強くかかわってくる。都道府県単位や国単位ではそうしたきめ細やかな対応をとることは困難であるばかりでなく、職員数の点でも限りがある。それゆえ災対法では、市町村がまず災害に対処し、市町村単独では対応が困難な場面において他の市町村や都道府県、さらには国が支援するように制度設計さ

6）　前述の市における防災計画では災害対策本部の設置基準を「ア 大規模な災害が発生し、又は発生するおそれがあると認めたとき、イ 震度５弱以上の地震が発生したとき、ウ 東海地震に係る警戒宣言が発令されたとき」としている。

表14-1　避難情報と警報

警戒レベル	避難情報〈市町村が発令〉	住民がとるべき行動	気象情報（警報）〈気象庁が発表〉
5	緊急安全確保	命の危険　直ちに安全確保！	大雨特別警報、氾濫発生情報（河川）
4	避難指示	危険な場所から全員避難	土砂災害警戒情報、氾濫危険情報（河川）、高潮特別警報、高潮警報
3	高齢者等避難	危険な場所から高齢者等は避難	大雨警報（土砂災害）、洪水警報、氾濫警戒情報（河川）、高潮注意報
2		自らの避難行動を確認	大雨注意報、洪水注意報、高潮注意報、氾濫注意情報（河川）
1		災害への心構えを高める	早期注意情報

（出所）内閣府令和元年台風第19号等を踏まえた避難情報及び広域避難等に関するサブワーキンググループ「令和元年台風第19号等を踏まえた避難情報及び広域避難等のあり方について（最終とりまとめ）」34頁および気象庁「防災気象情報と警戒レベルとの対応について」（https://www.jma.go.jp/jma/kishou/know/bosai/alertlevel.html）をもとに作成。

れているのである。

　このように災害対応においては市町村に一義的な責任があることから、災対法は市町村長に対して、平時にはない特殊な業務を実施する権限や、普段は認められていない強い権限を与えている。

　まず、実際に被害が発生する前の段階の取組みとしてよく知られているのは、避難指示の発令であろう。台風による豪雨時等においては、気象庁が発表する洪水警報や大雨特別警報などの気象情報（警報）と並んで、各市町村は避難指示等の避難情報を発令する（災対法60条）。これらの警報と避難情報は混同されがちではあるが、気象庁による警報が危険度に対する情報提供であるのに対して、市町村による避難情報は特定の地域の住民に対する指示であるという点で異なっている[7)]。なお、従来、警戒レベル4には、避難勧告、避難指示の2つが存在していたが、住民にとって両者の違いがわかりにくいという理由から、2021年5月の改正災対法施行によって「避難指示」に一本化されている（表14-1）。

7）とはいえ急激な豪雨や深夜の大雨など、避難情報を適切なタイミングで発令することは必ずしも容易ではないことから、近年では、警報や気象情報などから住民各自が避難情報を待つことなく適切に避難を判断することが重要であるとされている。

このほか災害応急対策としては、消防機関や水防団に対する出動命令及び警察官や海上保安官に対する出動要請ができるほか（災対法58条）、都道府県知事に対して自衛隊の出動要請を要求することができる（災対法68条の2）[8]。また、とくに災害時特有の強い権限としては、警戒区域の設定権と応急公用負担を挙げることができる。警戒区域設定権とは、危険防止のため災害対応従事者以外の者に対して特定の地域への立ち入りを制限、禁止し、当該区域からの退去を命令できる権限である（災対法63条）。後者についてはモノに対する物的応急公用負担と、ヒトに対する人的応急公用負担とがある。すなわち市町村長は災害対応を進めるうえで必要があると認める場合には、「他人の土地、建物その他の工作物を一時使用し、又は土石、竹木その他の物件を使用し、若しくは収用することができ」（災対法64条）、同様に、「現場にある者」に対しても、「応急措置の業務に従事させることができる」（災対法65条）。この過程において所有者や従事者に損害が生じた場合には条例等に基づいて一定の補償が行われるとはいえ、災害対応時の市町村長には私権を制限しうる強い権限が与えられているのである。

2.5 災害時における都道府県の役割

災害が大規模になればなるほど、被災の範囲は1つの市町村の域内にはとどまらなくなる。それゆえ都道府県は、市町村と並び災害対応（応急措置）をする主体として位置付けられているだけでなく、市町村による応急措置が円滑に行われるよう努めなければならないと規定されている（災対法70条）。平時においては都道府県も市町村と同様に都道府県防災会議を設置し、都道府県防災計画の立案、修正等を実施している。市町村防災計画は都道府県防災計画に抵触してはならないとされているが、都道府県防災計画も各府省（指定行政機関）が制定する防災業務計画に抵触してはならないとされている。ちなみに各府省の防災業務計画は、内閣府の中央防災会議が制定する防災基本計画に抵触してはならないとされており、このようにして国全体として各種の防災計画が相互に矛盾しないように制度設計されている。

非常時においては都道府県にも知事を本部長とする災害対策本部が設置され、

8） 阪神・淡路大震災のときには神戸市長が兵庫県知事に自衛隊の災害出動要請を行おうとしたが知事と連絡がとれず、自衛隊の災害出動が遅れる一因となった。その反省を踏まえ、現在では市町村が知事に要求できない場合には、市町村長が防衛大臣等に直接通知することができるように災対法が改正されている（災対法68条の2第2項・第3項）。

都道府県防災計画に従い災害対応がとられることになる。このとき市町村による応急措置と併行して都道府県も応急措置を実施するかたちになるが、都道府県においては市町村の応援と代行が重要な役割となる。

市町村長は都道府県知事に対して応援を求めることができ、これについて知事は正当な理由がない限りその実施を拒んではならないと規定されている（災対法68条）。こうした直接的な応援だけでなく、他の都道府県知事に対しても自県への応援あるいは災害が発生している域内の市町村への応援を求めることができる（災対法74条、74条の2）。また、域内の市町村単独では対応できないと判断される場合などにおいては、都道府県が代行しなければならないとされており（災対法60条第6項）、私権制限とも関連する警戒区域の設定や物的・人的応急公用負担についても知事が代行することが規定されている（災対法73条）。

これら応援や代行に加え、都道府県には域内の市町村による災害対応を調整する役割が与えられている。知事は「市町村の実施する応急措置が的確かつ円滑に行なわれるようにするため特に必要があると認めるときは、市町村長に対し、応急措置の実施について必要な指示をし、又は他の市町村長を応援すべきことを指示することができる」（災対法72条）。

このほか、都道府県の公安委員会（警察組織）は緊急通行車両のために、道路の通行を禁止、制限できる（災対法76条）。

2.6　災害時における国の役割

最後に国の役割について概観しておきたい。平時においては国の行政機関全体をカバーする「防災基本計画」と各府省等がそれぞれ策定する「防災業務計画」の策定・修正が行われている。防災業務計画が防災基本計画に抵触してはならないとされているのは前述のとおりである。とくに防災基本計画は総理大臣が議長を務め、各府省の大臣と有識者が委員を務める内閣府の中央防災会議において策定・修正されている。

非常時における国の本部は2種類用意されており、災害の規模によりそのどちらかの形態が選択されることになる。1つは「非常災害が発生した場合において」総理大臣が設置する非常災害対策本部であり（災対法24条）、もう1つは「著しく異常かつ激甚な非常災害が発生した場合において」閣議にかけて設置される「緊急災害対策本部」である（災対法28条の2）。前者は局地的な災害で設置されることが多く、本部長は通常、防災担当大臣が務め、各省幹部が本部員となる。後者は大規模災害のときに設置される本部である。総理大臣自身が本部長となり、各府省の大臣が本部員となる。いずれの本部においても、国としての方針を作成し、国の行政機関と自治体、そして関係する公共機関との総合調整をはかり、緊急措置を実施することを主たる所掌としている。また、非常災害対策本部、緊急災害対策本部いずれの本部長も、公共機関だけでなく知事や市町村長に対して「必要な指示をすることができる」と規定している（災対法28条第2項、28条の6第2項）[9]。このように災対法では市町村が災害対策の前線に立つことを前提としつつ、都道府県、さらには国が調整、補完する仕組みが整えられている。

3　自治体業務の継続と自治体間連携

3.1　業務継続計画（BCP）

災害は大規模になればなるほど市町村や都道府県の境界を越えて被害が広がるだけでなく、単独の自治体では対応が困難になる可能性も高くなる。しかも1990年代以降、自治体の職員数は減少の一途をたどってきた。一般行政事務を担当する職員の削減は、通常退職者の不補充というかたちで実施されることが多いため、退職者の抜けた穴を在職者で埋め合わせることになりがちである。

平時においては残業等でなんとかカバーできても、大規模災害発生後は事情が異なる。自治体として多くの日常業務を継続しなければならないなかで、避難所の支援、罹災証明や埋葬許可証の発行、国や都道府県への復旧・復興にかかる申請手続きなど、災害関連業務を並行して実施しなければならない。そうした災害時特有の業務の急増に対処するため、地域防災計画とは別に、災害発生後に災害関連業務と併行しながら、いかなる業務をどのような優先順位で継続させるかを事前に検討して決めておく「業務継続計画」（BCP）を策定することが推奨されてきた。2021年現在、94.4％の市町村及び全都道府県が策定済みである（総務省消防庁、2021）。しかし、とくに市町村においてはBCPが策定されていても、大規模災害発生時にBCPを実施に移せるだけの職員数が確保できないという事態が生じうる。

9）　総理大臣が務める緊急災害対策本部長の場合には、本部長は各府省の大臣等に対しても必要な指示をすることができる。

3.2　自治体間連携と災害時相互応援協定

そうした事態に対応するためには、他の自治体からの応援が不可欠となる。災対法においても、市町村長による他の市町村長等に対する応援の要求（災対法67条）や市町村長による都道府県知事等に対する応援の要求（災対法68条）が規定されているほか、総理大臣又は都道府県知事等に対して職員の派遣についてあっせんを求めることができると規定されている（災対法30条）。しかし縁もゆかりもない自治体に他の自治体・機関等の職員が突然応援に出向いても、庁内手続きの違いや情報伝達の行き違い、指揮命令系統の未整備などからスムーズに対応できないケースも少なくない。災害時の自治体間連携においても事前準備が求められるのである。

それゆえ2019年4月時点において98.1％の市町村、そしてすべての都道府県が他の自治体と事前に「災害時相互応援協定」を結び、連携する体制を予め整える努力を払っている（総務省消防庁、2020）。相互応援協定は各自治体が任意に締結している協定であり、その内容は一様ではないが、一般的には人的支援による役務の提供や、被災者に配布する食料をはじめとする物資の提供、相対的に近隣であれば避難場所の提供などが主な内容となる。また、協定を結ぶ相手となる自治体については、物資等を迅速に提供でき、当該自治体の住民を協定先の自治体に避難させやすいという点では近隣の自治体との連携が効果的ではあるが、互いに同時に被災することで応援が困難になることもありえる。そうした事態に対応するため、姉妹都市提携などの関係を活用し、あえて遠隔地との協定も締結することで遠地支援・遠地協力を試みている自治体もある。

3.3　被災市区町村応援職員確保システム

ただし、このように複数の自治体と協定を締結し、実効性のあるかたちで維持し続けられれば、それが最も理想的であるが、実現できるのは一定規模以上の市や都道府県であり、防災課を設置できないような小規模な市町村にはややハードルが高いともいえる。事実、東日本大震災のような大規模広域災害においては、複数の自治体から支援を得られた自治体があった反面、孤立無援の期間が長期化した自治体も存在した。

そうした教訓から2018年に「被災市区町村応援職員確保システム」が導入されている。これは被災都道府県が域内の被災市町村における職員派遣の必要性等について、その地域ブロックの幹事都道府県、総務省に情報提供すると、その情報をもとに被災市区町村応援職員確保調整本部が応援職員の派遣について総合調整を行うというシステムである[10)]。まずは被災地域ブロック内での市町村による応援を実施し（第1段階支援）、それだけでは対応困難な場合、全国レベルに広げて支援を実施する「第2段階支援」に移行する。また、各市町村は通常の人事異動のローテーションのなかで、職員に対して大規模災害への対応を経験させるのは難しい。そのため、この被災市区町村応援職員確保システムでは、災害マネジメントの経験を有する管理職経験者を「災害マネジメント総括支援員」としてリスト化しておき、被災市区町村からの要請に応じて派遣を行うこととしている[11)]。

3.4　緊急消防援助隊と広域緊急援助隊の設置

一般行政事務に関わる職員の不足に加えて、被災した市町村をさらに悩ませる問題は、消防隊員や警察官など、専門的な人材への急速な需要の高まりに対応できないという問題である。

そこで総務省消防庁は[12)]、阪神・淡路大震災の教訓をもとに、連携体制の構築にいち早く取り組み、1995年6月に緊急消防援助隊（緊援隊）を創設した。緊援隊は、平時においては全国各地で通常の消防活動にあたっているが、大規模災害発生時には消防庁長官の指示に基づき被災地に参集して救助活動等を実施するという仕組みである。

また警察においても、同じく1995年6月に広域緊急援助隊（広緊隊）を発足させている。阪神・淡路大震災の際に、現地に参集した機動隊員に救助に関する装備やノウハウが欠けていたことが広緊隊設置の最大の理由である。現在は災害対策専門の部隊として全国すべての都道府県警察に設置されている。設置は都道府県警単位であるが、大規模災害が発生した際にはヘリコプターやオフロードバイクなども駆使し、都道府県の枠を超えて活動を展開している。

10）　被災市区町村応援職員確保調整本部は、全国知事会、全国市長会、全国町村会及び指定都市市長会と総務省で構成されており、総務省公務員部が事務局を担当することとされている。

11）　都道府県、政令指定都市等からの推薦を受け、総務省において名簿に登録するとしている。

12）　消防組織法に基づき、消防に関する責任は市町村に有り（消防組織法6条）、市町村が消防本部や消防署、消防団を設置することとされているが（消防組織法9条）、消防に関する企画立案や広域的な事務は国の総務省消防庁が担当する（消防組織法4条）。なお、東京23区（特別区）の消防については、東京都消防庁が担当している。特別区以外の都内の大半の市町村も、稲城市と島嶼部を除き、東京都消防庁に消防業務を委託している。

3.5 技術職員等の派遣

消防や警察に加え、大規模災害後に自治体で需要が急増する人材は技術職員である。地震災害にせよ風水害にせよ、大規模災害は公的施設や道路、橋梁、堤防などを破壊、損傷させることが多い。また、一見損傷がないように見える建築物であっても、強度の低下により安全性が低下していないか速やかに確認しなければ2次災害につながる可能性もある。それゆえ大規模災害後には、こうした業務に対応できる技術職員への需要が急増するのに対して、平時にはそれほど大きな需要がないことから、市町村に在籍する技術職員の人数は限られていることが多い。なおかつ技術職員がいたとしても、必ずしも被災現場で求められている専門性と一致するとは限らない。

そこで国土交通省では、従来から被災自治体の要請に基づいて「緊急災害対策派遣隊」（TEC-FORCE）を派遣し、被害状況の把握や拡大防止などの支援を実施してきた。ただし、こうした支援方法では、支援期間が一時的・一過性のものにならざるをえない。このため2020年度から、都道府県が技術職員を増員してプールしておき、技術職員が不足している市町村に中長期にわたって配置する仕組みが導入された。平時において各都道府県は域内の市町村に技術職員を派遣しておき、大規模災害発生時には、前述の「被災市区町村応援職員確保調整本部」が被災市区町村応援職員確保システムを通じ、全国から被災地へ中長期派遣可能な技術職員を派遣することとなっている。

技術職員のみならず、医師や看護師などの医療関係者の需要も大規模災害時には急増する。厚生労働省は、発災直後に被災者の治療にあたる災害派遣医療チーム（DMAT）やその後の心身の健康管理をサポートする災害派遣精神医療チーム（DPAD）、災害時健康危機管理支援チーム（DHEAT）など、民間の医療関係者と連携して自治体とその住民を支援する仕組みを整えてきた。東日本大震災以降、技術職員や医療以外の分野においても災害時における国による支援システムは整備されつつある。

また、がれきによって閉塞した道路の啓開、被災者の救助や捜索、さらには共同浴場の開設など、自衛隊の「災害派遣」はメディアを通じて最もなじみのある支援であろう。そうした災害対応の経験を積んだ元幹部自衛官等で一定の要件を満たす者を対象に、内閣府は2015年から「地域防災マネージャー」の証明書を発行している。近年、市町村では防災事業を所管する責任者として防災監や危機管理監などのポストを設置していることから、元幹部自衛官の有する災害対応のノウハウをこうしたポストで発揮しやすいようにするため導入された仕組みである[13]。通常の市町村職員は自衛隊の用語や部隊の運用について熟知していないため、地域防災マネージャーが災害派遣の前後において市町村と自衛隊との間の意思疎通や救助活動等を円滑化する役割も期待される。

4　住民と危機管理

4.1　縮小する消防団

本章第1節でも触れたとおり、災害発生直後の段階においては自助と共助が重要な役割を果たすとともに、自助・共助と公助とはそれぞれ別個に存在するというよりは相互補完的な関係にある。身近な防災組織である消防団などはその一例であろう。

消防組織法は市町村に対して消防本部、消防署、消防団のうち全部又は一部を設置することを義務付けている（消防組織法9条）。これらのうち消防本部と消防署は常備消防機関とも呼ばれ、消防職員が勤務しているが、消防団は有志の地域住民によって構成されている。消防団員は市町村長の指揮下に入る特別職の地方公務員としての地位を有し、若干の手当が出されている。しかし近年、通勤通学等で日中は居住地を不在にする住民が増加し続けており、2002年の93.7万人から2020年には81.8万人まで減少の一途をたどっている（総務省消防庁、2020）。こうした傾向を抜本的に改善するのは困難な状況にあることから、地域の防災力の向上のため、住民自身による防災の取組みが重視されつつある。

4.2　自主防災組織と地区防災計画

消防署と消防団だけで被災地域すべての住民に対する避難誘導や避難援助をするのは難しいなかで、充実と強化が求められているのが「自主防災組織」である。自主防災組織は消防団とは異なり民間の任意団体である。一般的には町内会・自治会単位で設置されており、消防団と協力して防災訓練を実施したり、

13）　要件を満たしていれば、自衛官以外でも地域防災マネージャーとしての証明を申請することは可能である。とはいえ佐官級までの幹部自衛官は50代半ばで定年退職することが法定されているため、定年退職後の能力活用、雇用確保としての性格が強い。市町村は地域防災マネージャーを職員として採用すると、採用経費に0.5を乗じた額（上限340万円）が特別交付税として措置される（航空自衛隊航空幕僚監部援護業務課、2019）。

備蓄物資の管理等を担ったりしていることが多い。市町村の職員が減少するなかで、避難所の運営等についても自主防災組織が主体となって運営すると決めている地域も出てきている。2013年の災対法改正では、地域住民は住民間相互の支援や防災活動に関する計画を「地区防災計画」として立案して、市町村防災会議に提案することができるようになった。地域住民による普段からの防災活動、事前準備の重要性に鑑みた改正であったといえるが、地区防災計画を策定することが一般化する段階までには、現時点では到達していないようである。

「災害大国」である日本において、被災する可能性のない地域は残念ながら存在しない。都市部でも山間部でも地震災害や風水害は襲ってくる。人口減少に悩まされているような過疎地域では、地域住民間のつながりが比較的強く残っているのに対して、都市部では住民間のつながりの希薄化が進んでいる。また、人口が少ない地域では住民に対して十分な避難所を確保しやすいのに対して、都市部では巨大災害が発生しても、その被災者を全員避難所で受け入れたり、避難物資を潤沢に配分したりすることは難しい[14)]。そうした地域特性や住民意識、あるいは縮小する自治体財政・職員数など、様々な条件や困難を抱えつつ、自治体と国は災害に関する制度やその運用を少しずつ改善し続けてきた。こうした公助の効果を最大限に引き出すためにも、自助と共助について、ともに強くしていくことが求められているのである。

column　新型コロナウイルス感染症対策

本章の「危機管理」という文字を見て、日本国内では2020年２月ごろから拡大し始めた新型コロナウイルス感染症への対策についての記述を期待した読者も多かったかもしれない。新型コロナウイルス感染症に限らず、毒性の高い新型感染症への対処は危機管理上、重要な課題である。とはいえ自然災害に対する危機管理と感染症に対する危機管理は相当な部分において異なるのと、発生頻度の点では感染症よりも自然災害の方が格段に高いことから、自然災害に対する自治体危機管理を中心に取り上げざるをえなかった。そこでこのコラムでは、新型コロナウイルス感染症対策の特徴と自然災害への対応との間で、どのような相違点があるのか確認しておこう。

まず最大の相違点は法体系である。人為災害も含め通常の災害に対しては災対法に基づいて対応がとられるが、新型コロナウイルス感染症に対しては「感染症法」及び「新型イ

14）　たとえば都市部の自治体においては、耐震基準を満たしている家屋やマンションは大規模地震においても倒壊しないため避難住民とはならない、という想定で避難所を設定しているケースが多い。

ンフルエンザ等対策特別措置法」（新型インフル特措法）に基づいて対応がとられている。前者は指定感染症や指定医療機関を指定するなど、感染症の予防と感染症患者への医療等について定めた法律であり、後者は新型コロナウイルス感染症対策本部の設置、あるいは緊急事態宣言やまん延防止等重点措置を発令する根拠となった法律である。

第２に前線に立つ主体の違いである。新型インフル特措法では国と都道府県には対策本部を設置する規定があるものの、市町村に対してはそうした規定がない。人口20万以上の市（中核市）でなければ原則として保健所は設置されていないため、一般の市町村で実施できる対策は極めて限られているのである。たとえば緊急事態宣言やまん延防止等重点措置は総理大臣が発令し、当該都道府県の知事が様々な要請等を実施する仕組みをとっている。緊急事態宣言は、政府の新型コロナウイルス感染症対策分科会が提示した４段階の「ステージ」のうち、最高度のステージⅣが発令目安とされ、指定された都道府県全域が対象となる。同宣言に基づき知事は飲食店や映画館等の休業要請・指示、イベント開催の制限・中止の要請・指示等について判断する。これに対し、まん延防止等重点措置では、ステージⅢでの発令が目安とされている点、知事が域内の特定の市町村を対象地域に指定する点、休業までは要請・指示できない点で緊急事態宣言と異なる。2020年から2021年にかけて、毎日のように知事の会見がニュースで放映され、その判断に注目が集まっていたのは上記のような事情によっている。

そして第３の相違点は、圧倒的な経験値の低さである。日本が新型感染症に対して本格的に立ち向かうことになったのはスペイン風邪（1918～1920年）以来、約100年ぶりだったといっても過言ではない。初動の在り方や事業者等への支援、病床の確保など、今回得られた教訓を、自然災害の場合と同様、しっかり制度の改善、法改正につなげていく必要があるといえよう。

【文献案内】

中邨章（2020）『自治体の危機管理――公助から自助への導き方』ぎょうせい

学生や実務家を想定して、自治体の危機管理全般について平易にわかりやすく記述されている。アメリカにおける自助の在り方、地方議会がどのように自治体危機管理に関与すべきかなど、類書にない視点も読みどころである。

小原隆治・稲継裕昭編（2015）『大震災に学ぶ社会科学第２巻　震災後の自治体ガバナンス』東洋経済新報社

東日本大震災における全町避難やボランティア受け入れ、遠地支援、復興計画や高台移転など、多様な対応を学べる。「大震災に学ぶ社会科学」シリーズは自治体行政のほか、政治過程や経済学など分野別に8巻刊行されている。

ひょうご震災記念21世紀研究機構編（2021）『総合検証 東日本大震災からの復興』岩波書店

東日本大震災直後に設置された東日本復興構想会議において中心的な役割を果たした政治学者らが中心となり、東日本大震災からの復興について暮らしや雇用など多様な視点から検証している。巨大災害からの復興について包括的に理解できる。

【研究課題】

(1) 現在居住している市町村が作成しているハザードマップを確認し、想定されている災害と被害の程度、最寄りの避難所について確認し、何人ぐらい収容可能か想定してみよう。また、自宅から最も安全な経路を検討してみよう。

(2) 現在居住している市町村が作成している防災計画の内容を確認し、防災会議や災害対策本部の構成、災害対応時における組織編成とその役割分担等について調査してみよう。

(3) 現在居住している市町村が締結している他の市町村との災害時相互応援協定や民間企業や団体と締結している災害時連携協定等にはどのようなものがあるか、協定ではどのような応援や連携が想定されているか調査してみよう。

付論 日本における地方自治研究と理論モデル

村松岐夫

世界各国の地方自治の歴史や理論は、どのようにして戦後日本に取り入れられ、今日に至っているか。この点に関する考察は、日本の地方自治を理解するうえで重要なことである。提示されてきたモデルを取り上げたい。

1　戦後研究の第1世代

戦後日本の地方自治論として注目されたのは、長濱（1952）と、それよりも5年早く地方自治法制定直後に出版された辻清明の論文「地方自治の近代型と日本型」であった（辻、1947；1969）。長濱は、民主主義が進むと、「国家と社会」が「対立」的なものでなく、「同一化」していくと述べた。そして、国家権力から相対的に独立し、専制に陥るかもしれない国家権力を制約し牽制する自由主義のアクターとしての地方自治はその存在基盤を失うとした。地方自治は、近代化の過程で、社会の自由を代表する制度ととらえられてきたが、その役割は終わるというのである。1950年代、英仏の学者の論争では、フランスの学者は、国家レベルが民主主義であれば、地方自治は行政で良いのではないかという主張をしていて、日本でも紹介されていた（星野、1955）。また、民主主義が定着する国家では、社会の隅々まで市民や政治家が取り上げれば政治的イシューになっていくので、国家機能は拡大するとも考えられた。実際、20世紀後半の先進国において急激な財政膨張が生じているのである。しかし、1970年代半ば、これを問題としてとらえる見解が世界各国で生まれ、行財政改革や地方分権化を政治の議題としていった。

他方、辻は、戦前の集権制度を解消しきれないでいる日本の戦後システムを見て、新しい憲法において地方自治が強く保障されているにもかかわらず、戦後日本の地方自治の存立は危ういと考えた。日本では近代地方自治の母国のイギリスと比べて条件を欠くため、中央政府の地方統制が行政統制という形で進み、そこに官僚統制の危険があると述べた（辻、1947）。長濱の議論が、西洋型国家に一般的に見られる傾向を日本にあてはめようとする議論であるのに対して、辻清明の指摘は地方自治の理念を「イギリス」に求め、そこから、日本の現実批判をするもので、その「理念モデル」の認識が正しかったかどうかには問題があるとしても、その後の日本の中央諸官庁の補助金・天下り・機関委任事務による地方統制に対する有効な批判の視座を提供した。辻のこの指摘が次世代の研究者に大きな刺激を与えその後の研究を発展させた。

辻清明の影響は大きく、次世代の学者を四分したといえよう。一部の学者は、大島太郎や加藤一明のように、中央集権のルーツをたどって明治国家の分析に向かった。第2のグループでは、赤木須留喜のように、比較論的に、辻のモデルとなったイギリスの治安判事や救貧法やフェビアニズムの研究に向かった。第3に、佐藤竺、高木鉦作、河中二講、加藤一明のような同時進行の日本の現状を分析する研究者が現れた。第4に、政策論者・改革論者のグループがある。本格的な政策論は、1960年代以後さまざまに現れるが、松下圭一や佐藤竺が中心である（松下、1971など）。特に松下は、革新自治体の政策運営に実際に影響を与えたり、日本公共政策学会のような学術組織の設立にも参加した。

これらのどのグループも、日本の実態に対しては批判的であった。とりわけ、彼らは共通して機関委任事務に注目して、日本の中央地方関係を集権国家のそれと特徴づけた。この伝統の中から、西尾勝が大きな役割を果たした1990年代の地方分権改革が行われたといってよいであろう。

2　戦後改革と中央地方関係

機関委任事務批判という実践的関心は、機関委任事務が生まれた事情の分析や自治省や都道府県・市町村の役割を客観的に分析する研究と相携えて進んだ。

しかし、研究の沿革をさかのぼると、この中央による地方関与の構想は、戦前の機関委任事務を都道府県にも適用するという占領改革期のアイディアを出発点とする。戦後の出発点となる占領改革における地方制度を分析したのは、赤木須留喜、天川晃である。特に天川は、その占領改革において、地方自治制度がアメリカの影響をどのように受けて、憲法第92条以下の数条と地方自治法に結実したかを分析し、GHQと、GHQ側の主張に対抗した日本側の地方改革戦略に、分離戦略と融合戦略があったこと、その後者が実際にはとられたことを明らかにした（天川、1983）。

2.1 天川による「中央地方融合」モデル

この天川モデルにおける、中央政府の「分離戦略」とは、国の事務事業は、中央官庁が独自に地方出先機関を置いて行うことである。地方には中央とは別の事務事業を与え、国の仕事はやらせない。一方、「融合戦略」とは、地方政府に中央の仕事を分担させることである。第9章で見るように、この融合戦略が、ほぼ全省庁的に採用され、いざとなれば中央政府からの地方への関与を認める機関委任事務制度が生まれたのである（一部省庁では独自の出先機関を置いたり、都道府県に中央の出先である地方事務官を置くことになったが）。

天川モデルの特徴は、「融合・分離」の軸は、「集権・分権」の軸とは別としたことである。天川の分析では、「分権」は公選による首長の選任となっており、「集権」は官選による首長の選任とされている。これによって彼は、戦前と戦後との比較を可能にしただけではなく、第2次世界大戦後も官選知事の続いたフランスなどの諸国とも比較可能なパースペクティブを示した点で、大きな貢献をした。したがって、日本における戦後地方制度の出発点の議論枠組みを提示したということができる。

3 1960年代以降の中央地方関係に関する理論

天川は、「分権」のもたらす政治的な動態について、検討を行っていないわけではないが、その後の論者は、天川の立論に従って、融合的な仕組みにおいて、分権制度（選挙による公職者の選任）がどういう働きをするか、つまり市町村長や都道府県知事が地方自治をどう運用してきたかの動態の研究はしなかった。その点をとらえ、村松（1988）は、天川の融合論を受け入れながら、市町村長や都道府県知事、そして、地元国会議員や地方議会・議員の活動に注目して、自治体の政治過程や、中央政府・諸官庁と諸地方自治体の相互交渉と依存関係を研究の対象とした。

3.1　垂直的行政統制モデル

村松は、日本が中央集権的であることを指摘してきた議論を垂直的行政統制モデルと名づけた。これによれば、日本の地方自治を理解するためには、中央から地方に対する行政的な統制に着目することがいちばん肝要である。その統制とは、機関委任事務、補助金、天下りなどの人事などを通じて行われる。そこに生じる中央地方関係は中央の指導下にある「融合」であった。これに対して、村松は、「融合システム」の中で中央と地方が交渉をする相互依存の側面を強調した。この中央との交渉においては、地方は自己の有利な条件を獲得するために他の自治体と競争すると考えた。

3.2　「相互依存モデル」

村松岐夫の、中央地方関係の「融合」は、中央関与と地方の政治的影響力の混合から生まれた現実関係を表現しようとする。村松は、機関委任事務、補助金、出向人事に焦点を当てる垂直的行政統制モデルでは、見えなくなっている政治の側面に光を当てようとした。この政治を重視する水平的政治競争過程のモデルは、戦後の占領改革期の分権化によって取り入れられた、選挙や直接民主主義の制度を通じての政治参加がどのように現れるかに強い関心を示しているといえよう。地方の政治競争は、地方から中央への働きかけを誘い、そこで生じる政治のダイナミズムは、地方の政治的影響力も大きくなるのではないか。その結果、中央と地方の関係は相互依存関係となっているというのが、村松の観察であった。

3.3　動的相互依存モデル

この村松の議論をさらに発展させ、垂直・水平の2つの側面を統合し、動態的に理解しようとするのが、伊藤修一郎の動的相互依存モデルである。伊藤(2006)によれば、市町村は、同じレベルの他の市町村で行われていることを日々参考にしながら、政策の形成や決定を行っている。これを「相互参照」という。それにとどまらず、市町村は都道府県、そして国の動向をも相互参照しており、国や都道府県もまた、同様のことを行っている。したがって、3つのレベルで相互参照が行われる結果として、時には丸ごとコピーされたり、多くの場合は、独自に発展をさせることによって全体として政策を進化させていっているのである。彼の調査によれば、景観政策の領域において、地方自治体は総体として独自に条例を発展させ、景観法制定という形で中央での政策転換に結実させた。まさしく「自治体発の政策革新」が行われたのである。

4　最近の研究動向

最近の地方自治の研究は、地方議会の研究、政策波及の研究、首長の経歴研究など、幅広く発展している。地方自治を研究する研究者の層も厚くなってきた。2021年4月2日現在、都道府県は47、市町村の合計は1,724である。自治体の統計データも充実してきており、計量的な研究も盛んに行われるようになってきている。たとえば、曽我・待鳥（2007）では、首長と議会の二元代表制に着目し、両者の党派性が都道府県の歳入・歳出構造にどのような影響を与えているかを、計量分析と事例分析とによって分析している。この研究は地方議会が重要な役割を果たしていることを明らかにした点でも重要な貢献となっている。

しかし、景観政策の波及を研究し、「実験室としての地方政府」の態様をいきいきと描き出した伊藤（2006）によれば、自治体は領域内の社会経済要因および政治要因という「内生条件への対応」を行うばかりではなく、他の自治体の動向を参考にするという「相互参照」も行っている。

また、戦前から戦後の長いスパンの地方自治の発展過程を福祉国家と関連付ける、北山（2011）、市川（2012）も挙げられる。

他方で注目すべきことは、日本の多数の地方自治体の行財政改革や事務事業評価等の委員会、情報公開関係の審査会、個人情報保護審査会、行政改革や評価委員会に、社会科学者の多数が参加していることである。今後、学者の「実務経験」が学問に何をもたらすか、1つの興味深いテーマであろう。何より、西尾勝が参加した地方分権推進委員会によって機関委任事務が廃止され（西尾、2007）、法定受託事務と自治事務に整理されて以降、地方自治はどのような発展を見せるか、大きな研究テーマがわれわれの目前にあるわけである。

また、三位一体改革によって税源が地方に移譲された場合に何が起こっているか、平成になって進んだ市町村合併が何を生み出しているか、21世紀に入って、地方において複合的に行われているさまざまな改革がどのように作用しているのか、これらの学術的な調査研究も、これからの課題なのである。ことに、筆者には、地方税率の決定手続きにかかわる、片山（2007）による指摘には注目すべきものと思われる。

【付論参考文献】

天川晃（1983）「広域行政と地方分権」『ジュリスト』増刊総合特集29
市川喜崇（2012）『日本の中央―地方関係――現代型集権体制の起源と福祉国家』法律文化社
伊藤修一郎（2006）『自治体発の政策革新――景観条例から景観法へ』木鐸社
片山善博（2007）『市民社会と地方自治』慶應義塾大学出版会
北山俊哉（2011）『福祉国家の制度発展と地方政府――国民健康保険の政治学』有斐閣
曽我謙悟・待鳥聡史（2007）『日本の地方政治――二元代表制政府の政策選択』名古屋大学出版会
辻清明（1947）「地方自治の近代型と日本型」『法律時報』7月（辻清明（1969）『日本官僚制の研究（新版）』東京大学出版、所収）
長濱政寿（1952）『地方自治』岩波書店
西尾勝（2007）『地方分権改革』東京大学出版会
星野光男（1955）『地方自治の研究』日本評論新社
松下圭一（1971）『シビル・ミニマムの思想』東京大学出版会
村松岐夫（1988）『地方自治』東京大学出版会

参考文献

青木栄一（2013）『地方分権と教育行政――少人数学級編制の政策過程』勁草書房
青木栄一編（2015）『大震災に学ぶ社会科学第６巻　復旧・復興へ向かう地域と学校』東洋経済新報社
秋吉貴雄・伊藤修一郎・北山俊哉（2020）『公共政策学の基礎（第３版）』有斐閣
阿部昌樹（2015）「全町避難・全村避難と地方自治」小原隆治・稲継裕昭編『大震災に学ぶ社会科学第２巻　震災後の自治体ガバナンス』東洋経済新報社、所収
阿部昌樹（2019）『自治基本条例――法による集合的アイデンティティの構築』木鐸社
天川晃（1986）「変革の構想――道州制論の文脈」大森彌・佐藤誠三郎編『日本の地方政府』東京大学出版会、所収
天川晃（2017）『天川晃最終講義 戦後自治制度の形成』左右社
アリソン、グレアム／フィリップ・ゼリコウ著、漆嶋稔訳（2016）『決定の本質Ⅰ――キューバ・ミサイル危機の分析（第２版）』日経BP社
池田謙一編（2015）『大震災に学ぶ社会科学第８巻　震災から見える情報メディアとネットワーク』東洋経済新報社
石原俊彦・山之内稔（2011）『地方自治体組織論』関西学院大学出版会
出雲明子（2019）「特別職の議会同意と人事行政――なぜ議会は同意しないのか」大谷基道・河合晃一編『現代日本の公務員人事――政治・行政改革は人事システムをどう変えたか』第一法規、所収
礒崎初仁（2000）「分権改革の焦点は都道府県にあり――新しい『都道府県のかたち』の創造」西尾勝編著『都道府県を変える！――国・都道府県・市町村の新しい関係』ぎょうせい、所収
礒崎初仁（2017）『知事と権力――神奈川から拓く自治体政権の可能性』東信堂
礒崎初仁・金井利之・伊藤正次（2020）『ホーンブック 地方自治（新版）』北樹出版
市川喜崇（2011）「都道府県の性格と機能」新川達郎編著『公的ガバナンスの動態研究――政府の作動様式の変容』ミネルヴァ書房、所収
市川喜崇（2012）『日本の中央―地方関係――現代型集権体制の起源と福祉国家』法律文化社
市川喜崇（2020）「《分権改革》再探究」『都市問題』111(9): 48–59
井手英策（2012）『財政赤字の淵源――寛容な社会の条件を考える』有斐閣
伊藤修一郎（2002）『自治体政策過程の動態――政策イノベーションと波及』慶應義塾大学出版会
伊藤大一（1989）「庁議の研究」『都市問題』80(9): 15–26
伊藤正次（2002）「教育委員会」松下圭一・西尾勝・新藤宗幸編『岩波講座 自治体の構想４　機構』岩波書店、所収
伊藤正次（2003）『日本型行政委員会制度の形成――組織と制度の行政史』東京大学出版会
伊藤正次（2011）「行政における『冗長性』・再考――重複行政の実証分析に向けて」『季刊行政管理研究』135: 3–13
伊藤正次編（2019）『多機関連携の行政学――事例研究によるアプローチ』有斐閣
伊藤正次・出雲明子・手塚洋輔（2016）『はじめての行政学』有斐閣
稲継裕昭（1996）『日本の官僚人事システム』東洋経済新報社

稲継裕昭（2000）『人事・給与と地方自治』東洋経済新報社
稲継裕昭（2010）「地方自治体の組織と地方公務員・人事行政」村松岐夫編『テキストブック 地方自治（第2版）』東洋経済新報社、所収
稲継裕昭（2011）『地方自治入門』有斐閣
稲継裕昭編著（2013）『自治体行政の領域――「官」と「民」の境界線を考える』ぎょうせい
稲継裕昭編著（2018）『シビックテック――ICTを使って地域課題を自分たちで解決する』勁草書房
稲継裕昭・山田賢一（2011）『行政ビジネス』東洋経済新報社
岩崎美紀子（1998）『分権と連邦制』ぎょうせい
植田和弘編（2016）『大震災に学ぶ社会科学第5巻　被害・費用の包括的把握』東洋経済新報社
上田道明（2016）「住民投票が映しだすローカル・ガバナンスの現在」石田徹・伊藤恭彦・上田道明編『ローカル・ガバナンスとデモクラシー――地方自治の新たなかたち』法律文化社、所収
宇賀克也（2019）『地方自治法概説（第8版）』有斐閣
宇賀克也（2021）『地方自治法概説（第9版）』有斐閣
打越綾子（2004）『自治体における企画と調整――事業部局と政策分野別基本計画』日本評論社
エドワーズ、ポール・N. 著、深谷庄一監訳（2003）『クローズド・ワールド――コンピュータとアメリカの軍事戦略』日本評論社
大阪市編（1965）『昭和大阪市史 続編 第2巻 行政編』大阪市
大阪市編（1980）『明治大正大阪市史 第1巻 概説編』清文堂（1933年刊の復刻）
大杉覚編著（2000）『自治体組織と人事制度の改革』東京法令出版
大谷基道（2016）「公務員制度――地方自治体における任用形態と人材の多様化」縣公一郎・藤井浩司編『ダイバーシティ時代の行政学――多様化社会における政策・制度研究』早稲田大学出版部、所収
大谷基道（2019）「ポスト分権改革時代における自治体の職員採用」大谷基道・河合晃一編『現代日本の公務員人事――政治・行政改革は人事システムをどう変えたか』第一法規、所収
大谷基道（2021）「女性活躍とワーク・ライフ・バランス」『マッセOSAKA研究紀要』24: 11-26
大谷基道・稲継裕昭・竹内直人（2019）「アンケート調査結果から見た地方自治体の人事行政運営の実態――能力・実績に基づく人事管理、再任用、給与決定に関する国の関与」『獨協法学』108: 165-200
大塚大輔（2012）「英国における地方分権の進展」『都市とガバナンス』18: 19-26
大西裕（2017）『災害に立ち向かう自治体間連携――東日本大震災にみる協力的ガバナンスの実態』ミネルヴァ書房
大森彌（1987）『自治体行政学入門』良書普及会
大森彌（2003）「第一次分権改革の効果」『レヴァイアサン』33: 8-25
大藪俊志（2018）「行政システムの変容――1980年代以降の行政改革」『経済学論纂』（中央大学）58(3・4): 17-35
奥田貢（2020）「戦後日本における消防制度の創設――警察から分離された市町村消防のはじまり」『法と政治』70(4): 133-193
奥村裕一（2008）「戦後日本の行政能率政策と電子計算機の登場」東京大学大学院法学政

治学研究科21世紀COEプログラムワーキングペーパー
梶谷懐・高口康太（2019）『幸福な監視国家・中国』NHK出版
片岡正昭（1994）『知事職をめぐる官僚と政治家――自民党内の候補者選考政治』木鐸社
金井利之（2004）「戦後日本の自治体行政と住民活動」西尾隆編著『住民・コミュニティとの協働』ぎょうせい、所収
金井利之（2010）『実践 自治体行政学』第一法規
蒲島郁夫・境家史郎（2020）『政治参加論』東京大学出版会
姜再鎬（1998）「地方制度」森田朗編『行政学の基礎』岩波書店、所収
喜多見富太郎（2010）『地方自治護送船団――自治体経営規律の構造と改革』慈学社出版
北村亘（2013）『政令指定都市――百万都市から都構想へ』中央公論新社
北村亘・青木栄一・平野淳一（2017）『地方自治論――２つの自律性のはざまで』有斐閣
北山俊哉（2002）「地方単独事業の盛衰――制度をめぐる政治過程」『年報行政研究』37: 5–22
北山俊哉（2003）「土建国家日本と資本主義の諸類型」『レヴァイアサン』32: 123–146
北山俊哉（2011）『福祉国家の制度発展と地方政府――国民健康保険の政治学』有斐閣
北山俊哉（2015）「能力ある地方政府による総合行政体制」『法と政治』66(1): 59–89
北山俊哉（2020）「日本の政治発展（JPD）からみた地方自治制度――明治維新から総力戦体制へ」『季刊行政管理研究』170: 4–12
北山俊哉（2021）「『ポリティクス・イン・タイム』から見た大蔵省と土建国家――市民を建設作業員として雇った国家」『政策科学』28(3): 73–93
木村俊介（2019）『広域連携の仕組み――一部事務組合・広域連合・連携協約の機動的な運用（改訂版）』第一法規
キングダン、ジョン著、笠京子訳（2017）『アジェンダ・選択肢・公共政策――政策はどのように決まるのか』勁草書房
久保田滋・樋口直人・矢部拓也・高木竜輔編著（2008）『再帰的近代の政治社会学――吉野川可動堰問題と民主主義の実験』ミネルヴァ書房
グレーバー、デヴィッド著、酒井隆史・芳賀達彦・森田和樹訳（2020）『ブルシット・ジョブ――クソどうでもいい仕事の理論』岩波書店
航空自衛隊航空幕僚監部援護業務課（2019）「地方公共団体の防災関連部署における航空自衛隊退職自衛官の採用」
神山智美（2017）「地方議員選挙における被選挙権要件に関する一考察――３箇月住所要件および兼業禁止規定について」『富大経済論集』63(2): 83–106
後藤・安田記念東京都市研究所研究室編（2017）『都市調査報告17 東日本大震災からの復興と自治――自治体再建・再生のための総合的研究』公益財団法人後藤・安田記念東京都市研究所
小西砂千夫（2019）『地方財政の歴史を変えた８つの物語』日本加除出版
小原隆治・稲継裕昭編（2015）『大震災に学ぶ社会科学第２巻　震災後の自治体ガバナンス』東洋経済新報社
駒林良則（2006）『地方議会の法構造』成文堂
駒林良則（2021）『地方自治組織法制の変容と地方議会』法律文化社
齊藤誠編（2015）『大震災に学ぶ社会科学第４巻　震災と経済』東洋経済新報社
坂本治也（2017）「市民社会論の現在――なぜ市民社会が重要なのか」坂本治也編『市民社会論――理論と実証の最前線』法律文化社、所収
塩沢健一（2019）「合併の『何が』問われたのか――合併特例法の規定に基づく住民投票の分析」『公共選択』72: 58–83

重冨真一（2002）「NGOのスペースと現象形態――第3セクター分析におけるアジアからの視角」『レヴァイアサン』31: 38–62
自治省電子計算室編（1969）『地方公共団体における電子計算組織導入の実態』帝国地方行政学会
（財）自治体国際化協会（2011）「ドイツの地方自治（概要版）――2011年改訂版」
（財）自治体国際化協会（2020）「フランスの地方自治――平成29年改訂版」
自治立法研究会編（2003）『市民立法総覧――直接請求編』公人社
柴田直子・松井望編著（2012）『地方自治論入門』ミネルヴァ書房
清水幾太郎（1966）『現代思想』上・下、岩波書店
庄司昌彦（2017）「地域における官民データ活用のカギを握る『地方豪族企業』」『行政&情報システム』53(6): 51–54
消防庁（2020a）「地方防災行政の現況」
消防庁（2020b）『令和２年版 消防白書』
消防庁（2021）「地方公共団体における業務継続計画策定状況の調査結果」
城山英明編（2015）『大震災に学ぶ社会科学第３巻　福島原発事故と複合リスク・ガバナンス』東洋経済新報社
砂原庸介（2011）『地方政府の民主主義――財政資源の制約と地方政府の政策選択』有斐閣
砂原庸介（2012）『大阪――大都市は国家を超えるか』中央公論新社
砂原庸介（2014）「なぜいま『民意』が問われるのか――橋下『大阪都構想』に立ちはだかる地方自治の壁」『中央公論』４月号
砂原庸介（2015）『民主主義の条件』東洋経済新報社
砂原庸介（2017）『分裂と統合の日本政治――統治機構改革と政党システムの変容』千倉書房
砂原庸介（2018）「誰が自治体再編を決めるのか――『平成の大合併』における住民投票の再検討」若林幹夫・立岩真也・佐藤俊樹編『社会が現れるとき』東京大学出版会、所収
砂原庸介（2020）「政治制度と地方政府間関係――集合行為アプローチの観点から」『選挙研究』36(2): 9–24
善教将大（2018）『維新支持の分析――ポピュリズムか、有権者の合理性か』有斐閣
総務省（2017）「地方議会・議員に関する研究会報告書」
曽我謙悟（2013）『行政学』有斐閣
曽我謙悟（2019）『日本の地方政府――1700自治体の実態と課題』中央公論新社
曽我謙悟・待鳥聡史（2007）『日本の地方政治――二元代表制政府の政策選択』名古屋大学出版会
高木鉦作（1986）「戦後体制の形成」大森彌・佐藤誠三郎編『日本の地方政府』東京大学出版会、所収
高橋日出男（1995）「震災時の消防活動時における教訓と課題」『季刊 消防防災の科学』41: 18–23
竹内直人（2017）「自治体における政策形成と予算編成の関係変化」『公共政策研究』17: 52–68
竹内直人（2019）「遅い昇進の中の隠れた早い選抜――自治体ホワイトカラーの昇進パターンと組織の機能」大谷基道・河合晃一編『現代日本の公務員人事――政治・行政改革は人事システムをどう変えたか』第一法規、所収
竹内直人（2020a）「自治体総合計画とマニフェスト――マニフェストから政策集への変

化を考える」松井望・荒木一男編『自治体計画の特質および地方分権改革以降の変化と現状』東京大学社会科学研究所研究シリーズ、70: 7–39（https://jww.iss.u-tokyo.ac.jp/publishments/issrs/issrs/pdf/issrs_70.pdf）
竹内直人（2020b）「政策形成の類型から見た財政課機能の考察」『地方行政実務研究』1: 27–41（https://j-lpa.org/wp-content/uploads/2021/02/no1lpar.pdf）
武田真一郎（2017）「日本の住民投票制度の現状と課題について」『行政法研究』21: 1–48
建林正彦（2017）『政党政治の制度分析――マルチレベルの政治競争における政党組織』千倉書房
建林正彦・曽我謙悟・待鳥聡史（2008）『比較政治制度論』有斐閣
谷聖美（1990）「インクリメンタリズム」白鳥令編『政策決定の理論』東海大学出版会、所収
田畑暁生（2005）『地域情報化政策の事例研究』北樹出版
田村秀（2004）『政策形成の基礎知識――分権時代の自治体職員に求められるもの』第一法規
田村秀（2006）『自治体ナンバー２の役割――日米英の比較から』第一法規
田村秀（2012）『暴走する地方自治』筑摩書房
田村秀（2014）『改革派首長はなにを改革したのか』亜紀書房
地方自治研究資料センター（1978）『公共サービスの内容と負担――公共サービスにおける自治体の役割分担と負担のあり方』
辻陽（2015）『戦後日本地方政治史論――二元代表制の立体的分析』木鐸社
辻陽（2019）『日本の地方議会――都市のジレンマ、消滅危機の町村』中央公論新社
辻陽（2021a）「政務活動費の使用実態と自治体議会の自律性」『立命館法学』393/394: 522–546
辻陽（2021b）「地方議会における政党制と代表制――政策論争か普遍的代表性か」『政策科学』28(3): 213–231
辻中豊編（2016）『大震災に学ぶ社会科学第１巻　政治過程と政策』東洋経済新報社
辻中豊・山本英弘（2021）「序章」辻中豊・山本英弘編『現代日本の比較都市ガバナンス・市民社会』木鐸社、所収
辻中豊／ロバート・ペッカネン／山本英弘（2009）『現代日本の自治会・町内会――第１回全国調査にみる自治力・ネットワーク・ガバナンス』木鐸社
辻山幸宣（1995）「地方分権と計画間調整」辻山幸宣編著『分権化時代の行政計画』行政管理研究センター、所収
筒井淳也（2020）『社会を知るためには』筑摩書房
恒川惠市編（2015）『大震災に学ぶ社会科学第７巻　大震災・原発危機下の国際関係』東洋経済新報社
東京都中野区（1965）「中野区の電子計算組織」
外川伸一（2004）「ニュー・パブリック・マネジメント批判序説」『山梨学院大学法学論集』51: 433–488
特別区協議会（2011）「特別区政研究１――東京大都市地域の行政の記憶」
外山公美・平石正美・中村祐司・西村弥・五味太始・古坂正人・石見豊（2014）『日本の公共経営――新しい行政』北樹出版
中澤克佳・宮下量久（2016）『「平成の大合併」の政治経済学』勁草書房
中條美和（2017）『知事が政治家になるとき』木鐸社
中谷建文（2020）「地方公共団体における任期付採用制度の運用状況に関する調査結果について」『地方公務員月報』685: 49–91

中野区企画部事務管理課（1992）「中野のコンピュータ――情報処理25年のあゆみ」
中野区企画部情報システム課（1997）「中野区情報化推進計画」
中邨章（2020）『自治体の危機管理――公助から自助への導き方』ぎょうせい
羅芝賢（2019）『番号を創る権力――日本における番号制度の成立と展開』東京大学出版会
西尾隆（2018）『行政学叢書11 公務員制』東京大学出版会
西尾勝（1977）「過疎と過密の政治行政」『年報政治学』28: 193–258
西尾勝（1990a）「行政と計画」『行政学の基礎概念』東京大学出版会、所収
西尾勝（1990b）「集権と分権」『行政学の基礎概念』東京大学出版会、所収
西尾勝（1990c）「政策の作成と形成」『行政学の基礎概念』東京大学出版会、所収
西尾勝（1999）『未完の分権改革――霞が関官僚と格闘した1300日』岩波書店
西尾勝（2001）『行政学（新版）』有斐閣
西尾勝（2007）『地方分権改革』東京大学出版会
西尾勝（2013）『自治・分権再考――地方自治を志す人たちへ』ぎょうせい
西川一誠（2009）『「ふるさと」の発想――地方の力を活かす』岩波書店
日本火災学会（1996）「1995年兵庫県南部地震における火災に関する調査報告書」
日本政策投資銀行地域企画部編著（2017）『水道事業の経営改革――広域化と官民連携（PPP/PFI）の進化形』ダイヤモンド社
日本都市センター（2019）「都市自治体におけるガバナンスに関する調査研究――第6次市役所事務機構研究会 中間報告書」
日本都市センター編（2004）『自治体組織の多様化――長・議会・補助機関の現状と課題』日本都市センター
日本都市センター編（2020a）『人口減少時代の都市行政機構（第6次市役所事務機構研究会報告書）』日本都市センター
日本都市センター編（2020b）『都市自治体における専門人材の確保・育成――土木・建築、都市計画、情報』日本都市センター
ニューサム、ギャビン著、稲継裕昭監訳、町田敦夫訳（2016）『未来政府――プラットフォーム民主主義』東洋経済新報社
パウンドストーン、ウィリアム著、篠儀直子訳（2008）『選挙のパラドクス――なぜあの人が選ばれるのか？』青土社
橋本勇（2020）『新版 逐条地方公務員法（第5次改訂版）』学陽書房
パットナム、ロバート・D. 著、河田潤一訳（2001）『哲学する民主主義――伝統と改革の市民的構造』NTT出版
林嶺那（2020）『学歴・試験・平等――自治体人事行政の3モデル』東京大学出版会
林嶺那（2021）「管理に関する公民比較――大規模アンケート調査を用いた実証分析」『行政社会論集（福島大学）』33(2・3)
原田晃樹・藤井敦史・松井真理子（2010）『NPO再構築への道――パートナーシップを支える仕組み』勁草書房
原田久（2005）『NPM時代の組織と人事』信山社
ピアソン、ポール著、粕谷祐子監訳（2010）『ポリティクス・イン・タイム――歴史・制度・社会分析』勁草書房
ヒジノ、ケン・ビクター・レオナード著、石見豊訳（2015）『日本のローカルデモクラシー』芦書房
日高昭夫（2018）『基礎的自治体と町内会自治会――「行政協力制度」の歴史・現状・行方』春風社

ひょうご震災記念21世紀研究機構編（2021）『総合検証 東日本大震災からの復興』岩波書店
広田啓朗（2007）「市町村の選択行動と合併要因の検証――平成の大合併を事例として」『計画行政』30(4): 75–81
ペストフ、ビクター・A. 著、藤田暁男ほか訳（2000）『福祉社会と市民民主主義――協同組合と社会的企業の役割』日本経済評論社
ペッカネン、ロバート著、佐々田博教訳（2008）『日本における市民社会の二重構造――政策提言なきメンバー達』木鐸社
堀部政男（1980）『現代のプライバシー』岩波書店
前迫易子（1968）「キーパンチャーの労働実態」『都政』12: 53–63
前田健太郎（2018）「外圧と行政改革」『レヴァイアサン』63: 66–90
町田俊彦編著（2006）『「平成大合併」の財政学』公人社
マーチ、ジェームズ・G.／ハーバード・A. サイモン著、高橋伸夫訳（2014）『オーガニゼーションズ――現代組織論の原点（第2版）』ダイヤモンド社
待鳥聡史（2003）『財政再建と民主主義――アメリカ連邦議会の予算編成改革分析』有斐閣
待鳥聡史（2018）『民主主義にとって政党とは何か――対立軸なき時代を考える』ミネルヴァ書房
松井望（2009）「庁議制度と調整機構」村松岐夫・稲継裕昭・財団法人日本都市センター編著『分権改革は都市行政機構を変えたか』第一法規、所収
松井望（2012）「自治体行政の『総合化』と庁議制度」『都市政策研究』6: 45–73
松井望（2020）「都市自治体の意思決定過程」日本都市センター編『人口減少時代の都市行政機構（第6次市役所事務機構研究会報告書）』日本都市センター、所収
松下圭一（1971）『シビル・ミニマムの思想』東京大学出版会
圓生和之（2020）『地方公務員の人事がわかる本』学陽書房
馬渡剛（2010）『戦後日本の地方議会――1955～2008』ミネルヴァ書房
御厨貴編著（2016）『大震災復興過程の政策比較分析――関東、阪神・淡路、東日本三大震災の検証』ミネルヴァ書房
水越伸（1996）「情報化とメディアの可能的様態の行方」吉見俊哉ほか編『メディアと情報化の社会学』岩波書店、所収
水谷利亮・平岡和久（2018）『都道府県出先機関の実証研究――自治体間連携と都道府県機能の分析』法律文化社
宮﨑雅人（2018）『自治体行動の政治経済学――地方財政制度と政府間関係のダイナミズム』慶應義塾大学出版会
宮本憲一（2005）『日本の地方自治 その歴史と未来』自治体研究社
（株）民間資金等活用事業推進機構編著（2019）『自治体担当者のためのPFI実践ガイドブック』中央経済社
村上祐介（2010）「自治体の統治システム」村松岐夫編『テキストブック 地方自治（第2版）』東洋経済新報社、所収
村上祐介（2011）『教育行政の政治学――教育委員会制度の改革と実態に関する実証的研究』木鐸社
村上祐介（2019）「出向人事研究の現代的意義」大谷基道・河合晃一編『現代日本の公務員人事――政治・行政改革は人事システムをどう変えたか』第一法規、所収
村松岐夫（1988）『地方自治』東京大学出版会
村松岐夫（2001）『行政学教科書（第2版）』有斐閣

村松岐夫（2010）『政官スクラム型リーダーシップの崩壊』東洋経済新報社
村松岐夫編著（2012）『最新 公務員制度改革』学陽書房
村松岐夫・稲継裕昭編著（2003）『包括的地方自治ガバナンス改革』東洋経済新報社
村松岐夫・稲継裕昭・財団法人日本都市センター編著（2009）『分権改革は都市行政機構を変えたか』第一法規
森裕亮（2014）『地方政府と自治会間のパートナーシップ形成における課題――「行政委嘱員制度」がもたらす影響』渓水社
森田朗（2017）『現代の行政（新版）』第一法規
柳至（2010）「参加制度の導入と市民社会組織の政策参加」辻中豊・伊藤修一郎編著『ローカル・ガバナンス――地方政府と市民社会』木鐸社、所収
山下茂（2015）『英国の地方自治――その近現代史と特色』第一法規
山本英弘（2017）「社会運動論――国家に対抗する市民社会」坂本治也編『市民社会論――理論と実証の最前線』法律文化社、所収
吉池慶次郎・佐藤甚助（1969）「情報化におくれない地方自治――米沢市のトータル・システム」『コンピュートピア』3(34): 33-40
Ahrend, R. and A. Schumann (2014) "Approaches to Metropolitan Area Governance: A Country Overview," OECD Regional Development Working Papers, No. 2014/03, OECD Publishing
Colombo, C. and H. Kriesi (2020) "Referendums and Direct Democracy," in R. Rohrschneider and J. Thomassen (eds.), *The Oxford Handbook of Political Representation in Liberal Democracies*, Oxford University Press
Dahl, R. A. (1967) *Pluralist Democracy in the United States: Conflict and Consent*, Rand McNally & Co
Dunleavy, P. and C. Hood (1994) "From Old Public Administration to New Public Management," *Public Money and Management*, 14(3): 9-16
Dunleavy, P. *et al.* (2006) *Digital Era Governance: IT Corporations, the State, and E-Government*, Oxford University Press
Falleti, T. G. (2005) "A Sequential Theory of Decentralization: Latin American Cases in Comparative Perspective," *American Political Science Review*, 99(3): 327-346
Falleti, T. G. (2010) *Decentralization and Subnational Politics in Latin America*, Cambridge University Press
Feiock, R. C. (2009) "Metropolitan Governance and Institutional Collective Action," *Urban Affairs Review*, 44(3): 356-377
Feiock, R. C. (2013) "The Institutional Collective Action Framework," *Policy Studies Journal*, 41(3): 397-425
Hood, C. (1996) "Exploring Variations in Public Management Reform of the 1980s," in H. A. G. M. Bekke, J. L. Perry, T. A. J. Toonen (eds.), *Civil Service Systems in Comparative Perspective*, Bloomington, Indiana University Press
Kjellberg, F. (1988) "Local Government and the Welfare State," in B. Dente and F. Kjellberg (eds.), *The Dynamics of Institutional Change: Local Government Reorganization in Western Democracies* (Sage Modern Politics Series), Sage
Matland, R. E. (1995) "Synthesizing the Implementation Literature: The Ambiguity-Conflict Model of Policy Implementation," *Journal of Public Administration Research and Theory*, 5(2): 145-174
Matsusaka, J. G. (2018) "Public Policy and the Initiative and Referendum: A Survey

with Some New Evidence," *Public Choice*, 174(1): 107–143
McDougall, T. (1995) "Democracy and Local Government in Postwar Japan," in T. Ishida and E. S. Krauss (eds.), *Democracy in Japan*, University of Pittsburgh Press
Peterson, P. E. (1995) *The Price of Federalism*, Brookings Institution Press
Pollitt, C. and G. Bouckaert (2004) *Public Management Reform: A Comparative Analysis—Into the Age of Austerity*, Oxford University Press
Pressman, J. L. and A. Wildavsky (1984) *Implementation*, Third ed. Expanded, University of California Press
Qvortrup, M. (2017) "The Rise of Referendums: Demystifying Direct Democracy," *Journal of Democracy*, 28(3): 141–152
Sellers, J. M. and A. Lidström (2007) "Decentralization, Local Government, and the Welfare State," *Governance*, 20(4): 609–632
Sellers, J. M., A. Lidström and Y. Bae (2020) *Multilevel Democracy: How Local Institutions and Civil Society Shape the Modern State*, Cambridge University Press
Serdült, U. and Y. Welp (2017) "The Levelling Up of a Political Institution: Perspectives on the Recall Referendum," in P. R. Saskia, Y. Welp and L. Whitehead (eds.), *Let the People Rule?: Direct Democracy in the Twenty-First Century*, ECPR Press
Sicilia, M., A. Sancino, T. Nabatchi and E. Guarini (2019) "Facilitating Co-Production in Public Services: Management Implications from a Systematic Literature Review," *Public Money & Management*, 39(4): 233–240
Tavares, A. F. and R. C. Feiock (2018) "Applying an Institutional Collective Action Framework to Investigate Intermunicipal Cooperation in Europe," *Perspectives on Public Management and Governance*, 1(4): 299–316
Turnhout, E., T. Metze, C. Wyborn, N. Klenk and E. Louder (2020) "The Politics of Co-Production: Participation, Power, and Transformation," *Current Opinion in Environmental Sustainability*, 42: 15–21
Voorberg, W. H., V. J. J. M. Bekkers and L. G. Tummers (2015) "A Systematic Review of Co-creation and Co-production: Embarking on the Social Innovation Journey," *Public Management Review*, 17(9): 1333–1357
Walker, R. M. and R. Andrews (2013) "Local Government Management and Performance: A Review of Evidence," *Journal of Public Administration Research and Theory*, 25(1): 101–133
Waugh, W. L. (2000) *Living with Hazards, Dealing with Disasters: An Introduction to Emergency Management*, Routledge
Wright, D. S. (1974) "Intergovernmental Relations: An Analytical Overview," *The Annals of the American Academy of Political and Social Science*, 416: 1–16
Yanagi, I., Y. Kobashi, R. J. Pekkanen and Y. Tsujinaka (2021) "Distinguishing Providing Public Services from Receiving Government Funding as Factors in Nonprofit Advocacy," *VOLUNTAS: International Journal of Voluntary and Nonprofit Organizations*, 32(3): 534–547

愛知県HP（事務事業評価）https://www.pref.aichi.jp/soshiki/somubu-somu/0000065613.html
石川県HP（当初予算）https://www.pref.ishikawa.lg.jp/zaisei/yosan/r2.html
全国知事会HP（先進政策バンク）http://www.nga.gr.jp/app/seisaku

総務省HP（地方自治月報第59号）https://www.soumu.go.jp/main_content/000610078.pdf
福井県HP（事務事業評価）https://www.pref.fukui.lg.jp/ir/irpresentations2/irdatabase/index.html
福井県HP（当初予算）https://www.pref.fukui.lg.jp/doc/zaisei/zaisei09.html

索引

【A ～ Z】

【ア行】

【カ行】

【サ行】

【タ行】

【ナ行】

【ハ行】

【マ行】

【ヤ行】

【ラ行】

執筆者紹介（執筆順）

北山俊哉（きたやま　としや）

関西学院大学法学部教授。1982年京都大学法学部卒業。89年京都大学大学院法学研究科博士後期課程中退。京都大学博士（法学）。主な著書に『福祉国家の制度発展と地方政府』、『公共政策学の基礎』（共著）、『はじめて出会う政治学』（共著）等。

曽我謙悟（そが　けんご）

京都大学大学院法学研究科教授。1994年東京大学法学部卒業。東京大学大学院法学政治学研究科助手、大阪大学大学院法学研究科助教授、神戸大学大学院法学研究科教授を経て現職。主な著書に『日本の地方政府』、『現代日本の官僚制』、『行政学』、『ゲームとしての官僚制』等。

田村　秀（たむら　しげる）

長野県立大学グローバルマネジメント学部教授。1986年東京大学工学部卒業。国際基督教大学博士（学術）。自治省（現・総務省）入省後、香川県企画調整課長、三重県財政課長、新潟大学法学部教授を経て現職。主な著書に『自治体格差が国を滅ぼす』、『自治体崩壊』、『暴走する地方自治』、『データの罠』等。

辻　陽（つじ　あきら）

近畿大学法学部教授。1999年京都大学法学部卒業。2003年京都大学大学院法学研究科博士後期課程中退。京都大学博士（法学）。近畿大学法学部講師、准教授を経て現職。主な著書に『日本の地方議会』、『戦後日本地方政治史論』等。

柳　至（やなぎ　いたる）

立命館大学法学部准教授。2007年東京大学法学部卒業。12年筑波大学大学院人文社会科学研究科修了。筑波大学博士（政治学）。琉球大学人文社会学部准教授等を経て現職。主な著書に『不利益分配の政治学』等。

竹内直人（たけうち　なおと）

京都橘大学経済学部教授。1987年中央大学大学院法学研究科博士前期課程修了

（法学修士）。福井県庁部長、京都橘大学現代ビジネス学部教授を経て現職。主な著書に『自治体行政の領域』（共著）、『地域の危機・釜石の対応』（共著）、『現代日本の公務員人事』（共著）等。

大谷基道（おおたに　もとみち）

獨協大学法学部総合政策学科教授。2015年早稲田大学大学院政治学研究科博士後期課程研究指導終了退学。早稲田大学博士（政治学）。茨城県職員、（公財）日本都市センター主任研究員、名古屋商科大学教授等を経て現職。主な著書に『東京事務所の政治学』、『現代日本の公務員人事』（共編）、『ダイバーシティ時代の行政学』（共著）、『大震災に学ぶ社会科学第2巻　震災後の自治体ガバナンス』（共著）等。

小西砂千夫（こにし　さちお）

関西学院大学大学院経済学研究科・人間福祉学部社会起業学科教授。1983年関西学院大学経済学部卒業。88年関西学院大学大学院経済学研究科博士課程単位取得。関西学院大学博士（経済学）。主な著書に『日本地方財政史』、『地方財政改革の現代史』、『地方財政改革の政治経済学』等。

市川喜崇（いちかわ　よしたか）

同志社大学法学部政治学科教授。1987年早稲田大学政治経済学部政治学科卒業。97年早稲田大学大学院政治学研究科博士後期課程修了。早稲田大学博士（政治学）。福島大学行政社会学部助教授、同志社大学法学部政治学科助教授等を経て現職。主な著書に『日本の中央―地方関係』等。

砂原庸介（すなはら　ようすけ）

神戸大学大学院法学研究科教授。2001年東京大学教養学部卒業。06年東京大学大学院総合文化研究科国際社会科学専攻博士後期課程単位取得退学。東京大学博士（学術）。大阪市立大学大学院法学研究科准教授、神戸大学大学院法学研究科准教授を経て現職。主な著書に『分裂と統合の日本政治』、『民主主義の条件』、『地方政府の民主主義』等。

稲継裕昭（いなつぐ　ひろあき）

早稲田大学政治経済学術院教授。1983年京都大学法学部卒業。95年京都大学大学院法学研究科専修コース修了。京都大学博士（法学）。大阪市職員、大阪市立大学大学院法学研究科長、法学部長等を経て現職。主な著書に『AIで変わる自治体業務』、『地方自治入門』、『人事・給与と地方自治』、『シビックテック』（編著）、『未来政府』（監訳）等。

羅　芝賢（ナ　ジヒョン）

國學院大學法学部法律学科専任講師。2008年高麗大学文学部東洋史学科卒業。17年東京大学大学院法学政治学研究科博士課程修了。東京大学博士（法学）。東京大学公共政策大学院助教、特任講師を経て現職。主な著書に『番号を創る権力』等。

西村　弥（にしむら　わたる）

明治大学政治経済学部教授。1999年明治大学政治経済学部政治学科卒業。2007年明治大学大学院政治経済学研究科政治学専攻修了。明治大学博士（政治学）。（財）行政管理研究センター研究員、明治大学政治経済学部専任講師、専任准教授等を経て現職。主な著書に『行政改革と議題設定』、『危機管理学』（共著）等。

村松岐夫（むらまつ　みちお）

京都大学名誉教授。1962年京都大学法学部卒業。京都大学博士（法学）。京都大学大学院法学研究科教授等、学習院大学法学部教授を経る。主な著書に『政官スクラム型リーダーシップの崩壊』、『戦後日本の官僚制』、『大震災に学ぶ社会科学』（全8巻、共同監修）等。

【編者紹介】
北山俊哉（きたやま　としや）
関西学院大学法学部教授、1982年京都大学法学部卒業。89年京都大学大学院法学研究科博士後期課程中退。京都大学博士（法学）。主な著書に『福祉国家の制度発展と地方政府』、『公共政策学の基礎』（共著）、『はじめて出会う政治学』（共著）等。

稲継裕昭（いなつぐ　ひろあき）
早稲田大学政治経済学術院教授。1983年京都大学法学部卒業。95年京都大学大学院法学研究科専修コース修了。京都大学博士（法学）。大阪市職員、大阪市立大学大学院法学研究科長、法学部長等を経て現職。主な著書に『AIで変わる自治体業務』、『地方自治入門』、『人事・給与と地方自治』、『シビックテック』（編著）、『未来政府』（監訳）等。

テキストブック地方自治　第3版

2021年9月30日発行

編　者——北山俊哉／稲継裕昭
発行者——駒橋憲一
発行所——東洋経済新報社
〒103-8345　東京都中央区日本橋本石町1-2-1
電話＝東洋経済コールセンター　03(6386)1040
https://toyokeizai.net/

カバーデザイン……図工ファイブ（末吉亮）
ＤＴＰ……………アイランドコレクション
印刷・製本………丸井工文社
編集担当…………佐藤朋保／堀雅子
Printed in Japan　　ISBN 978-4-492-21248-6